Michelle Cottier, Gaëlle Aeby,
Brigitte Müller, Aline Schoch (éd.)

Intégrité, autonomie et participation dans la protection de l'enfant

Comment les enfants et les parents vivent-ils la procédure de protection de l'enfant ?

Schwabe Verlag

L'étape de la prépresse de cette publication a été soutenue par le Fonds national suisse de la recherche scientifique.

MIX
Papier | Fördert gute Waldnutzung
FSC® C140820
FSC
www.fsc.org

Information bibliographique de la Deutsche Nationalbibliothek
La Deutsche Nationalbibliothek a répertorié cette publication dans la Deutsche Nationalbibliografie; les données bibliographiques détaillées peuvent être consultées sur Internet à l'adresse http://dnb.dnb.de.

Correctrice: Camille Semenzato, La Côte-aux-Fées
Couverture: icona basel gmbh, Basel
Conception graphique: icona basel gmbh, Basel
Composition: 3w+p, Rimpar
Impression: Prime Rate Kft., Budapest
Printed in the EU
Informations relatives au fabricant: Schwabe Verlagsgruppe AG, Grellingerstrasse 21, CH-4052 Basel, info@schwabeverlag.ch
Personne responsable au sens de l'art. 16 GPSR: Schwabe Verlag GmbH, Marienstraße 28, D-10117 Berlin, info@schwabeverlag.de
ISBN Livre imprimé 978-3-7965-5120-8
ISBN e-book (PDF) 978-3-7965-5121-5
DOI 10.24894/978-3-7965-5121-5
L'e-book est identique à la version imprimée et permet la recherche plein texte.
La table des matières et les titres sont reliés par des hyperliens.

rights@schwabe.ch
www.schwabe.ch

Table des matières

Préface

La protection de l'enfant en Suisse : vers la quadrature du cercle

Philip D. Jaffé

En mathématique, résoudre l'égalité de périmètre entre un cercle et un carré est considéré comme un problème insoluble. Tout comme cette quadrature du cercle, la protection complète des enfants est probablement un objectif impossible à réaliser. Même si dans notre société les enfants sont considérés comme la prunelle de nos yeux. Même si le système social et judiciaire consacré aux enfants est en constante évolution et amélioration pour les enfants pour lesquels une protection de remplacement est considérée. Le projet « *Intégrité, autonomie et participation : Comment les enfants et les parents vivent-ils les actions des autorités de protection de l'enfant ? (INTAPART)* », dont les résultats sont exposés dans les pages qui suivent, retrace cette exigence d'optimisation à travers les prismes de l'histoire, du droit, et de la recherche empirique au cœur des procédures et des institutions judiciaires helvétiques consacrées aux mesures de protection de l'enfant.

Impossible d'éluder l'inconfort du regard rétrospectif qui rend compte d'une base juridique protectionnelle et de placement, certes animée de bonnes intentions à la base, mais qui n'a de « protection » que le nom. En réalité, nombre d'enfants et leurs familles ont subi des décisions autoritaires et coercitives qui ne s'étendent pas sur les explications et étaient souvent ressenties comme des sentences arbitraires, incompréhensibles, et traumatisantes. Cette histoire est, faut-il le rappeler, encore douloureusement de mémoire vivante pour des milliers de concitoyen·ne·s dont l'enfance a été volée. Fort heureusement les réformes légales et procédurales réalisées à partir d'une reconnaissance des droits humains des personnes concernées ont atténué ces dysfonctionnements, mais pas encore au point de les faire entièrement disparaître comme le révèle la recherche empirique menée sur le terrain dans le cadre du projet INTAPART.

Pour ce qui concerne les enfants, une réinitialisation légale de taille s'est déroulée à partir de 1989 avec la promulgation de la Convention des Nations Unies relative aux droits de l'enfant (CDE) et la reconnaissance explicite de l'enfant comme sujet de droits, intrinsèquement capable de les exercer par lui-même sur la base de ses capacités évolutives. Au cœur de la CDE, trois principes fondamentaux, les trois P : les Prestations que l'État et la collectivité doivent fournir, la Protection qui est due à la personne de l'enfant en toutes circonstances, et son droit à la Participation authentique, essentielle pour s'assurer que son intérêt supérieur est dûment pris en compte.

En matière de protection de l'enfant, l'essentiel de l'évolution récente concerne le fait que toutes les actions entreprises doivent placer l'enfant au centre. Ce sont ses besoins, son bien-être, et son intérêt supérieur qui doivent primer. Cette priorité est souvent rituellement formulée par les services chargés de la protection de l'enfance et les autorités judiciaires, mais sans être traduite scrupuleusement dans les pratiques professionnelles. Pour cette raison, il convient de relever que récemment, tant la France que la Province du Québec, Canada, énoncent explicitement la notion de centralité de l'enfant dans l'examen,[1] pour l'une, et la refonte,[2] pour l'autre, des pratiques de protection de l'enfant. Il s'agit du même principe concrétisé institutionnellement et structurellement par la meilleure pratique (*best practice*) protectionnelle, qui déferle sur les pays européens et au-delà, élargie à partir de l'expérience du *Barnahus* islandais : toutes les prestations protectionnelles sociales, judiciaires, policières, médicales et administratives, se déroulent dans un seul lieu adapté aux enfants et ceux-ci ne sont plus ballotés au gré d'une organisation conçue par et pour des adultes.

Dans tout contexte judiciaire, la participation de l'enfant est désormais un droit et toujours plus érigée en exigence procédurale : au-delà d'être entendu, l'enfant doit aussi être écouté, son opinion prise en compte autant

1 Cour des comptes (2020, novembre). La protection de l'enfance. Une politique inadaptée au temps de l'enfant. https://www.ccomptes.fr/system/files/2020-11/20201130-synthese-protection-enfance.pdf

2 Commission spéciale sur les droits de l'enfant et la protection de la jeunesse (Québec, Canada). Constats et premières orientations au 30 novembre 2020. https://www.csdepj.gouv.qc.ca/accueil/

que faire se peut. C'est le cas également des familles auxquelles une place toujours plus importante est réservée dans les processus d'intervention. Toutefois, cette participation reste souvent compliquée à établir dans la réalité, dû à deux catégories de facteurs : ceux liés aux parents (ambivalence ; peur ; résistance), et ceux liés au système (ouverture à la participation des enfants et des parents ; formation adéquate des professionnel·le·s ; le temps à disposition pour traiter la situation). Intégrer les enfants et les familles aux actions de protection qui les concernent directement, les faire participer dans toute la mesure du possible, suppose « *travailler avec* », consentir des efforts plus conséquents de la part des professionnel·le·s qui doivent « *renoncer à l'autorité incontestée, au confort des savoirs acquis* ».[3]

Que de chemin parcouru ! Et surtout, que de défis encore à affronter en Suisse pour viser la quadrature du cercle en matière de protection de l'enfant !

Ces défis font écho aux Observations finales adressées à la Suisse en 2021 à l'issue de son examen périodique par le Comité des droits de l'enfant des Nations Unies.[4] Celui-ci émet au moins deux recommandations essentielles dans l'optique d'une meilleure participation de l'enfant. La première porte sur le respect de l'opinion de l'enfant et recommande « *[d]e garantir le droit des enfants d'être entendus dans le cadre de toute décision les concernant [...]* » (par. 20 a) et « *[d]e définir des procédures ou des protocoles opérationnels à l'intention des professionnels qui travaillent au contact ou au service des enfants afin que les opinions de ces derniers soient dûment prises en considération dans l'ensemble des procédures* » (par. 20 d). Et sur la question de Politique et de stratégie globale de la Suisse, le Comité recommande « *[d]'élaborer et d'adopter une politique nationale globale de protection de l'enfance qui couvre tous les domaines visés par la Convention et, sur la base de cette politique, de définir une stratégie de mise en œuvre à l'échelle cantonale qui bénéficie de ressources humaines, techniques et financières suffisantes* » (par. 8 a).

---

3 C. Sellenet, « Coopération, coéducation entre parents et professionnels de la protection de l'enfance », *Vie sociale*, n° 2, 2008, 15–30.

4 Comité des droits de l'enfant des Nations Unies (2021, 22 octobre). Observations finales concernant le rapport de la Suisse valant cinquième et sixième rapports périodiques.

Le projet INTAPART est un maillon important dans la mise en œuvre de ces recommandations et ses conclusions vont même au-delà.

Prof. Philip D. Jaffé
Université de Genève
Membre, Comité des droits de l'enfant des Nations Unies

1. Introduction[1]

Michelle Cottier, Brigitte Müller, Aline Schoch & Gaëlle Aeby

Le regard que la société porte sur l'enfance et sur la famille a fondamentalement changé au cours du siècle passé, et avec lui, notre vision des conditions nécessaires pour grandir dans de bonnes conditions et du rôle et des responsabilités des parents. Ces changements n'ont pas été sans effets sur la légitimation des actions de l'État et sur les logiques qu'il adopte en intervenant dans les familles au titre de la protection de l'enfant. L'étude scientifique et la remise en cause des pratiques en matière d'assistance du passé ont mis en évidence les effets, le plus souvent négatifs, de ces interventions (il s'agissait essentiellement du placement extrafamilial) subies par les enfants et les parents concernés. Ceux-ci décrivaient volontiers les interventions de l'État comme ayant représenté une atteinte massive à leur intégrité, une restriction de leur autonomie, et ayant été source de vécus d'impuissance. Ces dernières décennies, les principes de l'action et les procédures engagées à des fins de protection de l'enfant en Suisse ont évolué. Autrefois destinés à faire prévaloir la norme sociale et la discipline, ils se sont davantage orientés vers une prise en compte des besoins, et du besoin de soutien, des enfants et de leurs familles. Les personnes concernées sont davantage impliquées et invitées à exprimer leur vision de leur situation. Comment amener les enfants et les parents à s'investir dans le contexte contraignant de la protection de l'enfant en droit civil et protéger les enfants sans compromettre l'autonomie familiale et sans porter atteinte à l'intégrité des personnes concernées ? Telle est la question actuellement débattue dans le discours scientifique.

Partant des principes si souvent bafoués de l'*intégrité, de l'autonomie et de la participation*, une équipe interdisciplinaire chargée du projet de recherche national INTAPART s'est attelée à l'étude de la manière dont la protection de l'enfant a été vécue par les enfants et les parents. Cette étude de grande envergure s'est étendue sur huit ans depuis le dépôt du projet en

1 Traduit de l'allemand par Irène Kruse.

2017 jusqu'à sa publication en 2025 sous la forme du présent ouvrage, en passant par la phase de réalisation entre 2018 et 2023. Le projet de recherche interdisciplinaire INTAPART faisait partie du Programme national de recherche « Assistance et coercition – passé, présent et avenir » (PNR 76) dont le Conseil fédéral a confié l'exécution au Fonds national suisse (FNS). Dans le cadre du PNR 76, plusieurs projets de recherche se sont penchés, dans une approche historiquement informée s'étendant au présent et à l'avenir, sur les différents aspects du placement extrafamilial d'enfants et des mesures de contrainte à des fins d'assistance ordonnées à l'encontre des adultes. Plus concrètement, le PNR avait pour but, premièrement, d'analyser les caractéristiques, les mécanismes et les effets de la politique et de la pratique suisses en matière d'assistance, deuxièmement, d'identifier les causes possibles des pratiques d'assistance portant atteinte à l'intégrité des personnes visées ou permettant de la protéger, au croisement entre ordre social et droits individuels, et troisièmement, d'étudier les conséquences des pratiques d'assistance sur les personnes concernées et sur leur situation économique et sociale. Ces multiples études portant sur la politique et la pratique suisses en matière d'assistance ont permis de réunir un vaste savoir propre à fournir des repères et une base d'action pour la politique, la société et la pratique (Barras et al. 2024 ; Häfeli et al. 2024 ; Knüsel et al. 2024).

Le projet de recherche INTAPART est parti de questions et de thématiques soulevées par le PNR 76 pour se livrer à la première étude empirique consacrée en Suisse aux expériences vécues par les enfants et les parents lors des procédures de protection de l'enfant et aux possibilités de s'y impliquer. Le projet étudiait en outre les caractéristiques et les aspects propres à la procédure qui aident les enfants et les parents à faire valoir leur droit à la participation et leur permettent de s'impliquer de façon significative à leurs yeux. À cet égard, la recherche présentait jusque-là une lacune qu'INTAPART contribue à combler.

Organisé de façon interdisciplinaire et plurilingue, le projet se compose de trois études, une analyse juridique, une étude historique et une étude empirique. La direction du projet était assumée par Michelle Cottier (Université de Genève), Kay Biesel (Haute École Spécialisée du Nord-Ouest de la Suisse FHNW), Philip D. Jaffé (Université de Genève, jusqu'en 2019) et Stefan Schnurr (FHNW). L'analyse juridique a été effectuée par Gaëlle Droz-Sauthier (précédemment Université de Genève, aujourd'hui Université de Fribourg) et Michelle Cottier, l'étude historique par Loretta Seglias (Geschichtspunkte Sàrl) et l'étude empirique par Gaëlle Aeby (précédemment Université de Genève, aujourd'hui Haute École et École Supérieure de Travail Social de la HES-SO Valais-Wallis), Brigitte Müller et Aline Schoch (toutes deux FHNW) avec le soutien de Kay Biesel et Stefan Schnurr. L'équipe de recherche a été soutenue par Aude Saugy, Mathilde Etienne et Franziska Schulmann, étudiantes en master. Le projet a également bénéficié de l'expertise et des précieux retours d'un *advisory board* composé de Ruth Amann (historienne, CIE Internements administratifs), Katja Cavalleri Hug (juriste, Avocat·e·s de l'enfant Suisse), Clarissa Schär (Éducation sociale, Université de Zurich [UZH]), Patrick Fassbind (juriste, président APEA Bâle-Ville ; Communauté d'intérêt pour la qualité de la protection de l'enfant [CIQUE]), Christian Fellrath (président de la *Conférence latine de promotion et de protection de la jeunesse* CLPPJ), Bruno Frick (Fondation Guido Fluri), Sara Galle (historienne, FHNW), Samuel Keller (Travail social, ZHAW) et Diana Wider (juriste, COPMA).[2]

Le plan du livre reflète le dispositif de l'étude globale INTAPART :
En guise d'entrée en matière, le chapitre Fondements rappelle l'évolution historique et juridique du système suisse de la protection de l'enfant. Elle est suivie d'une présentation du cadre de référence empirique et théorique de l'étude, du principe dont elle procède et de son dispositif interdisciplinaire (chapitre 2).

Vient ensuite la présentation des résultats des trois études dans le chapitre 3. L'analyse juridique montre qu'entre 1912 et 1981, le cadre juridique était d'abord marqué par l'absence totale de droits procéduraux (chapitre 3.1). L'étude historique permet de comprendre à quel point cette absence de protection des droits a favorisé des vécus d'impuissance et d'humiliation, et pointe la gravité des atteintes à l'intégrité qui ont pu en résulter (chapitre 3.2). Ces deux études montrent que la situation juridique des personnes concernées s'est progressivement améliorée au courant du XXe siècle, la législation s'étant de plus en plus recentrée sur les droits humains consécutivement à la ratification par la Suisse de la Convention

2 Les affirmations contenues dans le présent ouvrage reflètent les analyses et interprétations des auteur·e·s fondées sur les données recueillies.

européenne des droits de l'homme (CEDH), puis de la Convention des Nations Unies relative aux droits de l'enfant (CDE). Cette réorientation a conduit au renforcement des droits procéduraux, notamment tout récemment dans le cadre de la réforme en profondeur du droit de la protection de l'enfant et de l'adulte de 2013, et à des approches davantage axées sur la participation, d'abord de la part des autorités de tutelle, puis plus particulièrement des autorités de protection de l'enfant et de l'adulte (APEA). L'analyse juridique signale toutefois aussi que les nouvelles réglementations étaient conçues pour la protection des adultes, et ne sont appliquées que « par analogie » à la protection de l'enfant, si bien qu'une approche globale de la mise en œuvre des droits de l'enfant dans le cadre du droit de protection de l'enfant, telle qu'elle a par exemple été introduite en Écosse et en Irlande, se fait toujours attendre en Suisse.

Dans l'étude empirique, nous avons examiné si les améliorations apportées au cadre juridique se reflètent désormais aussi dans l'expérience vécue par les personnes concernées (chapitre 3.3). Les chercheuses d'INTAPART se sont livrées à une observation participative lors d'entretiens menés avec les enfants et les parents et des auditions devant les autorités de protection de l'enfant. Elles ont également réalisé des entretiens avec des enfants, des parents et des professionnel·le·s. Une enquête par questionnaire en ligne a par ailleurs été menée auprès d'enfants, de parents et de professionnel·le·s impliqué·e·s dans les procédures de protection de l'enfant dans toute la Suisse. Sur cette base, INTAPART donne pour la première fois un aperçu approfondi des perceptions et du vécu des enfants et des parents impliqués dans une procédure de protection de l'enfant en Suisse. Les résultats montrent dans l'ensemble qu'il existe en Suisse de bonnes approches pour atteindre l'objectif visé, à savoir promouvoir l'intégrité, l'autonomie et la participation des enfants et des parents dans les procédures de protection de l'enfant. Celles-ci ne sont toutefois pas garanties de manière uniforme dans toute la Suisse. Les résultats de l'étude montrent en outre que, pour que l'objectif puisse être atteint, il faut que les enfants et les parents comprennent leurs propres droits et leurs possibilités d'action, et qu'ils puissent entretenir une relation de confiance avec les membres des autorités et négocier des solutions ensemble. Les résultats montrent en outre clairement que le cadre juridique, les compétences des membres des autorités et des professionnel·le·s impliqué·e·s, et la façon dont les un·e·s et les autres conçoivent leur tâche ont un impact majeur sur la possibilité donnée aux enfants et aux parents de participer ; il en est de même pour certains aspects de l'organisation et des structures des autorités de protection de l'enfant.

Sur cette toile de fond, la synthèse des résultats des trois études du projet INTAPART (chapitre 4) permet de faire ressortir certains éléments clés pour la promotion de l'intégrité, de l'autonomie et de la participation dans les procédures de protection de l'enfant, dont il est souhaitable qu'ils deviennent des principes directeurs pour l'action des autorités de protection de l'enfant (chapitre 5). Il apparaît par ailleurs que pour atteindre cet objectif, une réforme du droit de protection de l'enfant s'impose. Il convient notamment de mettre en place un nouveau droit fédéral de procédure uniforme et détaillé pour la protection de l'enfant. C'est pourquoi le projet de recherche INTAPART, s'appuyant sur les résultats de sa recherche, propose un projet concret de loi fédérale sur la procédure devant les autorités de protection de l'enfant (chapitre 6).

Au fil des chapitres, l'ouvrage donne un aperçu du cadre juridique, des développements historiques et du vécu des personnes concernées, afin de brosser un tableau complet et fondé de la complexité du système suisse de protection de l'enfance. Il propose par ailleurs une série de solutions innovantes et originales qui, nous l'espérons, seront utiles aux professionnel·le·s, aux législateurs au niveau fédéral et cantonal, aux chercheur·e·s, aux enfants et aux parents concernés ainsi qu'à toutes les personnes qui désirent mieux comprendre la thématique.

Remerciements de l'équipe de recherche INTAPART

Le projet de recherche INTAPART n'aurait pas été possible sans la disponibilité des parents, des enfants et des jeunes ainsi que des professionnel·le·s de la protection de l'enfant à participer à notre étude. Nous leur adressons nos plus vifs remerciements.

Nos remerciements s'adressent également au Programme national de recherche 76 du Fonds national suisse pour son soutien sous de multiples formes et pour le financement de notre projet.

Nous remercions Angelika Eberhardt, Benoît Kremer, Irène Kruse et Adelheid Temnewo pour leur travail de traduction minutieux.

La publication de ce livre en Open Access a été financée par le Fonds national suisse et la Faculté de droit de l'Université de Genève, et les traductions ont été rendues possibles grâce à de généreuses contributions de la Haute École Spécialisée du Nord-Ouest de la Suisse FHNW, de l'Université de Genève (Département de droit civil, Fonds Schneiter) et de la HES-SO. Nous leur sommes très reconnaissant·e·s pour ce soutien financier.

2. Fondements[1]

Aline Schoch, Kay Biesel, Brigitte Müller & Gaëlle Aeby

2.1 Introduction

La conception que nous avons aujourd'hui de la protection de l'enfant et nos réponses en présence d'un danger de nature à compromettre le bien d'un enfant ou d'un·e jeune ont derrière elles une évolution mouvementée, que ce soit sur le plan des structures, de la réglementation juridique ou des conceptions passées du bien des enfants. Pendant encore longtemps, au XXe siècle, les autorités intervenaient dans les familles avec des mesures de coercition à des fins d'assistance, sans faire participer ni les enfants ni les parents aux processus décisionnels, et sans respecter leur intégrité ni leur autonomie, même sur le lieu de placement extrafamilial. La révision du droit de la protection de l'enfant et de l'adulte, avec, dans son sillage, la création de l'Autorité de protection de l'enfant et de l'adulte (APEA) en 2013, a été un pas important en direction de la professionnalisation de la protection de l'enfant en droit civil. Elle a conduit à substituer aux autorités de milice, non professionnelles, prévalentes notamment en Suisse alémanique, des instances décisionnelles professionnelles de composition interdisciplinaire (art. 440 CC). Au niveau national, le législateur a en revanche renoncé à saisir l'occasion de la révision pour réglementer la procédure de protection de l'enfant (Cottier & Steck 2012, p. 983 s. ; Häfeli 2021, p. 16). Il s'est contenté de préciser que les dispositions relatives à la procédure devant l'autorité de protection de l'adulte s'appliquent aussi, par analogie, à la procédure de protection de l'enfant (art. 314, conjointement aux art. 443 ss CC). Par la suite, les cantons ont adopté des solutions très diverses quant aux formes d'organisation (autorité administrative ou tribunal) et à l'échelon (commune, canton, ou collaboration intercantonale) responsable de l'APEA. D'un autre côté, de nombreux cantons se sont dotés de règlements de procédure (Cottier & Steck 2012, p. 985 ; Häfeli 2021,

---

1 Traduit de l'allemand par Irène Kruse.

p. 318). Il s'en est suivi une multiplication des pratiques dans le domaine de la protection de l'enfant en droit civil, que ce soit dans l'organisation de l'APEA ou dans l'exécution des procédures, qui n'a pas manqué d'être critiquée et de susciter un vaste débat public et des interventions parlementaires.[2] L'APEA s'est par exemple vu reprocher une action trop bureaucratique et arbitraire, des interventions inutiles dans les familles, et des décisions exagérément coûteuses pour les communes. Ces critiques se sont ensuite estompées, mais on ne sait toujours pas dans quelle mesure l'APEA est capable d'impliquer judicieusement les enfants et les parents dans les procédures de protection de l'enfant, dans le respect de leur autonomie et en protégeant leur intégrité.

C'est pourquoi le projet de recherche « Intégrité, autonomie et participation : Comment les enfants et les parents vivent-ils les actions des autorités de protection de l'enfant ? » (INTAPART) s'est donné pour but de mieux connaître la manière dont les enfants et les parents vivent et perçoivent les actions des autorités de protection de l'enfant et de l'adulte et leurs réactions. INTAPART s'inscrit ce faisant dans un corpus encore en voie de constitution d'études empiriques portant sur les procédures de protection de l'enfant en Suisse (Gautschi 2021 ; Hauri 2021 ; Lätsch et al. 2023 ; Pomey 2017 ; Steffen & Koch 2023 ; Vogel Campanello et al. 2021 ; Bodmer et al. 2020).

Après avoir exposé le contexte historique, juridique, théorique et empirique qui sous-tend le projet de recherche INTAPART, il s'agira dans le présent chapitre de présenter le principe et l'approche interdisciplinaire de l'étude. Celle-ci porte sur le rapport entre le droit écrit (y compris la législation relative au droit de participer et d'être entendu), sa mise en œuvre par les autorités chargées de l'appliquer, et la manière dont la procédure de protection de l'enfant est ou a été vécue par les enfants et les parents, que ce soit dans le passé (avant 1981, puis entre 1981 et 2012) ou dans le présent (depuis 2013).

2 Cf. le postulat 14.3776 Schneeberger « Professionnaliser l'État social à tout prix ? » et le postulat 14.3891 déposé par le groupe socialiste « Remplacement des autorités de tutelle par les APEA. Procéder à un premier état des lieux », ou encore l'initiative populaire fédérale « Pour l'autonomie de la famille et de l'entreprise (initiative pour la protection de l'enfant et de l'adulte) » de 2018, qui a été rejetée par le peuple.

2.2 Aperçu de l'évolution de la protection de l'enfant en Suisse

En Suisse, l'État fédéral n'a longtemps pas été compétent pour la protection de l'enfant et sa réglementation. Les choses n'ont changé qu'avec l'entrée en vigueur du Code civil suisse en 1912, qui a contribué à institutionnaliser la tutelle, celle-ci étant essentiellement mise au service de la lutte contre la pauvreté et plus tard aussi de visées de politique générale (Biesel & Schär 2021). Auparavant, en Suisse, les enfants issus de familles pauvres, par exemple dans les régions rurales, étaient placés en nourrice ou en pension dans des familles d'accueil ou encore comme main d'œuvre (*Verdingkinder*) dans des fermes, des foyers ou autres institutions (p.ex. psychiatriques) (Praz & Droux 2020). Ces enfants devaient souvent travailler en échange du gîte et du logis et n'avaient pas la possibilité d'aller régulièrement à l'école. Outre les cas caractérisés de négligence et de maltraitance pouvant aller jusqu'à entraîner la mort (Hugger 1998 ; Wohlwend & Honegger 2004 ; Heller et al 2005 ; Tabin et al. 2010), les enfants placés en institution ou dans des familles d'accueil étaient couramment victimes de violences physiques, de maltraitance psychologique et d'abus sexuels (Akermann et al. 2012 ; Commission d'experts Ingenbohl 2013).

Les dispositions du droit civil et les nombreuses dispositions des diverses lois sur les pauvres ou sur l'assistance publique à l'échelon cantonal (CIE Internements administratifs 2019) étaient peu spécifiques et laissaient une grande marge de manœuvre aux autorités tutélaires, aux organisations et aux particuliers dans la prise de décisions discrétionnaires de placement, en leur donnant la possibilité de placer des enfants sur une simple présomption de mise en danger. Un grand nombre de personnes concernées a subi des décennies durant les conditions de l'internement administratif et a été placé dans des institutions en l'absence d'une procédure judiciaire valable, avec à la clé une grande inégalité de traitement, des actes arbitraires et des cas d'abus de pouvoir (ibid. ; Leuenberger et al. 2011). Bien que les pratiques de l'assistance aient tôt fait de susciter des critiques et que des démarches isolées aient été tentées pour apporter des améliorations (p.ex. les Lignes directrices relatives aux foyers pour enfants et jeunes de 1949, Seglias 2013), un débat public s'est longtemps fait attendre. Les processus décisionnels et la mise en œuvre des mesures d'assistance étaient par ailleurs marqués par l'insuffisance ou l'absence de surveillance étatique ; concrètement, les enfants étaient à la merci des autorités ou des personnes de référence responsables (Leuenberger et al. 2011). Ce n'est qu'en 1981, avec l'introduction, dans le CC, des dispositions relatives au placement à des fins d'assistance, que le droit suisse a été mis en conformité avec les exigences de l'article 5 de la Convention européenne des droits de l'homme (CEDH). La Suisse s'est ainsi donné des bases juridiques uniformes pour les personnes concernées par l'internement administratif, y compris un droit de recours et des possibilités de faire réexaminer la mesure.

Les souffrances endurées par les enfants qui avaient grandi en foyer pour enfants ou en famille d'accueil n'ont commencé à être connues qu'à partir de la fin des années 1980, grâce aux récits de témoins vivants et à des écrits autobiographiques, de même que grâce à un certain nombre d'études (Huonker 1987 ; Mehr 1987 ; Buchard-Molteni 1995 ; Wohlwend & Honegger 2004 ; Freisler-Mühlemann 2011 ; Akermann et al. 2012). Non seulement les personnes concernées avaient souvent subi des traumatismes durables causés par des expériences répétées d'abus ; elles évoquaient aussi un sentiment d'impuissance et de désarroi, ainsi que l'impossibilité de participer aux décisions les concernant ou de les influencer, qu'elles percevaient comme des aspects aggravants et accablants de la pratique de l'assistance (Maercker et al. 2014).

Après la ratification par la Suisse, en 1997, de la Convention des Nations Unies relative aux droits de l'enfant (CDE), il a fallu attendre plus de vingt ans pour que la Suisse rende justice aux victimes d'interventions illégitimes de l'État et pour qu'un débat public s'engage sur les torts commis à leur encontre. Cela a été une étape décisive dans la protection de l'enfant à l'échelon aussi bien international que national (Sauthier & Cottier 2020). Bien qu'il ne fasse aujourd'hui aucun doute que les mesures de coercition à des fins d'assistance appliquées jusque dans les années 1950 étaient en contradiction patente avec des droits humains fondamentaux et incompatibles avec la CDE, les résultats du travail de fond des historien·ne·s n'ont joué qu'un rôle marginal dans la révision du droit de l'enfant et dans la mise en œuvre de la CDE (Conseil fédéral 2012 ; Müller et al. 2020). La discussion sur les conséquences à tirer de la pratique passée de l'assistance pour la structure future et les procédures de la protection de l'enfant en droit civil, ou sur le moment à partir duquel il est légitime que l'État intervienne dans une famille et sur les conditions de son intervention avait pour l'essentiel lieu dans le discours scientifique (Bütow et al. 2014).

Ce n'est que quand le caractère abusif des mesures de coercition à des fins d'assistance ordonnées dans le cadre du placement d'enfants, de l'internement administratif et d'autres mesures d'assistance est devenu de notoriété publique qu'a été lancée en 2014 l'initiative sur la réparation. L'initiative avait pour but de retracer l'histoire du placement extrafamilial en Suisse jusque dans les années 1980 et de réparer l'injustice commise notamment à l'encontre des enfants placés de force dans des exploitations agricoles ou des foyers, des victimes d'un internement administratif, des personnes soumises à une stérilisation forcée ou données à l'adoption, de même qu'à l'encontre des gens du voyage, en raison de mesures de coercition à des fins d'assistance ou de placement extrafamilial prises à leur encontre.

En réponse à l'initiative sur la réparation, le Parlement suisse et le Conseil fédéral ont adopté une loi fédérale qui permet aux victimes de toucher des prestations financées par un fonds spécial. L'État reconnaissait ainsi son incapacité passée à protéger les enfants. Le Conseil fédéral leur a par ailleurs présenté ses excuses pour les souffrances subies. Au-delà de ces prestations à titre de réparation et de ces excuses, des travaux de recherche scientifique approfondis ont été engagés pour étudier les conditions, les dynamiques et les conséquences des mesures de coercition à l'encontre d'enfants au XXe siècle (CIE internements administratifs 2019).

Durant la même période (entre 1988 environ et 2013), le Conseil fédéral a préparé la révision de plusieurs articles du Code civil suisse, parmi lesquels la révision du droit de la tutelle. Le Code civil datait de 1912 et sa conception et ses formulations, héritées du XIXe siècle (Affolter 2013, p. 10), étaient à bien des égards dépassées. Avec la révision du droit de la filiation entrée en vigueur en 1978, le législateur avait fait progresser la cause de l'égalité de traitement des enfants légitimes et illégitimes et inscrit dans le Code civil le principe de l'intérêt supérieur (« le bien ») de l'enfant. En 1988, le Département fédéral de l'intérieur avait chargé un groupe d'expert·e·s de réunir des données sur la maltraitance infantile, sa fréquence, ses formes et ses causes, et d'émettre leurs recommandations en vue d'améliorer la protection de l'enfant (Groupe de travail Enfance maltraitée 1992 ; Office fédéral des assurances sociales 2005, p. 12). En 1997, le Conseil fédéral a, sur leur recommandation, ratifié la Convention des Nations Unies relative aux droits de l'enfant (CDE) (Groupe de travail Enfance maltraitée 1992, p. 105) En février 1999, le Département fédéral de justice et police a institué une commission d'expert·e·s extraparlementaire chargée d'élaborer un avant-projet de révision du droit suisse de la tutelle. L'initiative pour cette refonte totale partait du constat de l'inadéquation des mesures dans le domaine de la protection de l'adulte. L'amélioration de la protection de l'enfant n'était en d'autres termes pas son objectif premier. Fin 2008, la révision du CC a été approuvée par les deux chambres et la date de son entrée en vigueur fixée au 1.1.2013 (Häfeli 2021, p. 6 ss).

Une des modifications les plus significatives apportées par le nouveau droit de la protection de l'enfant concernait l'organisation des autorités. Les autorités de tutelle, jusque-là composées de non-professionnel·le·s, sont désormais remplacées, dans toute la Suisse, par des autorités de protection de l'enfant et de l'adulte (APEA) spécialisées et composées de professionnel·le·s, dont les décisions sont rendues par des collèges décisionnels de composition interdisciplinaire. Jusqu'à la révision de 2013, la compétence pour rendre les décisions dans le domaine de la protection de l'enfant relevait de l'autorité tutélaire. Celle-ci était souvent composée d'élu·e·s locaux, donc de non-professionnel·le·s, et possédait une vaste marge de manœuvre (Schnyder et al. 1995, p. 26–28 ; Affolter 2013, p. 11).[3] Dans la procédure, la charge d'apprécier la situation familiale et le bien de l'enfant et la décision des mesures à prendre pour le protéger incombait souvent aux mêmes personnes (non professionnelles) (Affolter 2013, p. 11), si bien que les enfants étaient totalement à la merci des autorités et des personnes de référence responsables pour eux (Leuenberger et al. 2011). Dans les communes de petite taille, les autorités décidantes responsables de la protection de l'enfant connaissaient souvent personnellement la famille concernée, ce qu'on considère aujourd'hui comme incompatible avec l'impératif d'objectivité et de neutralité de la procédure (Schnurr 2016, p. 125 s.). En outre, les personnes responsables de la protection de l'enfant ne disposaient généralement pas de compétences professionnelles et juridiques étendues et dépendaient dans une large mesure de l'appréciation d'expert·e·s externes et

3 En Suisse romande en revanche, l'autorité de tutelle était en majeure partie organisée en tribunal composé de juristes.

de leur jugement, pour autant qu'elles aient pris la peine de les consulter (*Conférence des autorités cantonales de tutelle* 2008, p. 75 ; Schnurr 2012). La réforme visait par conséquent à professionnaliser le dispositif de protection de l'enfant et de l'adulte prescrit par le Code civil en instituant des autorités de protection de l'enfant et de l'adulte (APEA) composées de personnes issues d'une variété de professions et de disciplines (droit, travail social, comptabilité, psychologie et médecine) (Cottier 2012 ; Schnurr 2016, p. 125 s.). La révision avait initialement été conçue dans l'idée de faire passer, dans toute la Suisse, le principe d'une APEA qui prenne la forme d'un tribunal spécialisé de composition interdisciplinaire, doublée d'une loi de procédure à l'échelon fédéral (Cottier & Steck 2012, p. 985 ; Häfeli 2021, p. 16). Cette solution unitaire a cependant été mal accueillie en procédure de consultation. Les cantons craignaient une limitation de leur souveraineté en matière d'organisation et estimaient que la solution judiciaire entraînerait des coûts supplémentaires (Häfeli 2021, p. 16). C'est ainsi que plusieurs solutions différentes sur le plan de l'organisation (autorité administrative ou tribunal) et de l'organisme responsable pour l'APEA (instance communale, cantonale ou intercommunale) ont vu le jour, et que les cantons se sont dotés de multiples lois de procédure, souvent non homogènes (Cottier & Steck 2012 ; Häfeli 2021, p. 16). La situation d'avant la révision a ainsi été pérennisée, à savoir que les cantons pouvaient ou non se doter d'une procédure en matière de protection de l'enfant et restaient libres dans sa conception.

Parallèlement à la réorganisation des autorités, la révision du CC a également servi à renforcer les droits de l'enfant comme le requiert la CDE, s'agissant notamment du droit d'être entendu et de la représentation juridique de l'enfant (Conseil fédéral 2006 ; Cottier & Steck 2012). Des précisions ont été apportées aux dispositions relatives à l'audition de l'enfant dans le cadre de la procédure de protection de l'enfant, qui figuraient déjà dans le CC depuis 2000, avec par exemple la réglementation de ce qui devait être consigné au procès-verbal lors de l'audition de l'enfant (art. 314*a* al. 2 CC). Des dispositions expresses pour la représentation juridique de l'enfant (art. 314*a*^{bis} CC), qui n'était prévue, dans le CC-2000, que pour les procédures en lien avec le droit matrimonial, ont été introduites pour la procédure devant l'autorité de protection de l'enfant. La position de l'enfant dans la procédure se trouve renforcée par l'obligation faite à l'autorité d'examiner l'institution d'une représentation lorsque la procédure est susceptible d'aboutir au placement de l'enfant, ou lorsque les parties sont en désaccord sur l'attribution de l'autorité parentale ou sur des questions importantes concernant les relations personnelles avec l'enfant (art. 314*a*^{bis} al. 2 ch. 2 CC). L'enfant n'a cependant toujours pas de droit général à une représentation juridique dans les procédures de protection de l'enfant. Dans le cadre d'une procédure que l'APEA a engagée d'office ou par suite d'un avis de mise en danger, l'autorité commence par apprécier, moyennant une évaluation sociale, si le bien de l'enfant est en danger et si des mesures de protection sont indiquées. Souvent, les APEA ne procèdent cependant pas elles-mêmes à cette évaluation, ou en partie seulement. Elles mandatent plutôt un service social spécialisé ou polyvalent pour évaluer le bien de l'enfant (art. 446 al. 2 CC) et définissent par écrit le mandat d'évaluation sociale ainsi que les droits et devoirs des parties à la procédure. Une fois l'évaluation sociale effectuée, un rapport est soumis à l'APEA et les personnes concernées ont le droit être entendues dans le cadre d'une audition. Cette audition, qui a lieu devant l'APEA, est d'une part l'occasion, pour les enfants et les parents, de donner leur avis sur les résultats de l'évaluation sociale. Elle a également pour but d'établir dans quelle mesure l'enfant et les parents sont d'accord avec les résultats de l'évaluation et avec les préconisations éventuelles quant aux mesures de protection. Les parents doivent être entendus personnellement par l'APEA. Celle-ci n'est en revanche pas tenue d'entendre systématiquement l'enfant. Elle peut y renoncer lorsque « son âge » ou « d'autres justes motifs [...] s'y opposent » (art. 314*a* al. 1 CC). Elle est en outre autorisée à déléguer l'audition de l'enfant à des tiers (ibid.). La jurisprudence précise qu'il suffit que l'APEA veille à ce que les enfants soient entendus en personne à partir de l'âge de six ans révolus (ATF 131 III 553 = JdT 2006 I 83). Une fois les auditions effectuées, l'APEA ordonne, généralement par le biais d'un collège de trois personnes, les mesures nécessaires à la protection de l'enfant en droit civil. Elle rend ensuite une décision écrite exposant et motivant les mesures et indiquant les voies de recours. La communication de la décision aux personnes concernées se fait, le plus souvent, par écrit, et plus rarement, oralement (Fassbind 2018, p. 102 s.).

Sous l'impulsion de nouveaux travaux de recherche qui tiennent compte des expériences relatées par les personnes concernées ainsi que de la ratification de conventions internationales relatives à la protection des droits humains, des avancées ont donc été accomplies dans le domaine de la protection de l'enfant en droit civil. Toutefois des lacunes subsistent quant à notre connaissance de la manière dont les enfants et les parents vivent aujourd'hui la procédure de protection de l'enfant et quant aux possibilités de l'améliorer. En effet, les procédures de protection de l'enfant constituent un contexte potentiellement contraignant sous l'influence des forces contraires de l'aide et du contrôle (Böhnisch & Lösch 1973 ; Schrapper 2008 ; Featherstone et al. 2014 ; Dollinger 2019 ; Mitchell 2022). Qui plus est, les APEA pratiquent des modèles d'organisation différents, et les règlements de procédure cantonaux ne sont pas uniformes (Häfeli 2021, p. 318 ; Gautschi & Schnurr 2023). Lorsque des enfants et des parents sont confrontés à ce contexte, comment perçoivent-ils par conséquent – en comparaison du passé – leurs possibilités de participation, leur autonomie, le vécu de leur intégrité ? Et que faut-il pour les soutenir ?

2.3 Inscription de l'étude dans son contexte empirique et théorique

Comme nous venons de le voir, la protection de l'enfant en droit civil et la procédure y relative établissent un contexte de contrainte. Il s'ensuit une inégalité de pouvoir entre actrices et acteurs impliqué·e·s dans un rapport de forces toujours dynamique (Pomey 2017). S'agissant notamment du pouvoir décisionnel, les parents et leurs enfants ne sont pas sur un pied d'égalité avec les professionnel·le·s (Featherstone et al. 2014), l'APEA étant habilitée à prendre, dans le but de protéger l'enfant, des décisions parfois contraires à la volonté des personnes concernées. Ces asymétries de pouvoirs s'observent, eu égard à la compétence professionnelle, entre non professionnel·le·s, en l'occurrence les enfants et les parents, et professionnel·le·s (Pomey 2017 ; Biesel & Urban-Stahl 2022, p. 261 s.) et, eu égard à l'âge et à l'ordre générationnel, entre enfants et adultes (Bühler-Niederberger 2010 ; Duncan 2019).

Même si les enfants et les parents se retrouvent structurellement dans une position d'infériorité, et que de nombreuses asymétries de pouvoirs produisent leurs effets, ils disposent malgré tout d'une certaine capacité d'action. Il faut voir en eux des acteurs sociaux actifs dont la capacité d'action (*agency*) est conditionnée par un contexte structurel qui peut être propice ou défavorable (Wolff et al. 2013 ; Raithelhuber & Schröer 2018 ; Duncan 2019 ; Schoch et al. 2020). Compte tenu des asymétries de pouvoir inhérentes à la protection de l'enfant en droit civil et des conditions particulières à chaque cas, on est en droit de penser que le degré de capacité d'action diffère selon les cas et que les conditions favorisant la participation dans le cadre d'une procédure de protection des droits de l'enfant varient (Wolff et al. 2013 ; Schoch et al. 2023). Tout le monde n'est pas, en toute circonstance, également capable de comprendre tout de suite et de contextualiser des informations, d'articuler un avis et de faire valoir des intérêts et des souhaits (Kriz & Roundtree-Swain 2017 ; Berrick et al. 2019).

Concernant la capacité d'action (*agency*) des enfants, il existe un nouveau concept théorique, celui de l'« autonomie de l'enfant *en tant qu'enfant* » (Mühlbacher & Sutterlüty 2019, p. 254). Le propos est le suivant : il importe de concevoir l'autonomie de l'enfant comme entièrement centrée sur l'enfant, de sorte que l'autonomie de l'enfant ne soit pas pensée dans une dépendance générationnelle des adultes et en rapport avec des adultes. Il convient d'intégrer davantage les enfants dans des rapports sociaux diversifiés et de concevoir leur capacité d'action en fonction de la situation et de son contexte (ibid.).

L'autodétermination ou l'*autonomie* dans l'action est constitutive de ce que la personne concernée considère comme une « vie digne d'être vécue » (Anderson & Honneth 2005, p. 130 ; Rössler 2017, p. 394 ss). Cette capacité comporte celle de se fixer ses propres buts, ainsi que la possibilité de prendre et d'exécuter des décisions rationnelles qui entrent dans *le vécu personnel de l'intégrité* (état d'intégrité physique et psychique) (Becker-Lenz & Müller-Hermann 2013, p. 212). Bien que l'état actuel de la recherche nous incite à considérer l'expérience vécue de l'intégrité et de l'autonomie comme des aspects à prendre en compte dans la participation des enfants et des parents dans les procédures de protection de l'enfant, ces deux catégories ont jusqu'ici été très peu étudiées en tant que telles dans le discours scientifique international. L'aspect explicitement évoqué à propos de la protection de l'enfant, même si c'est en passant, est celui de l'autonomie familiale (Pomey 2014 ; Marks & Sehmer 2017). L'autonomie est abordée, le plus souvent de façon implicite, dans les études s'attachant plutôt à conceptualiser la notion de capacité d'action sur le plan théorique (p.ex. Tisdall 2016). Le rôle de l'intégrité et de l'autonomie est davantage abordé dans la littérature spécialisée d'orientation juridique qu'en sciences sociales ainsi dans les développements consacrés aux droits des enfants (p.ex. Daly 2018) ou à une « justice adaptée aux enfants » (Conseil de l'Europe 2012).

Toujours dans le discours scientifique international dans le domaine de la protection de l'enfant, la notion de participation en revanche suscite des recherches et des discussions soutenues depuis plusieurs années. Mettre en œuvre la participation dans le cadre de procédures de protection de l'enfant est une tâche exigeante, compte tenu des asymétries de pouvoir déjà évoquées et du champ de tension qui naît de la rencontre entre les forces opposées de l'aide et du contrôle, si bien qu'elle s'exerce dans des conditions difficiles (Healy & Darlington 2009, p. 420). Car les professionnel·le·s, les parents et les enfants doivent pouvoir collaborer et coopérer, alors même que les professionnel·le·s peuvent être amené·e·s à user de leur pouvoir, le cas échéant, contre la volonté des destinataires (ibid.).

Par participation, on entend une réelle implication, en d'autres termes, pas seulement la possibilité d'articuler son point de vue et son avis (p.ex. lors de l'audition devant l'APEA ou un tribunal), mais d'être partie prenante et de contribuer à des processus décisionnels (Schnurr 2018). À ce propos, les chercheurs et chercheuses parlent de la nécessité pour les personnes concernées d'avoir voix au chapitre, le cas échéant avec le soutien d'un·e avocat·e, pour s'impliquer réellement et arriver à une participation significative (« *meaningful* », Bouma et al. 2018) (Lundy 2007 ; Wolff et al. 2013 ; Berrick et al. 2019 ; Duncan 2019). Celle-ci présuppose que les personnes concernées soient suffisamment bien informées sur la procédure de protection de l'enfant, sur le cas d'espèce et sur les aspects à négocier (Berrick et al. 2019 ; Bouma et al. 2018) ainsi que sur leurs propres droits. Il importe que les personnes concernées aient une bonne compréhension de la situation, afin de pouvoir envisager en connaissance de cause la situation et ses conséquences potentielles, et par conséquent de tirer un meilleur parti de la capacité d'action (*agency*) à leur disposition. Divers chercheurs et chercheuses soulignent par ailleurs, souvent en se référant à Habermas (1998), la nécessité de faire de la participation un outil pour un processus de négociation délibératif, dialogique et par conséquent collaboratif (Graham & Fitzgerald 2010 ; Tisdall 2016 ; Berrick et al. 2019 ; Duncan 2019).

Cela présuppose que les enfants et les parents concernés par la procédure de protection de l'enfant puissent faire valoir leur point de vue, poser des questions et recevoir des réponses qu'ils puissent comprendre, et être associés à la prise de décision sur un pied d'égalité (Wilumsen & Skivenes 2005 ; Berrick et al. 2019 ; Duncan 2019). Les chercheurs et chercheuses font également valoir que les enfants, notamment ceux qui font l'effort de participer, nécessitent le soutien actif de professionnel·le·s (Shier 2001 ; Cashmore 2002 ; Gallagher et al. 2012).

Bien que, dans le discours scientifique, il soit beaucoup question de la participation des enfants concernant leur protection, le point de vue de l'enfant est rarement recueilli et étudié directement (à propos de la perspective des enfants et des jeunes, voir p.ex. Wolff et al. 2013 ; von Bijleveld 2014 ; Cossar et al. 2016 ; Arbeiter & Toros 2017 ; Ackermann & Robin 2018 ; Husby et al. 2019). Il est souvent reconstruit depuis la perspective des adultes. Ces études font apparaître que les jeunes concernés par une mesure de placement demandent à être entendus, pris au sérieux et informés (van Bijleveld et al. 2014), réellement impliqués aussi (Arbeiter & Toros 2017). Partant d'une analyse systématique d'études empiriques centrées sur le point de vue des enfants, Toros (2021) arrive à des conclusions similaires : beaucoup de jeunes concernés par une mesure de placement se plaignent que les professionnel·le·s sont peu accessibles et ne sont pas en contact régulier avec eux. Lorsque le contact existe, ces jeunes dénoncent les défaillances de la communication, du rapport de confiance et de leur propre compréhension des procédures, des décisions et des interventions. Dans ces conditions, ils ont de la peine à se forger une opinion et à l'exprimer et sont très limités dans leur capacité à participer aux processus et à les influencer. Dans le discours scientifique, on parle à cet égard de l'« enfant absent », essentiellement laissé de côté dans les processus décisionnels en matière de protection de l'enfant (Wolff et al. 2013, p. 39). Considérés comme particulièrement vulnérables et dignes de protection, les enfants tendent à être, encore davantage que les jeunes, exclus des processus décisionnels participatifs (Tisdall 2016 ; Heimer 2018 ; Duncan 2019 ; Pomey 2022).

L'étude de Tisdall (2016) revêt à cet égard un intérêt particulier. Elle s'appuie sur des récits concernant la manière dont la *participation des enfants* se passe selon le droit écossais et sur d'autres tirés de la recherche internationale sur l'enfance. Sa conclusion est que les jeunes ont plus de chances de se voir concéder la possibilité de participer aux processus lorsqu'ils sont capables d'articuler clairement leur opinion et de rester cohérents dans leur position. Mais cette aptitude entre en conflit avec l'emprise des familles sur les enfants concernés par une procédure de protection de l'enfant, si bien que ceux-ci se retrouvent souvent dans des situations émotionnellement très tendues, conflictuelles et très instables (ibid. ; Cossar et al. 2016). C'est pourquoi Tisdall (2016) plaide, eu égard aux enfants, en faveur d'une approche de la participation fondée sur la relation, les processus et les situations. Il peut être utile à cette fin de concevoir les enfants au même titre que les parents comme des acteurs sociaux (Wolff et al. 2013, p. 22) engagés dans un processus de co-production (Tisdall 2017 ; Husby et al. 2018).

Les études récentes signalent par ailleurs que les processus décisionnels participatifs dans la protection de l'enfant comportent plusieurs avantages : ils ont plus de chances d'aider les enfants à parler d'une maltraitance ou d'une mise en danger subie (Jobe & Gorin 2013). Les aides et mesures prévues dans le cadre de procédures de protection de l'enfant à vocation participative s'avèrent plus solides et stables (Vis et al. 2011 ; Barnes 2012), et le retour à la famille d'origine se passe mieux (Balsellset al. 2017). De façon générale, la participation renforce les enfants dans l'expérience de l'efficacité de leur action et peut donc également être considérée comme un facteur de protection (Leeson 2007 ; Lloyd & Emerson 2017). Malgré ce discours scientifique très nourri et la mise au point de nombreux modèles, concepts et théories visant à améliorer la mise en œuvre de la participation (p.ex. Hart 1992 ; Shier 2001 ; Lundy 2007 ; Archard & Skivenes 2009 ; Graham & Fitzgerald 2010 ; Wolff et al. 2013 ; Tisdall 2016 ; Bouma et al. 2018 ; Duncan 2019), il semble que cela reste un défi conséquent d'arriver à une réelle participation des enfants dans la pratique de la protection de l'enfant (Healy & Darlington 2009 ; Graham & Fitzgerald 2010 ; Dillon et al. 2016 ; Eberitzsch et al. 2023 ; Saim & Slettebø 2017 ; Husby et al. 2018 ; Berrick et al. 2019 ; Duncan 2019 ; Tisdall 2017). Concernant la Suisse, les expert·e·s concluent que malgré les améliorations intervenues dans le domaine des droits à la participation des jeunes dans les procédures de protection de l'enfant, la pratique de la participation et plus concrètement, par exemple, la mise en œuvre d'une « justice adaptée aux enfants » (Conseil de l'Europe 2012) laissent encore beaucoup à désirer (Cottier 2017 ; CSDH 2019).

Étant donné que les enfants et les parents n'ont pas tous les mêmes possibilités et que les circonstances propres à chaque cas varient (*agency*), les procédures de protection de l'enfant et les interventions effectuées à ce titre sont vécues de manière très différente. Elles peuvent déclencher des sentiments tels que l'angoisse, la honte, la stigmatisation, la colère, l'impuissance ou l'humiliation (Dale 2004 ; Dumbrill 2006 ; Featherstone et al. 2014 ; Cossar et al. 2016 ; Dillon et al. 2016 ; Wolff et al. 2013 ; Petersen 2018 ; Gibson 2019 ; Quick & Scott 2019 ; Bekaert et al. 2021). Cela est également dû au fait qu'on ne peut en principe pas attendre des personnes concernées qu'elles fassent confiance aux autorités *a priori* (Duncan 2019 ; Ader & Schrapper 2020). À plus forte raison, dans les procédures de protection de l'enfant, les enfants et les parents ont besoin d'être pris au sérieux, entendus et impliqués dans des situations où ils peuvent avoir le sentiment ou faire l'expérience d'un manque de respect et de reconnaissance sociale (p.ex. Berrick 2018 ; Husby et al. 2018 ; Husby et al. 2019 ; Ferguson et al. 2020). Certaines études signalent que les parents se montrent plus coopératifs dans une procédure de protection de l'enfant lorsque les professionnel·le·s parviennent à user de leur pouvoir « avec » leur participation plutôt que « contre » eux (p.ex. en imposant leur point de vue ou en exerçant un contrôle) (Dumbrill 2006, p. 30 ; Saar-Heiman 2023). Les expériences positives, favorisant l'intégrité et l'autonomie, vont également de pair avec des aspects relationnels ou communicationnels tels que la confiance, le dialogue, le soutien et le respect dans la collaboration avec des professionnel·le·s de la protection de l'enfant (Dumbrill 2006 ; Höjer 2011 ; Gallagher et al. 2012 ; Featherstone et al. 2014 ; Arbeiter & Toros 2017 ; Husby et al. 2018 ; Duncan 2019 ; Bekaert et al. 2021 ; Rüegger et al. 2021).

La théorie de la reconnaissance est une ressource utile pour étudier les thèmes de l'intégrité, de l'autonomie et de la participation des enfants et des parents dans les procédures de protection de l'enfant. Selon la *théorie de la reconnaissance* d'Axel Honneth (1995), la reconnaissance sociale nait dans les interactions sociales (et grâce à des structures sociétales telles que les droits). Elle est un besoin humain fondamental de confirmation par autrui. Honneth décrit trois formes que peut prendre la reconnaissance sociale, qui sont également de plus en plus prises en compte dans la recherche sur la protection de l'enfant (p.ex. Husby et al. 2019 ; Mitchel 2020). La première forme se rapporte à l'*amour* vécu dans les relations interpersonnelles étroites, par exemple entre membres d'une famille, dans le couple ou entre amis. Le manque de reconnaissance sociale dans cette acception s'exprime, selon la théorie de la reconnaissance, dans des expériences de violence et porte atteinte à la confiance en soi. La deuxième forme se rapporte à la reconnaissance liée aux *droits*, et plus particulièrement aux droits qu'on peut faire valoir. Lorsqu'une personne est exclue de certains droits ou est traitée de façon inégale, elle subit un déni de reconnaissance qui entraîne une perte d'estime de soi. La troisième forme se rapporte à la *solidarité.* Selon la théorie de la reconnaissance, la reconnaissance sous l'angle de la solidarité s'exprime lorsqu'on respecte les capacités, opinions, avis, statuts et rôles des autres. Un déni de reconnaissance sociale sous l'angle de la solidarité peut entraîner des vécus de honte, de déshonneur ou de dévalorisation et peut compromettre le sentiment que l'individu a de sa propre valeur. Lorsqu'une personne se voit refuser la reconnaissance sur un ou plusieurs plans, elle peut en retirer un sentiment d'infériorité qui peut donner lieu à des conflits, des résistances ou à un rejet. L'individu se bat pour être reconnu, valorisé et rétabli dans sa valeur (Anderson & Honneth 2005).[4]

Rapporté à la situation de l'enfant et des parents dans les procédures de protection de l'enfant, un déni de reconnaissance sociale, s'exprimant par exemple par le non-respect de droits ou par un traitement humiliant, peut porter atteinte à leur intégrité lorsqu'ils ne se sentent pas respectés et privés de leur capacité d'action (cf. les développements correspondants dans Anderson & Honneth 2005, p. 127 ; Schoch et al. 2020). En d'autres termes, une intégrité lésée porte atteinte à l'autonomie (autodétermination) des personnes concernées en les empêchant de mener une existence autonome (Anderson & Honneth 2005 ; Rössler 2017) et retentit négativement sur leur capacité de s'impliquer activement et de participer aux décisions susceptibles d'avoir un impact majeur sur leur vie. Dans le contexte de contrainte propre à la protection de l'enfant, la possibilité de participer se présente différemment en fonction de l'expérience vécue par les enfants et

4 On trouvera au chapitre 3.3.1 une présentation plus détaillée de la manière dont la théorie de la reconnaissance a été mise au service de l'analyse qualitative des données.

les parents, selon qu'ils sont respectés, que leur intégrité est respectée, et qu'ils peuvent ou non (dans le cadre réglementaire donné) exercer leur capacité d'action et leur autonomie. Sous l'angle de la recherche sur la procédure de protection de l'enfant en droit civil, il paraît donc opportun de concevoir l'intégrité, l'autonomie et la participation comme un nexus étroitement lié (Schoch et al. 2020), lorsqu'on entend théoriser les expériences vécues par les enfants et les parents dans ce contexte tout en nourrissant la réflexion par les enseignements empiriques.

2.4 Question étudiée et dispositif de l'étude

La question à l'origine du présent projet de recherche, tant sur le plan empirique que théorique, était : comment l'expérience que vivent les enfants et les parents dans la procédure de protection de l'enfant en Suisse a-t-elle évolué et quelle est la situation actuelle ? Autrement dit, la question centrale du projet de recherche INTAPART était : comment les enfants et les parents vivent-ils la procédure de protection de l'enfant ? Pour apporter une réponse adéquate à cette question, nous avons mis au point un dispositif de recherche interdisciplinaire s'articulant en trois études complémentaires.

- L'*analyse juridique* avait pour but d'examiner l'évolution des droits procéduraux, et plus particulièrement du droit des enfants et des parents à être entendus, de 1912 à nos jours. Il s'agissait d'analyser comment les droits procéduraux ont contribué à porter atteinte à l'intégrité des enfants et des parents ou à la protéger, à favoriser leur autonomie ou à la restreindre. Par la même occasion, il convenait également d'examiner l'évolution des droits en matière de participation pendant la procédure. Une étude comparative a en outre permis d'identifier des approches novatrices visant à renforcer le droit à la participation des enfants et des parents dans les procédures de protection de l'enfant à l'étranger (chapitre 3.1).
- Dans notre *analyse historique*, nous avons cherché à savoir comment les enfants et les parents vivaient leurs rencontres avec l'autorité tutélaire et les services qui y étaient rattachés (avant 1981, puis entre 1981 et 2012). À cette fin, nous avons procédé à une revue systéma-

tique et à une réévaluation de la littérature historique pour connaître l'expérience vécue par les enfants et par les parents (chapitre 3.2).

- L'*étude empirique* a été l'occasion d'examiner, moyennant une approche « *mixed-methods* », comment les enfants et les parents vivent les actions et interventions des APEA et des représentant·e·s des services sociaux dans le cadre d'une procédure de protection de l'enfant en droit civil. Nous avons également étudié les pratiques mises au point par les APEA pour impliquer les enfants et les parents dans les procédures et l'appréciation des personnes concernées quant aux possibilités qui leur étaient données de participer. L'étude empirique comportait des observations participantes d'interactions (p.ex. de situations d'entretiens et d'auditions auprès des APEA), des entretiens qualitatifs et des enquêtes quantitatives ainsi que des entretiens en focus groupes avec des enfants, des parents et des professionnel·le·s, menés tant en Suisse alémanique qu'en Suisse romande (chapitre 3.3).

Deux raisons nous ont convaincu·e·s d'opter pour un dispositif d'étude interdisciplinaire pour l'étude INTAPART. D'une part, la protection de l'enfant en droit civil a évolué, sur le plan historique, juridique et sociétal depuis l'entrée en vigueur du Code civil suisse en 1912 ; d'autre part, la protection de l'enfant contre toute mise en danger de son bien-être est une mission interdisciplinaire dans laquelle différentes professions interviennent chacune avec ses tâches et fonctions propres. La nature interdisciplinaire de l'étude INTRAPART nous a amené·e·s à nous entourer d'une équipe de chercheurs et chercheuses émanant de disciplines différentes (sociologie, droit, histoire, travail social, psychologie). Il a fallu s'entendre sur les présupposés épistémologiques propres à chaque discipline, sur la façon dont les un·e·s et les autres conçoivent la recherche et ses méthodes, et sur des concepts essentiels. Nous avons ainsi eu des échanges interdisciplinaires continus afin de mettre au clair des questions d'ordre conceptuel et méthodologique et d'arriver à une triangulation des résultats obtenus dans les trois études (Flick 2000). Nous avons toujours fait prévaloir le souci d'intégrer la diversité des perspectives (propres aux disciplines), de rendre compte du déroulement, des résultats et des conclusions des trois études, de les corréler, d'en faire la synthèse et de tirer de ces acquis les éléments essentiels pour l'élaboration d'une loi fédérale sur la procédure devant les autorités de protection de l'enfant qui soit propre à respecter son intégrité, à renforcer son autonomie et à favoriser sa participation. Nous avons par ailleurs fait appel à un *advisory board* afin qu'il procède à une évaluation critique des résultats scientifiques de l'étude INTAPART, dans le but de veiller à sa pertinence pratique et d'aménager un espace de réflexion critique extérieur à notre équipe.

Les résultats de l'étude INTAPART seront tout d'abord présentés séparément pour chacune des trois études mentionnées (chapitre 3). Enfin, dans un chapitre de synthèse et de triangulation (chapitre 4), nous montrerons, en recourant au nexus de l'intégrité, de l'autonomie et de la participation, quels enseignements peuvent être tirés de la rétrospective historique et de l'évolution du droit par rapport aux pratiques actuelles des APEA en ce qui concerne le vécu des enfants et des parents dans les procédures de protection de l'enfant. Ensuite nous retiendrons, dans un chapitre centré sur la pratique, les éléments clés pour une procédure de protection de l'enfant propre à favoriser son intégrité, son autonomie et sa participation (chapitre 5). Enfin, nous présenterons un projet de loi nourri des acquis de la synthèse interdisciplinaire pour la procédure devant les autorités de protection de l'enfant (chapitre 6).

3. Résultats des études complémentaires

3.1 Analyse juridique

Gaëlle Droz-Sauthier & Michelle Cottier

3.1.1 Introduction

Quelle est l'évolution de la position procédurale des personnes concernées par les mesures d'aide et de coercition au fil du temps ? La tâche de l'analyse juridique est d'identifier le développement, à long terme, des droits procéduraux des parents et des enfants dans les procédures de protection de l'enfant et d'examiner l'état actuel de ces droits. Le but est d'identifier les caractéristiques du cadre juridique qui entravent ou favorisent l'expérience de l'intégrité, de l'autonomie et de la participation des enfants et des parents dans ces procédures. Finalement il s'agit d'exposer quels développements innovants dans l'implication des enfants et des parents dans les procédures de protection de l'enfant peuvent être observés dans d'autres pays.

L'analyse juridique dans le cadre du projet INTAPART fait l'objet d'une étude détaillée, publiée sous forme d'une monographie (Droz-Sauthier 2024). L'objectif de cette contribution est de présenter les résultats relatifs à la participation de l'enfant dans une forme synthétique en mettant l'accent sur son audition et sa représentation. Pour les résultats concernant les droits des parents dans la procédure, nous renvoyons à la monographie.

Cette synthèse est composée de cinq parties en fonction des jalons calendaires des grandes réformes du Code civil. La première partie est dédiée à la présentation du Code civil de 1912, en focalisant sur des motifs ayant conduit à son adoption, et sur son contenu (cf. 3.1.2 *infra*). Nous poursuivrons avec la réforme de 1978 du droit de la filiation, dans le cadre de laquelle les normes sur la protection de l'enfant ont été révisées (cf. 3.1.3 *infra*). La réforme de 1981 est la prochaine étape : elle correspond à l'entrée en vigueur du nouveau droit lié aux mesures de privation de liberté, suite à la ratification par la Suisse de la Convention européenne des droits de l'homme (CEDH ; cf. 3.1.4 *infra*). Dans la cinquième partie, nous procéderons à la mise en œuvre de la Convention de l'ONU relative aux droits de l'enfant (CDE) dans le cadre des réformes du droit suisse de 2000, 2011 et 2013. Outre la présentation du contenu de ces nouvelles normes et de leur évolution entre 2000 et 2013, nous exposerons également le contenu de la CDE et sa mise en application par d'autres pays signataires (cf. 3.1.5 *infra*). Nous terminerons notre analyse par la mise en exergue de la situation suisse par rapport aux standards internationaux et à ses engagements, et proposerons des réponses aux questions de recherche mentionnées *supra* (cf. 3.1.6 *infra*).

3.1.2 Code civil suisse de 1912 : un droit de la protection moderne mais sans garanties procédurales

3.1.2.1 Origines : l'unification du droit civil fédéral

Le 1er janvier 1912 est entré en vigueur le Code civil suisse unifié. Au XIXe siècle, le droit civil relevait de la compétence des cantons et chacun avait légiféré sur son territoire, ce qui donnait lieu à d'importantes inégalités de traitement dans la prise en charge des personnes selon leur lieu de domicile. L'unification du droit civil est devenue possible grâce à la modification du 13 novembre 1898 de la Constitution fédérale de 1874 et l'introduction d'un nouvel art. 64. Désormais, la compétence de légiférer en matière de droit civil appartint exclusivement à la Confédération. Le projet fut confié au professeur de droit Eugen Huber, qui s'inspira du terreau cantonal, dont les législations constituèrent en majeure partie la source du futur Code civil suisse.

L'esprit dans lequel ce code fut pensé était progressiste. Il tient compte des transformations de la société, dues notamment à l'industrialisation, et entérina les nouvelles répartitions des tâches au sein de la famille, dessinant un contour net entre la sphère familiale et publique.[1] Par ailleurs, le législateur fédéral eut à cœur de protéger les femmes et les enfants, en redéfinissant le rôle du chef de famille (Forni 1973, p. 271 ; Rossel & Mentha 1922, p. 348, 353, 365, 366, 368 s.). Les droits et devoirs des parents furent redéfinis avec plus de soin et les intérêts des enfants furent plus sérieusement protégés (Rossel & Mentha 1922, p. 332). Auparavant, la « puissance paternelle » était très forte et les motifs pour restreindre les droits des parents sur leurs enfants étaient mineurs. Désormais, le Code civil prévit des dispositions relatives à la protection des enfants tant préventives qu'applicables *a posteriori* et la surveillance de l'État à leur égard se renforça (Ramsauer 2000, p. 21, 37).

3.1.2.2 Premier droit de protection fédéral

Le Code civil de 1912 distinguait entre les enfants nés pendant le mariage dits « légitimes » et ceux nés hors mariage qualifiés d'« illégitimes ». S'agissant de la première catégorie, il existait des mesures de protection en faveur de l'enfant. L'art. 283 CC-1912 consacrait le principe de l'intervention de l'Etat dans la sphère privée, lorsque « les pères et mères ne rempliss[ai]ent pas leurs devoirs ». Notamment, l'enfant pouvait être retiré de son milieu familial lorsque son « développement physique et intellectuel [...] était compromis » ou lorsqu'il était « moralement abandonné ». Les parents pouvaient également demander le placement de leur enfant, en vertu de leur droit de correction (art. 284 CC-1912). La norme était rédigée de façon large, laissant ainsi une importante marge de manœuvre aux autorités. Les enfants « illégitimes » étaient dans une position de plus grande vulnérabilité. Lorsque les parents de l'enfant n'étaient pas mariés, la règle était que l'enfant soit placé sous la tutelle de l'État. Ce n'était qu'exceptionnellement qu'il pouvait être « sous la puissance paternelle de la mère ou du père » (art. 311 CC-1912), ce qui impliquait dans un grand nombre de cas une séparation des enfants de leurs parents et leur placement.

1 En outre, l'industrialisation creuse un fossé toujours plus large entre les bourgeois privilégiés et les classes ouvrières, qui s'appauvrissaient. Les principes de liberté, égalité et fraternité s'amenuisèrent avant la fin du XIXe siècle, ce qui conduit à un besoin législatif de bien-être social (Pan et al. 2018, p. 236).

La procédure en matière de protection de l'enfant était du ressort des cantons et le droit unique fédéral ne prévoyait aucune norme particulière. Dans son message idoine, le Conseil fédéral avait déclaré : « On peut espérer que les autorités de tutelle agiront avec assez de mesure pour qu'il ne soit pas indispensable de définir plus nettement leurs compétences. Une définition plus explicite entraînerait, à d'autres égards, bien des inconvénients, auxquels nous échappons grâce à la latitude que nous laissons en matière d'intervention officielle. Au surplus, les parents pourront attaquer en justice toutes décisions arbitraires prises contre eux (art. 297) » (Conseil fédéral 1904, p. 37).

La Constitution fédérale de 1874 ne contenait aucune garantie de procédure. Le Tribunal fédéral a interprété largement l'art. 4 Cst.-1874 relatif à l'égalité de traitement dès 1938 (RO 64 I 145, 148) et en a tiré plusieurs garanties de procédure, telles que le droit d'être entendu, qui ont été, par interprétation, reliées à la CEDH et au Pacte ONU II (Dang & Nguyen 2021, N 2 et les références citées).

Ainsi, sur la base de certains droits cantonaux (notamment du canton de Berne) et de la jurisprudence du Tribunal fédéral, les personnes concernées bénéficiaient tout de même du droit d'être entendues dans le cadre des placements d'enfant, et elles pouvaient faire des propositions, auxquelles les autorités tutélaires n'étaient toutefois pas liées (Bertholet 1969, p. 28). Il en allait de même du principe de proportionnalité de l'intervention étatique, qui n'était pas explicitement inscrit dans la loi, mais qui était appliqué selon la doctrine et la jurisprudence (Bertholet 1969, p. 27 ; Schnyder 1977, p. 122).

3.1.2.3 Observations : un droit laissant la place à des décisions arbitraires et abusives

Fait notoire, l'espoir exprimé par le Conseil fédéral dans son message relatif au Code unifié fut un vœu pieux pour trois raisons principales. La première était liée à la formulation de la loi. Elle était trop vague et ainsi difficile à interpréter et à appliquer, et était incomplète d'un point de vue procédural, conduisant à des décisions arbitraires. Cela étant, il est aussi intéressant de spécifier que les droits de procédure n'étaient, en droit de protection, manifestement pas « dans l'air du temps » : par exemple, le juriste Edouard

Maier a écrit une thèse de doctorat sur l'intervention des autorités de tutelle publiée en 1921 sans aucune référence à ces droits (Maier 1921). Cette lacune est d'autant plus surprenante que dans le cadre pénal, de telles garanties existaient.

La deuxième raison concernait l'organisation des autorités de tutelle, laissée à la discrétion des cantons. Souvent, elles étaient politiques, et composées des personnes qui n'étaient pas formées, rendant d'autant plus complexe l'application du droit. Dans le même sens, l'étude historique a également révélé que ces failles au niveau de l'organisation des autorités étaient une des causes des violations de l'intégrité des enfants placés (cf. chapitre 3.2).

Finalement, le système fédéral ajoutait une complexité supplémentaire car deux dispositifs cohabitaient : le droit fédéral et le droit cantonal. Le premier visait la protection des personnes individuellement, tandis que le second visait la protection de l'ordre et de la sécurité publics, et tous deux permettaient de priver des personnes de leur liberté à des conditions différentes. La frontière n'était pas nette et cette mixité était clairement à l'origine de prononcés de mesures coercitives abusives (Gumy et al. 2019).

3.1.3 Code civil suisse de 1978 : un changement de paradigme pour la protection de l'enfant

La situation a ainsi perduré pendant plus de 60 ans jusqu'à la réforme du droit de la filiation, entrée en vigueur le 1er janvier 1978. Outre de mieux correspondre à l'évolution de la société, cette réforme visait à s'aligner sur ses voisins européens désormais soumis à la Convention européenne sur le statut juridique des enfants nés hors mariage de 1975 et de mettre sur un pied d'égalité les enfants dits « légitimes » et « illégitimes ».

3.1.3.1 Nouveautés : le bien de l'enfant au cœur de l'intervention étatique

Les nouvelles normes de protection de l'enfant ont conduit à un changement de paradigme dans la prise en charge des enfants puisque leur bien a été placé au cœur de l'intervention de l'État. De plus, le principe de subsidiarité a été clairement inscrit dans la loi (art. 307 ss CC-1978). L'État peut désormais intervenir non plus lorsque « les père et mère ne remplissent pas leurs devoirs » (art. 283 CC-1912) mais lorsque le « développement de l'enfant est menacé et que les père et mère n'y remédient pas d'eux-mêmes ou soient hors d'état de le faire » (art. 307 CC-1978). En outre, les dispositions sont plus complètes et mieux détaillées.

S'agissant de la procédure, celle-ci est demeurée du ressort des cantons, à l'exception de quelques réserves inscrites dans le droit fédéral, aux art. 314 ss CC-1978. Le législateur fédéral a tenu compte des problématiques que posait le droit de 1912 et a tenté d'y répondre en imposant aux cantons d'organiser l'accès des personnes à une autorité judiciaire en cas de retrait de l'autorité parentale, lorsque l'autorité de tutelle était administrative. Le but était de garantir l'accès des personnes à la justice, c'est-à-dire à une autorité indépendante et impartiale. En outre, possibilité a été donnée aux autorités de décider au cas par cas de l'effet suspensif des recours, c'est-à-dire de suspendre ou non les effets de la décision initiale pendant la procédure de recours. Pour le reste, les recours – à l'exception du recours devant le Tribunal fédéral – demeuraient soumis aux procédures cantonales.

Une autre nouveauté était l'ancrage dans la loi des régimes d'autorisation et de surveillance des enfants placés (art. 316 CC-1978) et l'édition par le Conseil fédéral de son ordonnance d'exécution, l'ordonnance sur le placement d'enfants du 19 octobre 1977 (OPE).

3.1.3.2 Observations : les droits procéduraux restent à la traîne

Malgré ces évolutions saluées par la doctrine, aucune garantie procédurale liée à la participation n'a été prévue dans la loi fédérale ni pour les enfants, ni pour les parents (Meier & Stettler 2006, p. 396).[2] Cela étant, le Tribunal fédéral a continué d'étendre dans sa pratique l'interprétation de l'art. 4 Cst.-1874 et d'en déduire le droit d'être entendu (ATF 64 I 148 ; 75 I 227 ; 76 I 182 ; 82 I 71 c. 2 ; 83 I 240 ; 85 I 240), y compris le droit de consulter les dossiers, mais de façon limitée. Malgré cela, nous ne trouvons pas de trace d'une possibilité de participer des enfants et des parents en matière de protection qui soit garantie. De plus, les pratiques des autorités étaient

2 Problématique confirmée en 2009, dans la 4e édition de l'ouvrage.

encore très disparates entre elles, sans formalisation des droits de procédure, laissant ainsi place aux abus.

3.1.4 Code civil suisse de 1981 : le début de l'orientation vers les droits humains

3.1.4.1 Ratification de la CEDH par la Suisse

La Suisse a ratifié la CEDH le 28 novembre 1974, ce qui déclencha un bouleversement législatif en matière d'internement et força la révision du Code civil entrée en vigueur le 1er janvier 1981. Cette date marqua, à certains égards, un tournant dans ce domaine et le début d'une nouvelle ère.

L'art. 406 CC-1912, fondement du placement des adultes, ne correspondait pas aux engagements internationaux de la Suisse et les droits cantonaux, disparates, étaient désuets et source d'inégalités entre les personnes internées (Deschenaux & Steinauer 1980, p. 228). Il convint donc de réformer le droit du placement dans une loi fédérale « claire et compréhensible », dans un contexte où il fut question de méfiance citoyenne à l'égard des autorités (Conseil fédéral 1977, p. 3). Cette révision tendit à « renforcer la confiance en l'État et [à] réaliser l'égalité devant la loi » (Conseil fédéral 1977, p. 3).

3.1.4.2 Nouveautés : une meilleure protection des droits de la personne privée de liberté à des fins d'assistance

Le nouveau droit impacta significativement ce qu'il était désormais convenu de désigner sous l'appellation de privation de liberté à des fins d'assistance (PLAFA). Il renforça les buts d'assistance des mesures tutélaires au détriment des aspects sécuritaires, qui n'étaient pas prévus dans la loi (Guillod 2013). Outre la mise en place d'une nouvelle terminologie, les conditions matérielles à la PLAFA furent précisées et harmonisées sur l'ensemble du territoire suisse et la procédure fut clarifiée.

3.1.4.2.1 Nouvelle terminologie

Le nouveau droit apporta des clarifications terminologiques puisque jusque-là aucun acte législatif ne définissait l'internement ou le placement des personnes. Ces mesures étaient désormais des privations de liberté à des fins d'assistance (PLAFA), expression qui soulignait la dimension de l'aide apportée à la personne. Cette nomenclature permettait également de distinguer ces PLAFA des autres types de placement possibles, comme ceux relevant du droit pénal ou du droit administratif. C'était important d'apporter ces précisions puisque désormais les cantons n'avaient plus la compétence de légiférer sur une quelconque privation de liberté des personnes. Seule l'application du droit fédéral permettait une telle mesure.

3.1.4.2.2 Conditions de la PLAFA et procédure

Les conditions pour priver les personnes de leur liberté à des fins d'assistance étaient les mêmes pour toutes les personnes résidant sur le territoire helvétique, renforçant ainsi l'égalité de traitement entre les individus. Les nouvelles conditions n'étaient pas identiques à celles prévues par l'art. 5 CEDH. Toutefois, la CEDH faisant partie intégrante de l'ordre juridique suisse, il y avait un cumul de conditions, renforçant la lutte contre l'arbitraire. Cela étant, fidèle à la tradition, le législateur fédéral a laissé aux cantons la responsabilité de la procédure, avec quelques réserves, à l'instar de la formule de 1978 (cf. 3.1.3 *supra*). Des standards minimaux de procédure furent intégrés dans le nouveau droit fédéral, aux art. 397*d* ss CC-1981. Selon l'art. 314*a* CC-1981, ceux-ci s'appliquaient également aux placements d'enfants. Étaient dès lors concernés par l'art. 314*a* CC-1981 et les garanties procédurales idoines uniquement les placements dans un « établissement ». Cette disposition ne s'appliquait ainsi pas, par exemple, aux placements en famille nourricière ou institutionnels en milieux ouverts, ni aux placements volontaires (Meier 2010).[3] Le renvoi à la procédure des personnes majeures ou interdites soumises à une PLAFA impliquait ce qui suit :

Premièrement, le *contrôle judiciaire* des décisions des autorités de tutelle, déjà garanti pour le retrait de l'autorité parentale par l'art. 314 ch. 1 CC-1978, fut étendu aux décisions de PLAFA (art. 397*d* CC-1981), conformément aux exigences de l'art. 6 CEDH. À cet égard, seul l'enfant âgé de 16 ans révolus pouvait en appeler au juge (art. 314*a* al. 2 CC-1981). En deçà de

3 Sur la notion « d'établissement » voir ATF 121 III 306 = JdT 1997 I p. 145, 147 et les références citées.

cette limite, il devait agir par l'entremise d'un·e représentant·e (Lustenberger 1987, p. 116 ss, 124 ss ; Meier 2010 ; Sauthier & Cottier 2020, p. 928). Une partie de la doctrine critiqua cette limite qu'elle considérait non conforme aux règles générales prévoyant l'exercice autonome des droits strictement personnels par la personne mineure capable de discernement (art. 19 al. 2 CC-1912, cf. Bigler-Eggenberger 2002, N 15 ; Bucher 1999, N 88 ; Hochheuser 1997, p. 168). Olivier Jacot-Guillarmod observa l'absence de correspondance entre la qualité de mineur du Code civil et celle de l'art. 5 CEDH, cette dernière conception revêtant une portée autonome. Il n'était, selon lui, pas exclu que l'enfant introduise lui-même une requête à Strasbourg, nonobstant la limite de l'art. 314*a* al. 2 CC-1981 (Jacot-Guillarmod 1981, p. 41, 56).

Ensuite, et dans ce cadre, le juge devait statuer selon une procédure simple et rapide puisqu'il avait à faire à des personnes vulnérables (art. 397*f* al. 1 CC-1981). Il devait accorder à l'enfant l'assistance juridique si besoin, c'est-à-dire lui donner la possibilité de se faire *représenter* lorsque c'était nécessaire (art. 397*f* al. 2 CC-1981). Le tribunal disposait, à cet égard, d'un large pouvoir d'appréciation, le législateur ayant refusé de rendre la représentation obligatoire (Lustenberger 1987, p. 144 ss). Le but visé était d'éviter que l'indigence des personnes ne les prive de l'accès à la justice. Finalement, il devait être *entendu oralement* par le juge de première instance (art. 397*f* al. 3 CC-1981 ; cf. ATF 115 II 129 = JdT 1992 I 330 ; Lustenberger 1987, p. 146 ss),[4] ce qui n'était pas le cas en procédure de recours.[5] Si selon le droit applicable aux adultes l'ensemble du collège chargé du contrôle judiciaire devait entendre l'intéressé, il pouvait en aller différemment

4 C'est après l'entrée en vigueur de l'art. 314 ch. 1 CC-2000 que le Tribunal fédéral clarifia que l''audition de l'enfant placé en institution (dans le sens de l'art. 314*a* CC) pouvait être opérée par une délégation du tribunal ou par une tierce personne, dans la mesure où le bien de l'enfant l'exige (ATF 131 III 409 = JdT 2006 I 3, 6 ; ATF 115 II 129 = JdT 1992 I, p. 330, 336 et RJJ 1993, p. 352, 354 ; RDT 1991, p. 120).

5 L'art. 397*f* al. 3 CC prévoit l'audition de l'intéressé par le juge de première instance. En revanche, l'art. 397*f* al. 3 CC ne confère aucun droit à être entendu par les juges cantonaux. Il n'en va pas différemment du principe constitutionnel découlant de l'art. 29 al. 2 Cst.-1999, qui n'implique pas le droit de s'exprimer oralement devant l'autorité appelée à statuer (ATF 125 I 209 c. 9b, 122 II 464 c. 4c ; TF 5A_564/2008 du 1er octobre 2008 c. 2.1 ; cf. également TF 5A_299/2013 du 6 juin 2013 c. 4.2).

lorsqu'il s'agissait d'un enfant. L'art. 397*f* CC-1981 s'appliquait *mutatis mutandis* à l'enfant et pouvait donc être adapté à ses besoins propres, justifiant ainsi qu'il soit entendu par une délégation du tribunal. Par ailleurs, il pouvait être exceptionnellement renoncé à un interrogatoire oral de l'enfant si cela portait atteinte à son intérêt supérieur, puisque la nature et la forme de l'audition devaient être adaptées à la situation spécifique de l'enfant touché par la privation de liberté (ATF 131 III 409 c. 4.4.2 et les références citées).

L'oralité s'explique par le but de la procédure probatoire, de permettre à l'autorité de juger la personnalité de l'individu concerné ainsi que la nécessité de mesures impliquant une privation de liberté. L'idée fondamentale de cet article était de permettre une impression directe de l'autorité menée à juger de la personne pouvant être soumise à une telle mesure (ATF 115 II 129 = JdT 1992 I, p. 330, 335). Selon la jurisprudence, cette audition personnelle garantissait, d'une part, le droit d'être entendu sur le plan de la loi et, d'autre part, le droit à une audition personnelle, dans un domaine qui touchait à un bien important et qui, pour éviter qu'il y soit porté atteinte, exigeait une impression propre du juge (ATF 115 II 129). Ces garanties ne s'appliquaient toutefois pas aux parents, comme elles étaient réservées à la personne faisant elle-même l'objet de la privation de liberté (« *Dieser Anspruch steht nach dem klaren Wortlaut der Bestimmung der Person zu, welcher fürsorgerisch die Freiheit entzogen wird* », TF 5C_294/2005 du 27 février 2006 c. 6 ; cf. ég. Meier 2006, p. 191).

En plus, l'enfant devait être informé des motifs justifiant la mesure prise et être averti, par écrit, de son droit d'en appeler au juge (art. 397*e* ch. 1 CC-1981). C'était une composante du *droit d'être entendu* et son inscription formelle dans la loi était une nouveauté.[6] Ce droit était composé de plusieurs garanties, applicables tant devant l'autorité de première instance que lors du contrôle judiciaire. La décision notifiée devait être *motivée* et comporter les *voies de droit*, indiquant l'autorité de recours compétente et précisant la forme et le délai dans lesquels le recours devait être déposé (Conseil fédéral 1977, p. 35). Ces exigences se justifiaient pour permettre aux personnes concernées de *défendre utilement leurs intérêts* (Conseil

6 Jusqu'à présent, c'était une garantie constitutionnelle développée par la jurisprudence.

fédéral 1977, p. 36). L'obligation d'indiquer les motifs justifiant le placement poursuivait l'objectif de garantir que toute personne arrêtée soit avertie dans le délai le plus court, et dans une langue qu'elle comprenait, des motifs justifiant son arrestation, conformément à l'art. 5 CEDH.

3.1.4.3 Observations : maintien de l'écart entre droit fédéral et pratiques cantonales

Une fois encore, ces nouveautés étaient essentielles pour garantir aux personnes concernées le respect de leur intégrité et de leur autonomie. Toutefois, un écart important existait entre le droit et les pratiques cantonales, certaines d'entre elles étant illicites. En effet, la lecture de plusieurs décisions cantonales et fédérales démontre à quel point l'interprétation du droit fédéral pouvait donner lieu à des variations importantes et souvent contraires au droit fédéral, donnant derechef lieu à des pratiques abusives (ATF 121 III 306 = JdT 1997 I, p. 145 ; ATF 116 II 406 = SJ 1991, p. 203 = JdT 1992 I, p. 337 ; ATF 115 II 129 = Jdt 1992 I 330 ; ATF 114 II 213 = SJ 1989, p. 161, 163 ; Katz 1983, p. 51).

Ainsi, malgré l'harmonisation du droit fédéral, son application continuait de poser des difficultés et les autorités cantonales continuaient de restreindre illégalement les droits fondamentaux des intéressés. De plus, de nombreuses lois cantonales maintinrent des critères matériels pour justifier ce qu'elles qualifiaient d'« hospitalisation non volontaire ». Ces lois contribuèrent ainsi à entretenir la confusion entre les conditions matérielles de la PLAFA et les anciennes lois d'internement ainsi que la répartition des compétences entre la Confédération et les cantons. Selon Olivier Guillod, elles ont maintenu des « idiosyncrasies cantonales dans l'application des art. 397*a* ss CC-1981 », nonobstant le fait que le Tribunal fédéral avait souligné, dans un arrêt de 1981, que même si le droit fédéral laissait aux cantons le soin de désigner les autorités compétentes, ils devaient se conformer au droit fédéral, en évitant d'empêcher ou d'entraver son application (Guillod 2013, N 7). Les législateurs cantonaux devaient en outre respecter les garanties ancrées dans la Constitution fédérale (TF, 28. 1. 1981, publié in SJ 1983, p. 161).

3.1.5 Code civil suisse de 2000 à aujourd'hui : l'ère des droits de l'enfant

3.1.5.1 La Convention relative aux droits de l'enfant et sa mise en œuvre dans différents pays

Un tournant majeur pour les droits de l'enfant est la ratification par la Suisse en 1997 de la Convention de l'ONU relative aux droits de l'enfant (CDE), qui a impacté toutes les réformes consécutives.

Cette convention « vise à ancrer en droit international des droits spécifiques de l'enfant et des obligations concrètes des États parties, qui doivent tenir compte des besoins particuliers de l'enfant » (Conseil fédéral 1994, p. 4). La CDE est guidée par quatre principes généraux,[7] dont celui relatif au droit d'être entendu de l'enfant et de participer à toutes les procédures qui le concernent (art. 12 CDE) (Comité des droits de l'enfant 2009, par. 2).

En 2009, le Comité des droits de l'enfant a édicté l'Observation générale n° 12 sur le droit de l'enfant d'être entendu, pour clarifier le sens et la portée de cette disposition. Dans ce document, le Comité a réaffirmé l'absence de marge d'appréciation des États lors de l'application de l'art. 12 CDE, lesquels sont strictement tenus de prendre les mesures appropriées pour mettre pleinement en œuvre ce droit pour tous les enfants (Comité des droits de l'enfant 2009, p. 7 par. 19 ; Zermatten 2009). Le Comité a rappelé que l'art. 12 CDE n'impose aucune limite d'âge pour permettre à l'enfant d'exprimer son opinion, tout en précisant que ce processus ne devait pas forcément avoir lieu verbalement, mais comprenait également les formes de communication non-verbales, telles que le jeu, le langage corporel, les mimiques, les dessins, etc., propres à tenir compte des enfants dès leur plus jeune âge (Comité des droits de l'enfant 2009, p. 8 par. 21 ; Zermatten 2009). Les enfants ne doivent toutefois pas être interrogés plus souvent que nécessaire, vu les conséquences traumatisantes pouvant s'en suivre. L'enfant doit être préparé à l'audition. Ainsi, l'enfant doit être

7 Les quatre principes généraux sont le droit à ne pas être discriminé (art. 2), le droit à voir son intérêt supérieur être pris en compte comme une considération primordiale (art. 3), le droit à la vie, à la survie et au développement (art. 6) et le droit de l'enfant d'être entendu (art. 12).

informé avant l'audition des conditions dans lesquels il sera invité à exprimer son opinion ; ce droit à l'information est essentiel, car il est la condition préalable à la prise de décisions claires par l'enfant (Comité des droits de l'enfant 2009, par. 41 ; Zermatten 2009). En outre, l'enfant a le droit à un retour d'informations. Il doit ainsi être renseigné sur l'issue de la procédure et se voir expliquer comment son opinion a été prise en considération (Comité des droits de l'enfant 2009, par. 45 ; Zermatten 2009).

Le Comité recommande que si l'enfant a accepté d'être auditionné, il doit l'être directement et par l'autorité décidante, l'audition par le truchement d'un tiers n'étant possible qu'à des conditions restrictives (Comité des droits de l'enfant 2009, par. 35). Lorsque l'enfant est incapable d'exprimer lui-même ses opinions, l'art. 12 CDE prescrit pour les États l'obligation de nommer, en faveur de l'enfant, un·e représentant·e (Zermatten 2009). Peu importe son identité, cette personne doit avoir une connaissance et une compréhension suffisantes des différents aspects du processus décisionnel et avoir l'expérience du travail avec les enfants. En outre, elle doit servir exclusivement les intérêts de l'enfant et tout risque de conflits d'intérêts avec les parents notamment doit être évité (Comité des droits de l'enfant 2009, par. 36 s.).

Outre ce document, en 2009, l'Assemblée générale des Nations Unies a adopté, par le biais d'une résolution, des lignes directrices relatives à la protection de remplacement pour les enfants (Nations Unies 2009). Ce document, qui n'est pas contraignant, est néanmoins important puisqu'il énonce « des orientations souhaitables en matière de politique et de pratique dans le but de promouvoir la mise en œuvre de la [CDE] » (Nations Unies 2009). Cette résolution rappelle que dans de telles procédures, il est essentiel de récolter et traiter l'opinion de l'enfant à tous les stades de la procédure, d'après son âge et sa maturité et de lui permettre d'être assisté par un·e représentant·e. À cette fin, toutes les personnes concernées devraient avoir accès à l'information nécessaire pour former leur opinion. D'après la résolution, les enfants bénéficiant d'une protection de remplacement devraient avoir accès à un mécanisme « connu, efficace et impartial auquel ils pourraient soumettre leurs plaintes ou leurs préoccupations concernant la façon dont ils sont traités et leurs conditions de placement » (Nations Unies 2009). Dans tous les cas, « les enfants devraient pouvoir pleinement comprendre les règles, les règlements et les objectifs de leur lieu de prise en charge ainsi que les droits et devoirs qui en découlent » (Nations Unies 2009, par. 72).

À l'instar des façons diverses d'interpréter le droit fédéral par les cantons, les États signataires de la CDE interprètent ce texte de manière variable et le concept de protection de l'enfant peut ainsi différer considérablement d'un État à un autre. Cela s'explique par le fait que la protection de l'enfant se réfère à des notions inscrites dans un cadre social, historique et culturel qui dépend d'une nation à l'autre (Biesel et al. 2020, p. 5 ; Parton 2017).

Par exemple, certains États ont une approche holistique de la protection de l'enfant et de ses droits de participation, en ce sens qu'ils s'appliquent à tous les domaines uniformément.[8] C'est notamment le cas de l'Écosse, où cette approche est consacrée dans le *Children (Scotland) Act 1995*, révisé en 2020. D'après ce droit, la participation de l'enfant est l'un des éléments constituant le bien-être de l'enfant et la limite d'âge alors prévue en 1995 a été abrogée et la présomption a été renversée : l'enfant est capable de se forger une opinion, sauf preuve du contraire. L'enfant doit pouvoir dire s'il souhaite ou non participer, puis par le biais de quel moyen il souhaite le faire. L'objectif visé par la réforme de 2020 est de rendre le processus d'expression de l'enfant plus accessible et moins intimidant. Il est prévu que les décisions rendues soient expliquées aux enfants en termes adaptés et compréhensibles, sauf si de justes motifs s'y opposent (Barnes MacFarlane 2021).

En Irlande, une véritable politique sur la participation des enfants au processus décisionnel a été élaborée, sur le modèle développé par Laura Lundy, professeure en droits de l'enfant à la *Queen's University* à Belfast, influencée par la CDE et la Charte des droits fondamentaux de l'UE. Elle a élaboré cette stratégie sur le constat que l'art. 12 CDE était mal interprété et que cette norme était plus qu'une base pour des bonnes pratiques puisque c'était une obligation (Lundy 2007, p. 930). À cette fin, elle a proposé une

8 Les pays qui nous semblaient les plus innovants en termes de participation de l'enfant ont fait l'objet d'une analyse plus détaillée dans la monographie citée en début de chapitre. Nous citons ici uniquement les systèmes écossais et irlandais, qui nous semblaient les plus pertinents pour illustrer notre propos.

nouvelle conception de l'art. 12 CDE et a suggéré la réalisation de quatre facteurs distincts : l'espace (*space*), la voix (*voice*), l'audience (*audience*) et l'influence (*influence*) (Lundy 2007, p. 932). Ces quatre éléments sont interdépendants et suggère une chronologie dans l'application de cette norme. La première étape garantit le droit de l'enfant à exprimer son opinion. Vient ensuite le droit de l'enfant à ce que son opinion soit dûment prise en compte. Ensuite, les processus décisionnels n'étant pas statiques, l'enfant doit être informé du déroulement de la procédure et de la manière dont son avis a été pris en compte. Enfin, l'autorité décidante doit s'assurer que sa décision respecte toutes les autres conventions pertinentes des Nations Unies (Lundy 2007, p. 932).

3.1.5.2 Entrée en vigueur de la réforme du Code civil du 1er janvier 2000

La réforme du droit du divorce entrée en vigueur le 1er janvier 2000 était inscrite dans le projet plus vaste de la réforme du droit de la famille suisse en général. Cela étant, la ratification par la Suisse de la CDE l'a influencée, particulièrement s'agissant de l'audition de l'enfant et de sa représentation.

3.1.5.2.1 Audition de l'enfant : réglementation explicite d'un nouveau droit

D'après le nouveau droit du divorce, le tribunal doit statuer sur le sort des enfants, en particulier sur la question de l'autorité parentale, les relations personnelles et la contribution d'entretien. Pour ce faire, il doit prendre en considération, autant que possible, l'avis de l'enfant (art. 133 al. 2 CC-2000). À cette fin, l'enfant doit être personnellement entendu sur la base de l'art. 144 CC-2000, ce qui en l'an 2000 est une nouveauté (Leuba & Bastons Bulletti 2010, N 13 ; Levante 2000, p. 29). Une norme similaire est intégrée dans le droit de protection de l'enfant à l'art. 314 CC-2000. Jusqu'en 1981, l'art. 314 CC attribuait aux cantons la compétence de légiférer sur les questions de procédure, sous réserve de l'accès à une autorité judiciaire en cas de retrait de l'autorité parentale et d'effet suspensif. En 2000, l'attribution de la compétence cantonale est demeurée. Cela étant, les cantons avaient, en plus, le devoir de prévoir l'audition personnelle de l'enfant par l'autorité ou un tiers nommé à cet effet, avant qu'une mesure ne soit prise le concernant et pour autant que son âge ou d'autres justes motifs ne s'opposent à l'audition (art. 314 ch. 1 CC-2000). Cette nouvelle mouture correspondait aux exigences auxquelles la Suisse a souscrit en ratifiant la CDE. Il s'agit de la première norme réglant explicitement l'audition de l'enfant dans la procédure suisse en protection de l'enfant.

Cela étant, le législateur fédéral est resté muet sur les modalités relatives à l'audition de l'enfant, laissant aux autorités le soin de les développer (Cottier 2006, p. 94 ss). Ces nouvelles normes donnèrent ainsi lieu à une abondante jurisprudence.

Dans un arrêt de principe du 1er juin 2005, le Tribunal fédéral a précisé que l'audition de l'enfant répondait à deux impératifs, le respect de la personnalité de l'enfant (prendre part à la procédure le concernant dans la mesure de sa capacité de discernement) et l'établissement des faits, indépendamment de l'âge de l'enfant. Cependant, cette audition ne doit pas lui porter atteinte, raison pour laquelle les art. 144 al. 2 et 314 ch. 1 CC-2000 réservent l'âge comme circonstance permettant de justifier qu'on y renonce. Comme ligne directrice, le Tribunal fédéral a proposé que les enfants puissent être entendus dès l'âge de six ans révolus, sans en faire toutefois une limite absolue (ATF 131 III 553, confirmé dans un TF 5A_117/2007 du 11 octobre 2007 c. 4.2 ; cf. Meier 2008, p. 403). Cette jurisprudence a, par la suite, été précisée. Notamment, la Tribunal fédéral a annulé d'emblée une décision violant le droit à l'audition d'enfants âgés de 12 et 14 ans, pourtant requise par les parents (TF 5A_308/2007 du 23 novembre 2007 c. 2.4). Dans un autre arrêt, il a jugé que si l'enfant peut être entendu à partir de l'âge de 6 ans révolus, il doit l'être lorsqu'il a lui-même sollicité son audition ou lorsqu'une partie à la procédure le requiert (TF 5A_388/2008 du 22 août 2008 c. 3.). Même une audition d'un enfant en âge d'être entendu qui n'a pas été requise peut constituer une violation du devoir d'instruction d'office du tribunal (art. 145 CC ; TF 5A_140/2008 et 5A_263/2008 du 9 juillet 2008 c. 3.3).

L'audition pouvait être requise par les parents ou par l'enfant lui-même. Le juge pouvait, en outre, l'ordonner sur la base de la maxime inquisitoire. L'enfant n'avait pas de voie de recours contre une audition ordonnée par le tribunal ; il pouvait toutefois renoncer à témoigner, sans encourir de conséquences juridiques (Meier 2012, p. 67).

Dans la situation de placement de l'enfant hors du foyer familial, le choix des règles applicables pour l'audition de l'enfant n'était pas aisé. Pour rappel, les PLAFA des enfants étaient soumises aux règles concernant les adultes, par renvoi (art. 314*a* al. 1 et 405*a* CC-1981/2000). Sur cette base, l'audition de l'enfant avait son siège aux art. 397*a* ss CC-1981/2000. Lorsque l'enfant n'était pas placé dans un établissement au sens de la loi, mais dans un autre lieu d'accueil, c'était l'art. 314 ch. 1 CC-2000 qui s'appliquait à l'audition de l'enfant. En 2006, le Tribunal fédéral a modéré ces distinctions en jugeant qu'en fait, dans tous les cas, l'art. 314 ch. 1 CC-2000 s'appliquait en priorité (ATF 131 III 409 = JdT 2006 I, p. 6). Certes, en principe, chaque enfant concerné par une PLAFA devait être entendu oralement par le tribunal. Mais des motifs fondés sur les droits de la personnalité comptaient davantage et pouvaient justifier plus largement des exceptions à l'audition. Par exemple, il était considéré comme dénué de sens d'entendre un enfant de trois ans pour contrôler, à la demande des parents, les soins donnés dans un établissement. Il faut admettre, en général, que la nature et la forme de l'audition devaient être adaptées à la situation concrète de l'enfant concerné par une PLAFA et que l'on pouvait exceptionnellement renoncer à l'interrogatoire oral d'un enfant lorsque cela nuisait à son bien (ATF 131 III 409 = JdT 2006 I, p. 6).

La violation de l'art. 314 ch. 1 CC-2000 pouvait faire l'objet d'un recours au Tribunal fédéral puisqu'il s'agissait d'une règle de procédure de droit fédéral (Meier & Stettler 2006, p. 310 et les références citées).

3.1.5.2.2 Représentation : une possibilité et non un droit, réservée aux procédures matrimoniales

Découlant également directement de l'art. 12 CDE, le principe de la représentation de l'enfant a été inscrit dans la loi pour la première fois en 2000 (art. 146 s. CC-2000). La représentation de l'enfant n'était possible que dans les procédures matrimoniales, cette norme n'étant pas applicable par analogie aux autres domaines. Une norme explicite pour le domaine de la protection de l'enfant faisait donc toujours défaut.

Cela étant, et contrairement à l'audition de l'enfant, la représentation n'était pas conçue comme un droit de l'enfant ; c'était une possibilité qui devait être déterminée de cas en cas. La représentation n'était pas prévue de manière systématique, mais de façon sélective, « lorsque de justes motifs l'exigent » (art. 146 al. 1 CC-2000 ; cf. TF 5P.173/2001 = FamPra.ch 2002, 163 ss ; Cottier 2008, p. 130 s. ; Stettler 2002, p. 17). Une exception était prévue : le tribunal devait obligatoirement désigner un·e représentant·e à l'enfant lorsqu'il était capable de discernement et le demandait, que ce soit en première ou en seconde instance (art. 146 al. 3 CC-2000). La loi ne précisait pas à quel âge ce seuil était atteint, mais il était évalué à environ dix à douze ans (Meier 2012, p. 70). En cas de refus de l'autorité, l'enfant pouvait recourir contre sa décision (Meier 2012, p. 70). La représentation de l'enfant était facultative dans tous les autres cas et relevait de l'appréciation de l'autorité de décision (Conseil fédéral 1996, p. 149 ss ; TF 5A_619/2007 du 4 août 2008 = FamPra.ch 2008, 700). Quoi qu'il en soit, cette nouveauté procédurale visait la protection des intérêts propres de l'enfant.

3.1.5.3 Entrée en vigueur du Code de procédure civile suisse du 1er janvier 2011

Le CPC est entré en vigueur en Suisse le 1er janvier 2011, ce qui eut pour effet l'abrogation des dispositions relatives à l'audition de l'enfant et à la représentation de l'enfant contenues dans le Code civil en matière de procédure matrimoniale (art. 144, 146, 147 CC) et leur transfert dans le CPC (art. 298, 299, 300 CPC).[9]

Cette réforme n'a pas eu d'impact direct sur notre thématique puisque les normes concernées ne servaient pas le droit de protection de l'enfant. Il est toutefois important de la mentionner pour deux raisons. D'une part, elle fait partie du développement des droits procéduraux des enfants en Suisse et illustre à ce titre le défaut d'homogénéité du système actuel. D'autre part, le CPC est depuis 2013 applicable par renvoi du Code civil dans le cadre des procédures devant les autorités de protection de l'enfant (cf. *infra*).

Le principe de l'audition de l'enfant prévu dans le nouveau droit (art. 298 al. 1 CPC) est semblable à ce que prévoyait l'art. 144 al. 2 CC-2000. La nouvelle norme était toutefois plus complète puisque d'une part l'art. 298 al. 2 CPC ancra des principes admis par la jurisprudence et la

9 Ces dispositions furent abrogées par le ch. II 3 de l'annexe 1 au Code de procédure civile du 19 décembre 2008, avec effet au 1er janvier 2011 (RO 2010 1739, FF 2006 6841).

doctrine en prévoyant la communication des déclarations de l'enfant à ses parents et au curateur au moyen d'un procès-verbal. D'autre part, le droit de l'enfant capable de discernement d'interjeter un recours contre une décision d'un tribunal refusant de l'entendre était désormais explicitement prévu (art. 298 al. 3 et 319 let. b ch. 1 CPC). C'était un droit strictement personnel qu'il pouvait exercer seul (Meier 2012, p. 67).

S'agissant de la représentation, le libellé des normes était sensiblement identique, sous réserve de quelques formulations qui n'en modifiaient cependant pas la portée. À l'instar de la réglementation en matière d'audition, un droit de recours *stricto sensu* fut accordé à l'enfant capable de discernement, applicable lorsque le tribunal refusait de désigner un·e représentant·e dans la procédure (art. 299 al. 3 CPC). Le nouveau droit a apporté également quelques compléments à la liste exemplative des cas dans lesquels le tribunal doit examiner s'il doit instituer une curatelle, de même que les cas où un·e représentant·e peut faire appel ou recours. La procédure a, quant à elle, été simplifiée : c'est désormais le tribunal qui peut désigner le ou la représentant·e directement. Sous l'empire du CC-2000, le tribunal ordonnait une curatelle et l'autorité tutélaire désignait la personne chargée de l'exécuter (art. 146, art. 147 al. 1 CC-2000 ; Tappy 2010, p. 332). Enfin, l'art. 301 CPC prévoit que les décisions sont désormais communiquées non seulement aux parties, mais également à l'enfant dès l'âge de quatorze ans et au curateur dans les cas dans lesquels il est habilité à recourir (Tappy 2010, p. 332).

S'agissant des coûts relatifs à la représentation de l'enfant, l'art. 299 CPC n'a pas repris la règle de l'art. 147 al. 3 CC-2000, interdisant de mettre les coûts et les dépens à la charge de l'enfant. Cette question a été âprement discutée lors des débats, mais finalement il a été décidé de la laisser à la discrétion des tribunaux (Pfänder Baumann 2016, N 13). La fixation de ces tarifs par les cantons permet donc de mieux tenir compte des différences entre les cantons et entre leurs organisations judiciaires respectives (Département fédéral de justice et police 2003, p. 52)

Pour le reste, ce changement a eu peu d'impact en pratique puisque la jurisprudence de l'ancien droit s'applique aux nouvelles normes (TF 5A_397/2011 du 11 avril 2011 c. 2.1 = FamPra.ch 2011, 1031).

Il est encore précisé qu'au 1er janvier 2017, l'application de ces normes a été élargie à toutes les procédures devant les tribunaux civils concernant des enfants, et n'est plus limitée aux procédures matrimoniales uniquement (Conseil fédéral 2014, p. 564).

3.1.5.4 Entrée en vigueur de la réforme du Code civil du 1er janvier 2013

Le 1er janvier 2013 est une date clé en matière de droit de protection des adultes, dès lors qu'elle marque l'entrée en vigueur d'une importante réforme. Il s'agit de la deuxième révision notable de ce domaine du droit civil depuis 1912, dépassant cependant dans son ampleur la première relative aux règles en matière de privation de liberté à des fins d'assistance (1981). Ce changement législatif a également son importance en droit de protection des enfants puisque les règles de procédure s'appliquent par analogie aux mineurs (art. 314 al. 1 et 314*b* CC-2013) et la nouvelle organisation des autorités concerne les deux domaines (art. 440 CC-2013). En outre, en matière d'audition et de représentation de l'enfant, des normes ont été modifiées et d'autres ont été intégrées (art. 314*a* et 314*a*bis CC-2013).

3.1.5.4.1 Audition de l'enfant

Le nouvel art. 314*a* CC-2013 sur l'audition de l'enfant dans la procédure devant l'autorité de protection de l'enfant reprend pour l'essentiel ce qui figurait à l'art. 314 CC-2000. Il est toutefois plus détaillé s'agissant des modalités de l'audition et de la communication de son contenu aux parents. De plus, les enfants capables de discernement se sont vu reconnaître un droit de recours autonome contre le refus de l'autorité de les entendre, à l'instar de ce que prévoyait le CPC (cf. *supra*).

Aucune limite d'âge pour entendre l'enfant n'a été fixée dans la loi. Après l'entrée en vigueur du nouveau droit, le Tribunal fédéral a maintenu sa jurisprudence selon laquelle un enfant pouvait être entendu dès l'âge de six ans révolus (ATF 131 III 553, 554 ; cf. TF 5A_131/2021 du 10 septembre 2021 c. 3.2.3 ; Häfeli 2021, § 999). La Haute Cour admet que cette ligne directrice va au-delà des garanties découlant de l'art. 12 CDE, dès lors que cette disposition ne prévoit l'audition de l'enfant qu'à partir du moment où il est « capable de discernement » (ATF 131 III 553, 554). Cette interprétation n'est cependant pas conforme à celle du Comité de l'ONU pour les droits de l'enfant. Comme expliqué *supra*, l'Observation générale du Comité relatif à l'art. 12 CDE établit que l'audition de l'enfant peut avoir lieu à partir d'un très jeune âge, puisque l'audition peut signifier la prise en compte de la communication non-verbale de l'enfant, telle que les jeux, le langage corporel, le dessin, etc. Ainsi, il n'est plus soutenable d'assimiler la notion de « l'enfant qui est capable de se forger sa propre opinion » utilisée dans la convention (*child who is capable of forming his or her own views*), et traduite dans la version française de manière peu précise par « l'enfant qui est capable de discernement », à celle de la capacité de discernement du Code civil suisse (Cottier 2013b, N 9, 2017, p. 89 ; Zermatten 2009, p. 297, 305 s.).

L'audition de l'enfant ressort également du droit de protection des adultes, qui s'applique par analogie, en particulier lorsque la procédure concerne le désormais « placement à des fins d'assistance » (PAFA) ayant remplacé la PLAFA (art. 314 al. 1 et 314*b* CC-2013). Ces renvois posent problème car la matière n'a pas été pensée spécialement pour les enfants, entraînant des difficultés dans leur interprétation et leur appréciation. Les enfants ne peuvent en effet être comparés à des adultes puisqu'ils n'ont pas le même statut légal que ces derniers. Cette façon de faire « raccourcie » ne tient pas compte de la triade enfant-parent-État. En outre, les dispositions sur le PAFA applicables aux adultes ne sont pas coordonnées avec l'art. 310 CC-2013 traitant spécifiquement du retrait du droit de déterminer le lieu de résidence des enfants aux parents.

3.1.5.4.2 Représentation de l'enfant

Le nouvel art. 314*a*^{bis} CC-2013 a comblé une lacune puisque comme nous l'avons mentionné *supra*, la représentation de l'enfant possible en 2000 était limitée aux procédures matrimoniales. Les développements jurisprudentiels relatifs aux art. 146 CC-2000 et 299 CPC sont applicables dans ce contexte aussi (Breitschmid 2022, N 5).

En droit de la protection, il s'agit d'un changement de paradigme puisque jusqu'alors, il était admis dans la pratique que les autorités de protection connaissaient et représentaient les intérêts de l'enfant ; désormais, tel n'est plus le cas et la position indépendante de l'enfant dans les procédures devant les APEA et son droit à une représentation juridique sont reconnus (Cottier & Steck 2012, p. 995). La doctrine majoritaire admet en effet aujourd'hui que l'enfant a la position de partie dans la procédure en protection de l'enfant (Herzig 2020, p. 567, 569 ; Herzig 2012, N 149 ss ; Kilde 2020, N 6.6 ; Droz-Sauthier 2024, p. 215 ss).

Cela étant, il faut préciser que l'art. 314*a*[bis] CC-2013 n'est pas impérative, en ce sens qu'elle n'oblige pas l'autorité de protection de nommer une représentation à l'enfant (TF 5A_823/2022 du 17 mai 2023 c. 3.2.2. TF 5A_403/2018 du 23 octobre 2018 c. 4.1.2 et les références citées). Elle ne fait qu'indiquer les situations dans lesquelles il convient d'examiner l'opportunité de nommer un·e représentant·e. C'est en particulier le cas dans le cadre d'une procédure de placement (art. 314*a*[bis] al. 2 ch. 1 CC-2013), où renoncer à désigner un·e représentant·e doit rester une décision exceptionnelle, vu l'importance des intérêts en jeu (Cottier 2013c, N 5). Enfin, il y a lieu de préciser qu'en cas de conflits d'intérêts entre l'enfant et ses parents, leur pouvoir de représentation s'éteint de plein droit de par la loi, et l'APEA doit impérativement désigner un·e représentant·e (art. 314*a*[bis] en lien avec art. 306 al. 2 et 3 CC-2013 ; cf. Cottier 2013c, N 5).

Le législateur a, en revanche, refusé d'imposer à l'autorité de protection de l'enfant de désigner un·e représentant·e à la requête de l'enfant capable de discernement, sur le modèle de ce que l'art. 299 al. 3 CPC prévoit pour la procédure devant le tribunal civil (Affolter-Fringeli & Vogel 2016, N 20 ; Gassner 2018, N 549 ss ; Stössel & Gerber Jenni 2012, p. 342). Cela étant, l'enfant peut déposer une telle requête sur la base de l'art. 19c al. 1 CC-2013, selon lequel les mineurs capables de discernement peuvent choisir eux-mêmes un·e représentant·e s'il s'agit de la sauvegarde d'un droit strictement personnel (ATF 120 Ia 371 ; cf. Cottier 2013c, N 6 ; Herzig 2020, p. 567, 579). À l'inverse, l'autorité n'est nullement fondée à désigner un·e représentant·e à l'enfant qui n'en veut pas (TF 5A_94/2007 du 31 mai 2007, c. 1.3.). Si les parents ne peuvent fonder une requête demandant l'institution d'une curatelle de procédure pour l'enfant sur une base légale spécifique, ils le peuvent en vertu de leur qualité de partie à la procédure (Cottier 2013c, N 7).

La représentation de l'enfant est une curatelle *sui generis* et la loi est muette sur les modalités de mise en œuvre de ce droit (Gassner 2018, N 550). D'après la doctrine, l'institution de la représentation de l'enfant exige des qualifications particulières ; la personne désignée doit avoir des connaissances juridiques et psychologiques et elle devrait se voir imposer des formations continues. La doctrine suggère aux cantons d'édicter des prescriptions légales sur les qualifications professionnelles, la formation de base et la formation continue des représentant·e·s, tel qu'ils sont autorisés à faire (Cottier 2018, N 9 ; Cottier & Steck 2012, p. 996 ; Gassner 2018, N 550 ss).[10] Ces personnes doivent être indépendantes ; elles ne doivent entretenir aucun lien avec les APEA et elles ne peuvent donc recevoir d'instruction de leur part, de même que de celle des parents. De plus, elles ne doivent pas avoir été nommées curatrices au sens de l'art. 308 CC-2013 dans la même affaire (Cottier 2013c, N 9 ; Grossniklaus & Blum 2007, p. 24, 29 ; Michel & Steck 2017, N 10 ; Schweighauser 2022, N 36 s. ; Steck 2001, p. 102, 107). La fonction principale du curateur ou de la curatrice de procédure est, selon la doctrine, de transmettre la volonté subjective de l'enfant, volonté qui doit être déterminée avec soin et de manière complète (Cottier 2017, p. 93 et les références citées). La jurisprudence du Tribunal fédéral, fort critiquée par la doctrine, attribue cependant aux curatrices et curateurs de représentation en vertu de l'art. 314*a*^bis^ CC-2013 (ou art. 299 CPC) le rôle de simples auxiliaires du tribunal dans l'établissement des faits, et leur impose d'évaluer en premier lieu le bien objectif de l'enfant (ATF 142 III 153 ; 142 III 153, c. 5.1 ; 142 III 153, c. 5.2.1 ; cf. pour les critiques Cottier 2017, p. 93 ; Meier 2016, p. 198 ss ; Schweighauser 2016, p. 554 ss).

En matière de droits procéduraux, il faut encore mentionner l'art. 450*f* CC-2013 qui prévoit, en cas de lacune, un renvoi aux droits cantonaux et subsidiairement au Code de procédure civile.

Ce système n'est pas satisfaisant car il manque une réglementation explicite et accessible de tous les droits de l'enfant et de tous les droits des parents. Par le procédé de renvoi de l'art. 314 al. 1 CC, l'enfant est titulaire de tous les droits de la « personne concernée » (c'est-à-dire de l'adulte soumis au droit de protection), ce qui n'est pas évident à la lecture de la loi. Quant aux droits procéduraux des parents, ils ne sont pas mentionnés explicitement. Il est donc nécessaire de savoir qu'ils sont des « personnes concernées » au sens de la loi et que les droits procéduraux applicables à la

10 Cf. également les standards des associations professionnelles (*Kinderanwaltschaft Schweiz* s. d.).

personne soumise à une mesure de protection de l'adulte s'appliquent à eux également (art. 314 al. 1 CC-2013 et art. 447 ss CC-2013, cf. Cottier 2013a, N 16).

3.1.6 Observations conclusives

Les droits des enfants dans les procédures de protection de l'enfant ont significativement évolué depuis l'entrée en vigueur du Code civil. Même si l'on peut considérer qu'il y a eu au début du XXe siècle une révolution en matière de protection de l'enfant, le contenu et la formulation des normes idoines étaient insuffisantes, laissant aux autorités une marge de manœuvre trop importante dans leur application. Une trop grande confiance était placée dans les membres des autorités tutélaires, stratégie qui n'a malheureusement pas permis de protéger les personnes concernées contre les abus que nous connaissons. À chaque réforme identifiée, des progrès ont été observés : en 1978, les décisions de retrait de l'autorité parentale devaient pouvoir être revues par un juge indépendant et impartial lorsque la mesure était prononcée par une autorité administrative. En 1981, l'enfant a « obtenu » le droit d'être entendu en cas de placement dans un « établissement ». Ce n'était toutefois qu'un droit des adultes applicable par ricochet aux enfants et limité à ce contexte très précis. Plus largement, ce n'est qu'en 2000 que les enfants ont obtenu un droit propre à être entendu en droit de protection, et en 2013 la possibilité (seulement) d'être représenté dans la procédure. En ce sens, le droit de 2013 peut sembler progressiste. En réalité, il ne l'est pas tant que cela.

Le droit civil actuel est timide en termes de participation. Quelques dispositions traitent en particulier de l'audition et de la représentation de l'enfant, mais de façon très circoncise. La représentation n'est d'ailleurs qu'une possibilité et pas un droit en tant que tel. Le droit civil ne contient aucune prescription de mise en œuvre, laissant ainsi aux cantons et aux autorités de protection une très grande marge de manœuvre.

Cette approche minimaliste est un obstacle à la participation à plusieurs titres. Premièrement, ce droit, qui est entré en vigueur il y a plus d'un siècle, n'a pas été pensé pour les enfants et a été construit par petites touches. Non seulement, il n'y a pas eu de vraie réflexion quant aux besoins des enfants et de leurs spécificités en raison de leur âge. Mais en plus, le droit est devenu une sorte de parcours de piste entre le Code civil, les droits cantonaux et le Code de procédure civile. La conséquence est un frein à la lisibilité du droit et à son accessibilité, même pour les juristes spécialistes. Dans ces conditions, il serait illusoire de penser que – selon l'adage « Nul n'est censé ignorer la loi » – les enfants y comprennent quelque chose. Or la première condition pour participer à quoi que ce soit est d'en comprendre le fonctionnement, les enjeux et les conséquences. C'est une entrave à la participation des enfants aux procédures les concernant.

De plus, la participation est, en tant que telle, une notion indéterminée. Il est impératif de définir son ampleur et quelques règles de mise en œuvre, pour guider les professionnel·le·s dans l'application du droit. Une standardisation et une définition claire des règles applicables devraient permettre de réduire, voire de supprimer la sérieuse discrépance qui existe aujourd'hui entre la théorie et la pratique. Il ressort en effet des recherches empiriques que si les pratiques ne sont pas suffisamment encadrées, les personnes concernées font face à des pratiques disparates, voire carrément contraires à la loi (cf. chapitre 3.3).

De façon générale, nous plaidons pour une approche holistique de la protection de l'enfant, peu importe le domaine (droit civil, pénal, public). Un tel changement impliquerait une refonte globale du système. Dans l'intervalle, nous proposons une loi fédérale de procédure en protection de l'enfant. Ce projet avait été commencé dans le cadre des travaux de la réforme de 2013, mais écarté par la suite. Nous considérons, au terme de nos recherches, qu'une telle loi est nécessaire (cf. notre proposition au chapitre 6).

Cette loi doit décrire les principes qui guident la protection de l'enfant. Les droits des enfants doivent notamment être détaillés dans la loi. Cela permet entre autres de garantir une égalité de traitement entre les administré·e·s et d'assurer la mise en œuvre de leurs droits. Les façons d'intégrer les droits de l'enfant dans la procédure doivent être étoffées, l'audition n'étant qu'un instrument parmi d'autres. Du soutien doit être offert aux enfants pour les aider à forger leur opinion et un environnement bienveillant doit être prévu pour faciliter l'exercice. Cela passe notamment par le soutien d'un tiers (de confiance) à l'enfant.

Il doit ressortir de la loi notamment que les enfants doivent être entendus, et leur opinion prise en compte dans la décision. En cas de violation des règles, un remède est de recourir contre les décisions. C'est toutefois insuffisant. Le droit de protection concerne des personnes en situation de haute vulnérabilité qui n'ont bien souvent pas les ressources pour recourir contre une décision. La justice est chère en temps, en énergie et en argent, nonobstant les mécanismes mis en place pour soulager les personnes financièrement. Dans la pratique, on observe que les personnes baissent les bras et se soumettent à des décisions et/ou à des procédés contestables (cf. chapitre 3.3). Nous considérons que l'existence d'un Bureau national pour la protection de l'enfant (BNPE) est nécessaire, dont le rôle serait tant de recevoir et traiter des plaintes des personnes concernées que de monitorer les processus, faire des recommandations et soutenir une politique globale de protection de l'enfant.

Par ailleurs, les professionnel·le·s gravitant autour de la protection de l'enfant doivent être formé·e·s. Ils et elles doivent bénéficier tant de formations initiales que de formations continues car le droit de l'enfant est un domaine de compétences juridiques et interdisciplinaires qui évolue sans cesse. Force est dès lors de constater que ratifier une convention internationale (en particulier la CDE) n'est pas suffisant. Il ne suffit pas de montrer vouloir adhérer à des principes ; encore faut-il les mettre en œuvre très concrètement. La Confédération, signataire de la CDE, doit prendre ses responsabilités et désormais unifier et définir de manière plus détaillée la procédure en protection des enfants, de façon à leur garantir dans les faits les droits consacrés par la CDE. Ce n'est qu'au prix de ces renforcements que le droit de participation des enfants et des parents pourra être garanti.

3.1.7 Chronologie résumée

Tableau 1 : Chronologie résumée des changements législatifs

	1974 : entrée en vigueur de la CEDH en Suisse		1997 : entrée en vigueur de la CDE en Suisse		
1912 Code civil	1978 Égalité des enfants dits « légitimes et illégitimes »	1981 Nouveau droit de la privation de liberté à des fins d'assistance (PLAFA)	2000 Nouveau droit du divorce	2011 Entrée en vigueur du Code de procédure civile (CPC)	2013 Nouveau droit de la protection de l'adulte (et de l'enfant)
Premières normes de protection de l'enfant. Normes rédigées largement.	Au niveau des droits procéduraux, amélioration de l'accès à la justice.	Droit d'être entendu en cas de PLAFA uniquement, applicable à l'enfant par analogie. Discrépance entre la théorie et la pratique.	Nouvelles normes sur l'audition de l'enfant en droit matrimonial et en droit de protection. Possibilité de représentation de l'enfant prévue en procédure matrimoniale uniquement.	Transfert des normes sur l'audition et la représentation de l'enfant en procédure matrimoniale dans le CPC.	Audition (droit) et représentation (possibilité) dans le droit de protection. Quelques normes spéciales pour les enfants, mais en général, renvoi aux normes applicables aux adultes.

3.2 Analyse historique[11]

Loretta Seglias

> *« La première fois que j'ai été placé dans un foyer, c'était le 11 septembre 1972, un lundi. Ce jour-là, je ne l'oublierai jamais, aussi longtemps que mon cœur battra et que mon cerveau fonctionnera. Le placement a été la conséquence logique d'une chronologie funeste d'événements, l'un entraînant l'autre. C'était à prévoir, mais il n'y avait apparemment rien à faire. »* (Gurt 2018, p. 29).

C'est en ces termes que Philipp Gurt se souvient de son premier placement, le jour où, âgé de quatre ans, il lui a fallu quitter sa famille. La citation fait référence à une intervention de l'autorité qu'il a vécue comme traumatisante et qui traduisait en même temps les relations dégradées que sa famille entretenait depuis longtemps avec les autorités communales compétentes. Sa mère avait abandonné sa famille quelque temps auparavant. Sa grand-mère étant décédée peu après, les autorités sont intervenues pour dissoudre la famille, ce qu'elles avaient déjà cherché à faire dans le passé sans succès. Gurt a été placé dans le foyer pour enfants de Saint-Joseph à Coire. Jusqu'à l'issue de son placement institutionnel à l'âge de 16 ans, les séjours en foyer se sont succédés. L'intervention des autorités dans la famille et le placement extrafamilial de l'ensemble de la fratrie ont marqué le début d'une enfance traumatique qui a retenti sur toute sa vie – une enfance également marquée par la violence et les abus, car les adultes sous la protection desquels l'enfant avait été placé ont manqué à leur devoir à son encontre. L'expérience vécue par Philipp Gurt est emblématique pour un aspect essentiel qui a persisté jusque dans le XXIe siècle : l'absence de possibilité d'action pour la personne concernée – comme il le résume dans ses propres termes, le placement extrafamilial était « à prévoir », mais « il n'y avait apparemment rien à faire ».

11 Traduit de l'allemand par Irène Kruse.

3.2.1 Question étudiée, approche méthodologique et grands axes de l'analyse

3.2.1.1 La question étudiée

Dans les controverses engagées au tournant du millénaire en matière de politique sociale ainsi que dans la recherche scientifique portant sur les *mesures de coercition à des fins d'assistance et des placements extrafamiliaux, leur mise en œuvre et leurs effets,* la voix des témoins vivants occupait une place importante. Ils avaient déjà cherché à se faire entendre du grand public dans les décennies précédentes, mais le plus souvent sans grand succès. Depuis le tournant du siècle, on constate un regain d'intérêt pour le sujet et l'émergence d'un débat critique. Les médias, les milieux de la culture et de la recherche se sont mis à recueillir à plus grande échelle les témoignages de personnes concernées et à les rendre publics sous des formes diverses (Seglias 2018, p. 25–30). Parallèlement, un grand nombre d'écrits autobiographiques ont vu le jour ces dernières années, parmi lesquels celui de Philipp Gurt. Le débat public aussi bien que la recherche se sont emparés de l'expérience vécue par les personnes concernées. Le fait mérite d'être souligné, d'autant plus qu'il s'agissait souvent d'expériences difficiles et traumatisantes. L'analyse historique qui suit tire parti de l'existence de ces témoignages écrits.

La problématique s'articule en deux questions de recherche qui seront abordées selon la méthode de la revue systématique, à savoir : quelle a été l'expérience vécue par les enfants et les parents au contact des représentant·e·s des institutions de l'assistance aux pauvres, des autorités tutélaires et autres autorités de placement, et des procédures correspondantes, entre 1940 et 2012 ; et quels enseignements peut-on tirer de l'étude historique du rapport entre le droit (de la protection de l'enfant), les procédures y relatives et l'expérience vécue par les enfants et les parents pour la pratique actuelle ? La deuxième question étudiée dépasse la simple synthèse des travaux historiques disponibles, puisqu'elle invite à comparer les perceptions des enfants et les parents confrontés aux mesures et interventions des institutions d'assistance aux pauvres et autorités tutélaires et de placement entre 1940 et 2012. Ce faisant, l'analyse historique apporte des connaissances qui sont également pertinentes pour l'analyse juridique et pour l'étude empirique, les trois approches étant ensuite regroupées dans une synthèse (chapitre 4). La période étudiée, qui s'étend sur huit décennies, permet de reconstruire les expériences vécues relatées dans les récits, de mettre en évidence les changements et les continuités dans la perception et le vécu des témoins, tout en fournissant un horizon de réflexion en vue d'une évaluation à plus long terme des expériences individuelles au contact des autorités de placement extrafamilial (Mäder 2010, p. 279–287).

3.2.1.2 Méthode utilisée : une revue systématique modifiée pour les besoins de la recherche

Termes de recherche et combinaison :		
Schweiz	AND	Fremdunterbringung OR Fremdplatzierung OR Pflegekind OR Heimkind OR Kinderheim OR Jugendheim OR Erziehungsheim OR Anstalt OR Obhutsentzug
Suisse	AND	Enfant placé OR placements extrafamiliaux OR foyer OR institut pour enfants OR foyer d'éducation OR établissement (pas d'équivalence pour 'Obhutsentzug')

Recherche dans les tables de matière de références aux notions de :	
Participation Autonomie Intégrité Empowerment	Ne pas savoir Moment du placement Résistance Recours

Illustration 1 : Représentation visuelle de la revue systématique modifiée

Au départ de l'analyse historique, nous avons procédé à une revue systématique qui vise à faire la synthèse de l'historiographie existante, puis procédé à une nouvelle évaluation. Nous suivons en cela un modèle recommandé par Coren et Fisher, connu sous le nom des « *SCIE guidelines* » du *Social Care Institute for Excellence*, Londres (Coren & Fisher 2006). Nous avons retenu 27 travaux publiés au total (cf. annexe 1) sur la base d'un certain nombre de critères, après plusieurs étapes de recherche. Une recherche systématique dans la littérature dans les deux langues a été entreprise entre juin et août 2019 dans les bases de données NEBIS/IDS/SWISSBIB (allemand), Forsbase, helveticat et dans le répertoire de la Commission indépendante d'experts Internements administratifs (allemand et français), ainsi que dans les réseaux RERO et RENOUVAUD (français). Une recherche croisée a été effectuée par mots clés en rapport avec la problématique (*Partizipation*/participation, *Autonomie*/autonomie, *Integrität*/intégrité et *empowerment*) et en combinaison avec les mots clés se rapportant aux différentes formes de placement. Le nombre de résultats (41 655, y compris les doublons) était très élevé et trop peu spécifique.

Il nous est tout d'abord apparu, durant notre recherche dans la littérature, que les concepts ne sont pas utilisés de la même façon d'une langue à l'autre et possèdent des connotations spécifiques. Ainsi, en français, on parle d'« enfant placé » sans faire la différence entre « *Heimkind* » (placé dans une institution) et « *Pflegekind* » (placé dans une famille d'accueil). Le terme allemand pour « établissement » (« *Anstalt* ») paraît peu spécifique, le terme français l'est encore moins ; or il a produit près de la moitié des résultats obtenus. Des notions plus circonscrites telles qu'« institut pour enfants » ou « foyer d'éducation » donnaient de meilleurs résultats. Il s'est aussi avéré que, dans les études historiques, les mots clés ne sont pas choisis selon la même logique que dans les travaux de recherche sociologiques. Les mots clés que nous avons retenus n'ont pas permis d'identifier d'études historiques pertinentes. Ce constat nous a alertées une première fois sur la quasi-inexistence de concepts équivalents dans le contexte historique.

C'est pourquoi nous avons modifié notre approche dans notre revue systématique : en un premier temps, nous avons associé les mesures à étudier à une restriction géographique à la Suisse. En un second temps, nous avons dépouillé les tables des matières des titres restants à la recherche de références à notre problématique (85 titres). N'ayant trouvé dans les index, ni surtout dans les titres de chapitres dépouillés, pratiquement aucune référence aux concepts recherchés, nous avons émis l'hypothèse qu'une recherche à partir de leurs antonymes pourrait être plus fructueuse. Sur cette nouvelle base, nous avons procédé, en plus d'une recherche croisée par mots clés élargie, au dépouillement des tables des matières et des résumés des études historiques en rapport avec la Suisse et avec les mesures discutées. Cette façon de procéder plus fouillée a également fait apparaître, dans les travaux historiques portant sur la période d'avant 1978, des aspects révélateurs au regard de notre problématique. Nous avons été particulièrement frappées par certains aspects, comme l'affirmation de « ne pas savoir » ou les ruptures biographiques, qui se sont avérées être des facteurs cumulatifs et des indicateurs importants pour notre problématique. C'est pourquoi nous avons également tenu compte des ruptures biographiques dans les périodes étudiées plus récentes.

Nous avons retenu les monographies, chapitres ou articles adoptant une démarche comparative dont les sources principales étaient les entretiens avec des personnes ayant subi un placement extrafamilial en tant que mineur·e·s. Nous avons écarté les publications exclusivement centrées sur la période du placement institutionnel qui ne recouraient pas aux entretiens d'histoire orale. Lorsque des séries de données relatives à la problématique étaient susceptibles d'être particulièrement éclairantes pour le tableau d'ensemble, nous avons également englobé les jeunes adultes jusqu'à 25 ans. Cette extension de la fourchette d'âge correspondant à l'enfance et à l'adolescence se justifie d'une part par l'évolution des axes de la recherche de ces dernières années, et d'autre part par l'évolution historique des structures d'accueil extrafamilial. Bien qu'il ait existé des structures d'accueil autres que les familles dès avant le début de la période étudiée, ces possibilités étaient très limitées et ne faisaient à l'époque pas partie intégrante de la politique sociale et familiale en Suisse. Alors que le placement extrafamilial d'enfants ou de jeunes difficiles est aujourd'hui considéré comme une mesure lourde, envisagée seulement en dernier recours, on n'hésitait pas à y recourir largement à titre de mesure d'assistance ou de mesure tutélaire^{e} siècle.

Dans le cadre de cette étude scientifique des mesures de coercition à des fins d'assistance et des placements extrafamiliaux, nous ne nous sommes pas contentées d'analyser les multiples types de sources écrites issues des archives publiques et privées. Nous avons également fait un usage accru des expériences relatées dans les témoignages directs, ce qui rend la reconstruction historique plus complexe. En même temps, ce choix permet d'intégrer des points de vue dont on ne trouve pratiquement jamais la trace dans les sources écrites et audiovisuelles, par exemple à cause de la marginalisation de certains groupes de population. Concernant les mesures de coercition à des fins d'assistance, la recherche, jusqu'ici, portait essentiellement sur le vécu des enfants et des jeunes directement concerné·e·s. Les travaux inclus dans notre revue systématique ne donnaient pratiquement jamais la parole aux autorités décidantes ni aux parents et aux proches. Cela peut tenir au fait que lorsqu'on interviewe des adultes, leur expérience vécue est encore plus éloignée dans le temps du fait de leur âge plus avancé. Par ailleurs, cela fait peu de temps que la recherche dans ce domaine s'intéresse au point de vue des décideurs et autres professionnel·le·s. Outre les instruments de l'histoire orale, on dispose aussi d'une autre forme de témoignage écrit, à savoir l'autobiographie. Celle-ci a connu un véritable essor ces dernières années, dans ce domaine comme dans d'autres ; pourtant ces écrits n'ont pas fait jusqu'ici l'objet d'une recherche empirique (Preusser & Schmitz 2010). La méthodologie de l'analyse historique les excluait du champ d'investigation. L'évaluation de ce matériel reste à faire. Pour placer nos conclusions dans leur contexte, nous avons également inclus dans notre analyse un certain nombre de contributions connexes.

Les 27 titres retenus pour l'analyse historique correspondent à des monographies, chapitres d'ouvrages et articles se rapportant directement à notre question étudiée, même si les travaux en question ne portaient pas au premier chef sur cet aspect. Quant aux études, nous les avons traitées à l'aide d'une grille (perspective / nombre d'entretiens / âge, période concernée, canton, accès / aspects analysés), et résumé par écrit les informations rassemblées (Annexe 1).

Ces résultats proviennent de deux études menées à l'échelon national, dans le cadre du projet Sinergia « *Placing Children in Care* », qui ont été publiées dans un ouvrage collectif paru en 2018 en langue allemande. Nous avons également repris des éléments de la publication plurilingue en dix volumes des travaux de la Commission indépendante d'experts internements administratifs (CIE) de 2019 (Hauss et al. 2018). Pour l'analyse historique, nous avons par ailleurs tiré parti de plusieurs contributions publiées dans le cadre de la première étude à grande échelle consacrée aux enfants placés auprès de familles d'accueil et en institution à avoir utilisé les méthodes de l'histoire orale (2005–2008) (Leuenberger & Seglias 2008, 2010, 2015 ; Freisler 2011). Nous avons par ailleurs retenu un certain nombre de monographies comparatives, parmi lesquelles des travaux de qualification, mais aussi des études à financement public et privé. Les travaux analysés couvrent une période allant de 1920 environ à nos jours, une majorité se concentrant sur la période entre 1940 et 1980. On n'arrive pas toujours à déterminer de quelle période ou région linguistique sont issues les expériences vécues analysées, parce que les études ne le précisent pas ou parce que ces informations n'étaient pas accessibles. Alors que l'historien·ne dispose de sources directes pour connaître l'expérience vécue par les enfants ou les jeunes qui ont eu affaire aux autorités ou organisations d'assistance, l'expérience des parents ne lui est qu'indirectement accessible, par exemple par le biais des recours tentés contre des décisions administratives.

Lorsque nous avons fait notre choix définitif des monographies et contributions à des ouvrages collectifs à retenir pour notre analyse historique, il est apparu que l'essentiel de l'historiographie portait sur la période d'avant 1978. Pour la période depuis 1981 jusqu'à l'entrée en vigueur du nouveau droit de la protection de l'enfant et de l'adulte, qui marque la fin de notre période d'investigation, nous n'avons plus retenu que des chapitres isolés d'une publication anniversaire (Canonica et al. 2019). C'est pourquoi, pour la période après 1981, nous nous appuyons sur des études d'orientation sociologique travaillant avec des données empiriques tirées d'entretiens, qui donnent une idée de l'expérience vécue par les enfants et les jeunes au contact des autorités d'assistance et des services sociaux. À une exception près, elles portent sur des périodes limitées (un à deux ans) et décrivent la situation rencontrée dans le présent. Elles se distinguent aussi des études historiques par l'importance accordée à la pertinence des résultats de la recherche pour la pratique.

Le traitement de la problématique par les sciences historiques et sociales fait donc apparaître une lacune entre 1980 et la fin des années 1990. Celle-ci est partiellement comblée par les résultats d'une étude longitudinale de 10 ans sur les effets produits par l'exécution des mesures à l'encontre d'« adolescent·e·s particulièrement difficiles » placé·e·s dans des foyers d'éducation et des maisons d'éducation au travail dans les années 1980 (Tanner 1992, 1999). Depuis le début du millénaire, on voit l'orientation des travaux en sciences sociales se rapprocher toujours davantage de ce qui constitue l'axe central du présent projet. Alors qu'il nous a fallu passer par des approches indirectes pour trouver, dans les travaux produits jusqu'au tournant du millénaire, des réponses à la question étudiée de notre projet d'ensemble, dans la période qui suit, toute une série de travaux de qualification en sciences sociales traitent de questions relevant de la protection de l'enfance et de la jeunesse – y compris en recourant à des approches participatives. On voit ainsi la recherche s'intéresser toujours davantage à des questions dont on escompte également que les réponses pourront avoir une utilité pratique, comme en témoigne entre autres la collaboration avec des associations ou organisations de personnes intéressées (Arnold et al. 2008). Alors que certains projets de recherche de plus grande envergure optent pour une approche à perspectives multiples, qui inclut également le point de vue des enfants et des parents, l'approche qui prévaut dans les travaux de qualification consiste à privilégier le point de vue des professionnel·le·s, qui n'est pas pris en considération dans le présent projet (Arnold et al. 2008 ; Werner 2019).

3.2.1.3 Périmètre et axes de l'analyse

L'analyse historique porte sur une période de huit décennies pendant laquelle les conditions sociales, politiques, économiques et technologiques ont fondamentalement changé. Ces changements ont également modifié le regard que la société porte sur les personnes nécessitant un soutien public|, notamment dans le domaine de l'aide aux enfants et aux jeunes. Vouloir détailler ces processus dans chaque cas nous amènerait à dépasser les limites du présent chapitre. On se référera à la littérature scientifique pour approfondir la question. Les changements dans le temps que l'analyse fait apparaître ne sont pas continus. Ils révèlent l'existence de temporalités différentes, ou encore l'existence simultanée de conceptions différentes qui, au moment de la mise en œuvre, pouvaient produire des frictions et faire que les personnes concernées n'ont pas toutes vécu les mêmes expériences.

La présentation qui suit s'articule en deux axes :

1) Le premier axe concerne la dimension des procédures, des processus de négociation et de décision. La question abordée est la suivante : dans quelle mesure peut-on reconstruire l'expérience vécue par les enfants concernés et leurs parents pendant les périodes avant, pendant et après le placement, et quels changements sont éventuellement observables dans la durée ?
2) Le deuxième axe nous amène à demander si la situation sociale des représentant·e·s des autorités et leurs valeurs sociales et indivi-

duelles présumées ont joué un rôle dans la manière dont les mineur·e·s et leurs parents ont vécu le contact avec les autorités. Une autre question qui se pose tout du long est celle des effets « collatéraux » du dossier, aspect auquel nous avons consacré un développement à part. Une discussion des résultats nous amène à conclure et à avancer quelques suggestions et des pistes pour faire progresser la protection de l'enfant sur le plan de l'intégrité, de la participation et de l'autonomie.

3.2.2 Le besoin de comprendre le processus du placement (ce qui se passe avant, pendant et après le placement extrafamilial)

La possibilité pour une personne de comprendre le pourquoi et le comment de ce qui lui arrive dans des situations critiques de la vie est considérée comme une ressource importante pour faire face à la situation, tant sur le moment que plus tard dans la vie, et au moment de faire un bilan rétrospectif. Dans le contexte qui nous intéresse, l'importance de cette ressource se traduit également par le fait qu'un grand nombre personnes ayant subi des mesures de coercition à des fins d'assistance ou un placement extrafamilial en Suisse demandent à consulter leur dossier (Gnädinger 2020). Pour autant qu'elles n'aient pas été placées dès la toute petite enfance, ces personnes savent dans une certaine mesure quelle avait été leur situation avant le placement. Des moments de rupture biographique telles que la mort ou la maladie d'un des parents, le divorce des parents, ou encore des actes de violence dans la famille, devaient avoir présagé des changements dans leur vie, et il en avait parfois été question en famille. Jusqu'au lendemain de la deuxième guerre mondiale, les motifs donnés pour le placement extrafamilial faisaient également état de conséquences concrètes de difficultés financières, telles que les privations ou la faim (Bitter 2010, p. 181–182 ; Moser 2010, p. 121 ; Seglias 2019c, p. 153–163, 164–170 ; Werner 2019, p. 177–178, 289–291) (cf. chap. 2). De fait, l'intervention dans la famille avait lieu tant au titre de l'assistance aux pauvres qu'au titre du droit tutélaire ; jusqu'en 1981, elle prenait également la forme de l'internement dit administratif des adolescent·e·s et des adultes.

Tandis que sous l'angle de l'assistance aux pauvres, l'évaluation de la situation familiale et des parents était déterminante, sous l'angle du droit tutélaire, l'élément déterminant était souvent le comportement considéré comme déviant de l'adolescent·e concerné·e. Aux yeux des autorités compétentes, il y avait toujours des antécédents à un placement extrafamilial. Les mineur·e·s, et aussi leurs parents, n'avaient souvent que des notions assez floues à propos de ces antécédents et de ce qui allait s'ensuivre.

Pour les mineur·e·s concerné·e·s, être retiré de leur famille d'origine pouvait avoir une signification très variable. Les un·e·s vivaient ce retrait comme un arrachement contraire à leur vœu ; pour d'autres, le fait de changer de lieu était d'abord un soulagement. Dans certains cas, certes rares, la demande émanait de l'enfant lui-même (Arnold et al. 2008, p. 90–91 ; Mani 2011, p. 105–126 ; Werner 2019, p. 125). Dans ces contextes, bien souvent, les enfants avaient le sentiment « d'être de trop à la maison », de « n'avoir leur place nulle part » (Ammann & Schwendener 2019, p. 22–36 ; Arnold et al. 2008, p. 181 ; Leuenberger & Seglias 2015, p. 278–283). Chez les enfants nés hors mariage, ce sentiment était encore renforcé par celui de leur « illégitimité » (sur le plan moral) (Ammann & Schwendener 2019, p. 23–25 ; Heller et al. 2005, p. 74–75).[12]

Pendant encore longtemps, au siècle passé, le placement extrafamilial était une mesure (éducative) que les autorités étaient promptes à prendre au titre de la législation sur l'assistance aux pauvres aussi bien que du droit civil. Au début du XXIe siècle, tout au contraire, le placement extrafamilial est considéré comme une mesure à prendre en tout dernier ressort, lorsque toutes les mesures préalables, telles que conseils, thérapies, ou mesures ambulatoires, ont échoué (Heller et al. 2005, p. 75). De ce fait, les enfants ont actuellement des chances d'avoir déjà eu un contact conscient avec des représentant·e·s des autorités ou des professionnel·le·s beaucoup plus tôt que cela n'aurait été le cas dans les décennies précédentes (Arnold et al. 2008, p. 95).

12 Le CC de 1912 faisait obligation à tous les cantons de nommer un curateur, et le cas échéant un tuteur, pour tout enfant né hors mariage (art. 311 CC) (Moser 2010, p. 123–124), ce qui augmentait encore le risque pour l'enfant de se retrouver dans le collimateur des autorités. Cette disposition n'a été abrogée qu'avec la révision du droit de filiation en 1978.

3.2.2.1 État d'information insuffisant concernant les processus de négociation et les motifs avancés pour le placement extrafamilial chez les enfants et jeunes concerné·e·s

Lorsque les enfants et les jeunes entraient en contact avec les autorités du placement extrafamilial, ils avaient déjà un certain vécu derrière eux. L'évaluation que faisaient les enfants des informations reçues des actrices et acteurs responsables de la procédure concernant les voies de procédure, les processus de négociation et de décision, et de leur propre marge de manœuvre différait selon le moment auquel ils se situaient dans la procédure et selon leur âge. Mais sur l'ensemble de la période étudiée, l'état de leurs connaissances doit être considéré comme insuffisant.

Ce déficit apparaît déjà dans les notions très floues qu'ils avaient à propos des autorités d'exécution – à preuve les résultats d'une enquête menée auprès de 279 personnes interrogées dans la Suisse entière qui avaient subi un placement extrafamilial entre 1920 et 1960. Environ un tiers était tout simplement incapable de dire quelle autorité avait procédé au placement (cf. ill. 2) :

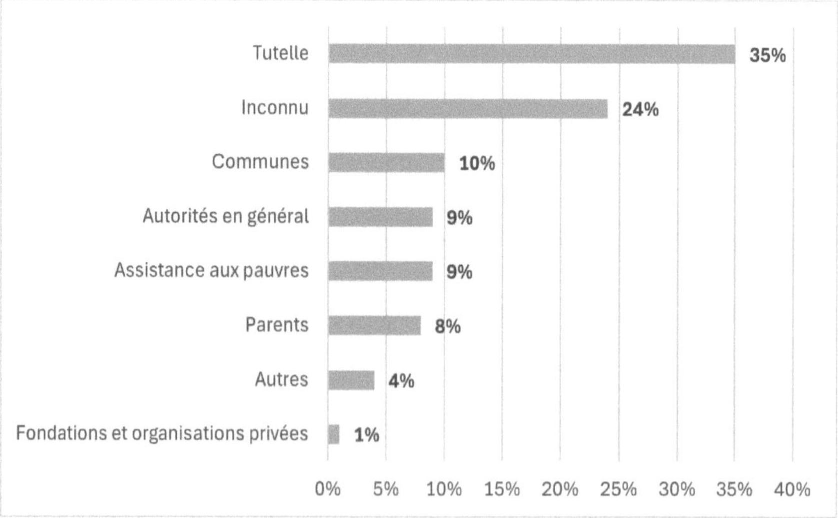

Illustration 2 : Instances responsables du placement (1920–1960) selon Leuenberger et al. 2008, p. 10.

Des termes génériques tels que « la commune » ou « l'administration » indiquent que la personne concernée n'avait aucune idée de l'instance compétente, ni, par conséquent, des voies de procédure prévues et en définitive de sa propre capacité d'action. Cela peut s'expliquer par le fait que jusque dans les années 1970, les personnes concernées ne jouissaient d'aucune garantie formelle de droits procéduraux (cf. chap. 3.1).

Le fait de ne pas savoir qui étaient les autorités compétentes encourageait des spéculations ultérieures. C'est pourquoi, combler les lacunes de leur compréhension restait un enjeu important pour beaucoup de personnes concernées, même des décennies après les faits ; cela se traduisait par exemple par la recherche de documents les renseignant sur leur biographie personnelle ou familiale (Gnädinger 2020). Si, en revanche, les personnes concernées avaient été capables de comprendre la mesure prise à leur encontre dès leur enfance ou adolescence, à l'époque où elle avait été prise, elles l'acceptaient mieux par la suite, même si elles n'étaient pas complètement au clair sur le déroulement des choses ni sur les responsabilités (Leuenberger & Seglias 2015, p. 215–231, 250–263 ; Seglias 2019b, p. 86–92, 164–170, 172–178).

Concernant les motifs invoqués pour justifier ces mesures, les personnes concernées avaient également des notions très lacunaires, puisque plus d'un tiers était incapable de nommer une raison pour leur placement, alors même que celui-ci était intervenu pour beaucoup après l'âge de six ans, dans le canton de Berne (Leuenberger et al. 2008, p. 10).

Non seulement, les enfants et les jeunes étaient privé·e·s d'informations essentielles, mais les motifs que leur présentaient le tuteur, la tutrice ou les collaborateurs ou collaboratrices des autorités étaient en partie fondés sur des assignations péjoratives, dévalorisantes et stigmatisantes, qui se retrouvaient également dans leurs dossiers (cf. le développement séparé consacré aux dossiers) (Ammann & Schwendener 2019, p. 37–51 ; Leuenberger et al. 2008, p. 5–6). De tels propos confortaient les autorités dans la tendance à faire encore moins participer les personnes concernées considérées comme « défaillantes » au regard de normes et de valeurs étroites, et cela même dans le cas d'enfants n'ayant jamais connu leurs parents biologiques. Ces cas montrent en même temps que la stigmatisation peut porter à conséquence tôt dans la vie et qu'elle comporte, qui plus est, une composante clairement sexiste. On reprochait de préférence aux femmes leurs défaillances dans leur rôle de maîtresse de maison et de mère, reproche coloré d'une conception moralisatrice et restrictive de la sexualité. Ainsi, vers le milieu des années 1950, le reproche de comportement sexuel qualifié de déviant était beaucoup plus souvent adressé aux femmes, et notamment aux mères célibataires, qu'aux hommes, auxquels on reprochait plutôt leur fainéantise, eu égard à leur rôle de seul pourvoyeur du revenu du ménage, et l'abus d'alcool (Businger et al. 2018, p. 81–82). La recherche fait le lien avec les valeurs de l'époque, un âge d'or de la famille et du modèle familial bourgeois, devenu encore plus dominant dans l'après-guerre (Höpflinger 1999, p. 137). À partir des années 1960, c'est davantage la personnalité et l'état de santé des parents qui étaient dénoncés, la mère étant beaucoup plus souvent décrite comme souffrant d'un trouble psychique que le père, tendance qui s'est encore renforcée dans les années 1970 et 1980 (Businger et al. 2018, p. 83). Les mères étaient particulièrement en ligne de mire parce que considérées comme responsables de l'éducation des enfants. Aussi, en cas de faute morale, une mère était jugée plus sévèrement qu'un père (Businger et al. 2018, p. 84).

Quant aux jeunes, c'est à leur comportement que s'en prenaient les autorités. Là encore, les années 1950 et 1960 étaient héritières d'une vision statique des sexes, qui se traduisait par des biais sexistes évidents dans les motifs invoqués pour les placements extrafamiliaux (Businger et al. 2018, p. 85–86, 84–85, 88–92 ; A. Heiniger & Morat 2019, p. 168–172). Il n'y avait à cet égard pas de différences significatives entre cantons citadins ou ruraux, réformés ou catholiques, alors même que la professionnalisation était plus avancée dans les villes et qu'il existait des différences marquées entre villes et campagne en matière de pratique de l'assistance. Les différences linguistiques ou de tradition juridique ne changeaient pas non plus grand chose aux biais sexistes. Seule la proximité d'une université et les traditions législatives cantonales semblent avoir eu une certaine influence sur les motifs invoqués (Germann & Odier 2019, p. 126–127). La recherche est trop lacunaire pour renseigner sur la durée pendant laquelle ces biais ont persisté dans les motifs invoqués (Tanner 1992, p. 97).

Les changements majeurs intervenus sur le plan normatif dans les années 1970 avec le renforcement des droits fondamentaux ont également produit des effets dans la pratique du placement extrafamilial en Suisse (cf. chap. 3.1). Néanmoins, plusieurs indices montrent que dans les années

1980, des droits procéduraux fondamentaux continuent de ne pas être respectés. Une étude longitudinale d'une durée de dix ans sur l'impact de l'exécution des « mesures à l'endroit d'adolescents et de jeunes adultes particulièrement difficiles en Suisse » fait état d'une écoute insuffisante à leur encontre, alors même que les procédures pénales étaient davantage formalisées (Tanner 1992, p. 8).

La ratification, en 1997, de la Convention des Nations Unies relative aux droits de l'enfant a entraîné l'inscription dans la législation suisse du principe de la participation des mineur·e·s aux décisions portant à conséquence pour eux. Dans les années suivantes, on constate toutefois un degré élevé d'ignorance chez les mineur·e·s quant aux raisons de leur placement – avec des différences selon l'âge –, alors que l'information est une des conditions fondamentales de la participation. Les jeunes âgés de 13 à 18 ans se considéraient beaucoup mieux informés sur les procédures qui les attendaient (plus des deux tiers) que les enfants âgés de 6 à 12 ans (à peine la moitié) (Arnold et al. 2008, p. 106). L'effet de l'âge s'observe également à propos de la possibilité pour les mineur·e·s de donner leur avis dans le cadre d'une procédure, alors même qu'ils n'étaient pas systématiquement entendus dans toutes les procédures (Arnold et al. 2008, p. 116).

3.2.2.2 Le jour du placement extrafamilial : une expérience marquante et potentiellement traumatique

Le jour du placement extrafamilial, ce qui s'est passé en amont dans la famille se trouve pour ainsi dire potentialisé par les procédures mises en route par les autorités. Ce jour devient un « tournant critique » dans la vie, avec des répercussions multiples et souvent persistantes (Werner 2019, p. 117–118). En plus des préparatifs et du fait de savoir ce qui s'annonçait, le jour même du placement comportait encore d'autres aspects potentiellement traumatisants. La manière dont la séparation se passait et le déroulement de cette rupture biographique, en un mot, l'organisation et la mise en œuvre du placement dépendaient pour beaucoup de la manière dont s'y prenait les professionnel·le·s qui exécutaient la mesure.

Les expériences relatées à ce propos font là encore apparaître que jusque dans les années 1970, les mineur·e·s ne recevaient pratiquement aucune information. C'est tout juste si, peu auparavant, des allusions fragmentaires ou vagues étaient tombées à propos du lieu du placement. Les personnes concernées étaient donc « systématiquement laissées dans l'ignorance » du sort qui les attendait (Ammann & Schwendener 2019, p. 77,79). Elles ignoraient également si et quand elles pourraient revoir leurs parents. Or on considère aujourd'hui que la discontinuité des liens, notamment la séparation d'avec la fratrie, les parents et le cadre de vie habituel, est une expérience potentiellement stressante, voire traumatisante (Arnold et al. 2008, p. 172–173, 175–176, 189 ; Werner 2019, p. 189–202). Pendant longtemps, l'enjeu était au contraire d'isoler les mineur·e·s d'un environnement considéré comme délétère, si bien qu'on n'essayait pas de placer les fratries ensemble ; tout au contraire, on cherchait systématiquement à les séparer (Arnold et al. 2008, p. 43 ; Canonica 2019b, p. 361–363 ; Heller et al. 2005, p. 79, 82 ; Moser 2010, p. 124–125). Les mineur·e·s suffisamment âgé·e·s pour conserver des souvenirs se rappellent d'une expérience vécue comme particulièrement dramatique lorsque le moment du placement extrafamilial les prenait au dépourvu, qu'ils avaient reçu des informations trompeuses sur le motif du voyage, et que le placement s'était accompagné d'actes de violences et de mesures de police (Ammann & Schwendener 2019, p. 77–78 ; Heller et al. 2005, p. 77 ; Leuenberger & Seglias 2015, p. 82, 283–285).

Les choses se présentent un peu différemment au début du XXIe siècle. Précisons que la responsabilité pour la préparation du placement n'incombe pas uniformément aux autorités compétentes ; c'étaient parfois des accompagnatrices et accompagnateurs familiaux, des enseignant·e·s ou le service psychologique, des pédagogues curatifs, le personnel de l'institution ou les parents eux-mêmes qui s'en chargeaient. Une grande partie des familles interrogées, sauf dans le cas de placements d'urgence, a pu visiter le foyer ou la famille d'accueil au préalable (Arnold et al. 2008, p. 133). Malgré tout, plusieurs éléments donnent à penser que le déroulement du processus n'était pas toujours transparent, tant en ce qui concerne le foyer ou la famille d'accueil visités que dans les rapports avec les professionnel·le·s chargé·e·s d'effectuer le placement. Les enfants avaient par exemple de la peine à se représenter les conditions de leur vie future au quotidien sur la base des descriptions données par la travailleuse ou le travailleur social (Arnold et al. 2008, p. 131–132 ; Werner 2019, p. 119–122). De façon générale, les enfants se rendaient au nouvel endroit accompagnés par leurs parents. Parfois la travailleuse ou le travailleur social compétent était également présent. Certains considéraient cela comme faisant partie de leurs tâches, d'autres explicitement pas. Une minorité seulement concevait que le jour du placement extrafamilial puisse être traumatisant. Le manque de temps était une raison invoquée pour ne pas avoir été présent lors du placement (Arnold et al. 2008, p. 134–136). Les enfants et les jeunes ressentaient les premiers temps passés au nouvel endroit comme particulièrement difficiles à vivre. Le sentiment de tristesse, de solitude, d'être en terre inconnue, le mal du pays prévalaient indépendamment de l'accueil et des possibilités d'aménagement (Arnold et al. 2008, p. 135–139 ; Werner 2019, p. 189–197).

3.2.2.3 Confusion concernant les compétences et diversité des « processus d'aide » pendant le placement extrafamilial

La compétence de l'autorité qui prononce le placement extrafamilial ne s'arrête en principe pas au moment de celui-ci. Dès le XIXe siècle, les lois cantonales sur l'assistance aux pauvres prévoyaient des formes de « surveillance » (Leuenberger et al. 2011, p. 33–40). Avec l'entrée en vigueur du CC en 1912, tous les cantons étaient tenus d'édicter des prescriptions à cet effet. Mais il a parfois fallu attendre des décennies pour que les lois correspondantes soient mises en œuvre. Une réglementation à l'échelon national (l'Ordonnance sur le placement d'enfants OPE) est entrée en vigueur en 1978 (Häsler 2008, p. 81–98 ; Leuenberger et al. 2011, p. 40–50 ; Leuenberger & Seglias 2015, p. 243–246 ; Sauthier & Cottier 2020, p. 914 ; Seglias 2011, p. 121–123). Les communes compétentes étaient autorisées à déléguer le contrôle et la surveillance à des organismes privés ou ecclésiastiques et ne s'en privaient pas. La distinction entre instances d'exécution et de contrôle n'était pas toujours très claire. Il en a résulté une multiplication des pratiques et donc de formes de contact différentes entre mineur·e et l'adulte responsable du bien de l'enfant. Lorsqu'il existait des mécanismes de surveillance, celle-ci s'exerçait le plus souvent sous la forme de visites sporadiques à domicile, mais parfois aussi de simples questions posées par écrit (Guggisberg 2016, p. 444–447 ; Leuenberger & Seglias 2015, p. 243–246, 250–263 ; Utz 2018, p. 155–158). Dans certains cas, l'enfant ou l'adolescent·e ignorait la fonction de la personne venue le voir, parce que, par exemple, des collaborateurs ou collaboratrices d'organismes privés se comportaient comme s'ils étaient investi·e·s d'une fonction officielle (Galle & Meier 2009, p. 120 ; Leuenberger et al. 2011, p. 144). De façon générale, les mécanismes et procédures de surveillance et de contrôle, qui font aussi partie des attributions de nombreux tuteurs et tutrices, s'apparentaient à un acte purement administratif. La visite servait essentiellement à vérifier les conditions d'hébergement, la nourriture, l'hygiène ou des aspects financiers. Les enfants n'avaient en somme pas l'occasion d'exprimer leurs préoccupations personnelles sans avoir à craindre des retombées négatives, même lorsque la personne en visite était de la famille. C'est ce qu'indiquent également les données concernant le déroulement des visites (visite annoncée au préalable, accueil par un bon repas, enfants en habits du dimanche), où les possibilités d'échange en tête-à-tête étaient rares. Rétrospectivement, les personnes qui avaient fait l'objet d'un placement extrafamilial qualifiaient souvent ces visites d'« exercice alibi » ou de « pseudo-visites » (Leuenberger & Seglias 2015, p. 155 ; Mani 2011, p. 143–147, cit. p. 143).

Même au début du XXIe siècle, on rencontre encore une diversité de pratiques et de conceptions concernant la répartition des tâches lors des procédures de contrôle et de surveillance. Les professionnel·le·s conservaient une marge de manœuvre importante non seulement dans la planification, mais aussi dans l'exécution du placement extrafamilial (Arnold et al. 2008, p. 148 ; Gassmann 2010, p. 206). Le cadre légal (selon qu'il s'agissait d'une mesure du droit pénal, du droit civil ou d'un placement volontaire) jouait également un rôle dans l'interaction pendant l'exécution de la mesure (Arnold et al. 2008, p. 145–146). Contrairement aux décennies précédentes, on constate que désormais, le ou la mineur·e concerné par le placement extrafamilial et sa famille d'origine était davantage formellement invité à s'exprimer, par exemple dans des entretiens menés en situation. Mais là encore, les enfants n'étaient pas toujours au clair sur le sens de ces entretiens, alors que leurs parents étaient en général mieux informés (Werner 2019, p. 151–153).

À la différence des décennies précédentes, des processus dits « d'aide » plus systématiques étaient mis en place pour la durée du placement. L'organisation de ces processus n'était pas uniforme, du fait de la diversité des structures liée au fédéralisme, et les personnes concernées avaient toujours autant de peine à s'y retrouver. D'un autre côté, elles disaient attacher moins d'importance aux autorités responsables du placement qu'à leurs personnes de confiance immédiates sur le lieu du placement extrafamilial (Werner 2019, p. 143). En se plaçant du point de vue de l'enfant ou de l'adolescent·e, on peut également voir dans de tels propos un effort de normalisation. Le succès ou l'échec du placement tenait beaucoup à la place qu'occupait la personne concernée dans les structures sociales du lieu du placement extrafamilial ainsi qu'au maintien d'un contact avec la famille d'origine (Werner 2019, p. 292–322).

3.2.2.4 L'attente de la « liberté » – La fin du placement, une épée à double tranchant

Le placement pouvait prendre fin pour plusieurs raisons. Certains enfants étaient au bout de quelque temps renvoyés dans leurs familles d'origine. Chez d'autres, la fin du placement était liée à l'atteinte d'un âge donné (K. Heiniger 2019a, p. 353–367 ; Leuenberger & Seglias 2015, p. 303–312 ; Seglias 2019a, p. 103–125). S'il existait une tutelle, la durée de la protection s'étendait généralement jusqu'à la majorité. Certaines institutions, communes et organisations pratiquaient un suivi à la sortie de la période d'assistance ou des patronages, ou encore une « surveillance à des fins de protection » à laquelle les jeunes étaient soumis (Leuenberger & Seglias 2015, p. 304–305 ; Utz 2018, p. 180–187). Les autorités décidantes considéraient ces dispositifs comme une aide, mais aussi comme un instrument visant à vérifier que les objectifs éducatifs visés étaient atteints, et comme le « bras long » d'une surveillance persistante exercée par les autorités (Häsler Kristmann 2019, p. 644–654).

Là encore, l'information quant à la manière dont allaient se dérouler les étapes suivantes et aux processus décisionnels restait défaillante. Les jeunes placés en institution n'étaient souvent informés de la date de leur sortie de placement que quelques jours avant l'échéance. Alors qu'ils rêvaient de la fin du placement depuis longtemps, ils vivaient leur départ effectif comme une mise à la porte (Ammann & Schwendener 2019, p. 116–118, 124–125). Ces jeunes découvraient à leur sortie une situation souvent difficile, et l'existence d'un filet de sécurité – famille ou aide sociale – faisait toute la différence. Le sentiment d'atteindre enfin une liberté longtemps convoitée était mitigé par le constat de leur impréparation et par le sentiment d'être livrés à eux-mêmes en cet instant important (Ammann & Schwendener 2019, p. 124). Sans compter que beaucoup ne disposaient pas, à leur sortie du placement, d'un pécule suffisant pour les aider à surmonter les premiers temps (A. Heiniger 2014, p. 318–330 ; Leuenberger & Seglias 2015, p. 309–312). D'autres voient dans le traumatisme émotionnel subi durant les années antérieures un obstacle de taille à la reprise d'une vie hors du régime de placement extrafamilial (Ammann & Schwendener 2019, p. 127).

Alors que la vie, notamment en institution, était soumise à des règles et des routines strictes (cela était encore le cas dans les foyers jusque dans les années 1990), ces jeunes, une fois laissés à eux-mêmes, avaient de la peine à prendre des décisions tout seuls. La découverte de l'autonomie et d'un contexte professionnel auquel il faut s'intégrer est un défi (Bombach et al. 2018, p. 125–126 ; Immos 1990, p. 107 ; Leuenberger & Seglias 2015, p. 127 ; Tanner 1999, p. 53, 58, 98, 100–101). Le risque aigu de tomber dans la criminalité (moins marqué en Suisse romande, ce qui peut s'expliquer par des modèles de placement différents[13]), une mortalité et une suicidalité accrues, notamment chez les jeunes gens, au cours des premières années suivant un placement extrafamilial montrent que les conséquences peuvent être redoutables. Les travaux portant sur les années 1980 évoquent pour la première fois l'influence de la nationalité lors du placement en institution (Tanner 1999, p. 73, 100).

Au début du XXIe siècle, on définissait volontiers la fin de l'enfance comme un « passage à l'âge adulte ». Ce passage méritait une attention particulière, et on considérait qu'il prenait plus de temps qu'on ne le pensait dans les décennies antérieures. À la différence des jeunes qui grandissaient chez leurs parents, les jeunes placés hors de leurs familles d'origine étaient censés accomplir ce passage en moins de temps et avec moins d'aide, parfois précisément au moment de larguer les amarres (Bombach et al. 2018, p. 130 ; Werner 2019, p. 54–55). Des vécus de périodes antérieures de leur vie se répétaient. La discussion actuellement visibilisée par les médias à propos des « *care leavers* » témoigne de l'actualité de cet aspect.

13 Modèles caractérisés entre autres par la « taille familiale » des institutions en Suisse romande, ainsi que par le renoncement, généralement volontaire, « à une formation scolaire ou professionnelle dispensée en interne ».

3.2.2.5 Le point de vue des parents : une marge de manœuvre restreinte

Jusqu'au début des années 2000, on ne trouve pas trace, dans les études retenues, du vécu des parents pendant les processus de placement extrafamilial. Un détour par les sources administratives permet d'y remédier en partie. L'analyse des recours contre des décisions de placement administratif prononcées avant 1981 fait apparaître la marge de manœuvre dont bénéficient les parents. Il s'avère que les processus décisionnels reflétaient les différences qui existaient entre cantons quant à l'organisation et au déroulement du recours. Alors que dans le canton de Vaud, par exemple, la compétence pour le traitement des recours incombait à des commissions cantonales (envisagée dès les années 1920, la création d'un tribunal administratif n'a abouti qu'en 1989), dans les cantons de Schwyz, de Fribourg et de Zürich (ici jusqu'en 1960), elle revenait à des autorités administratives. Or la composition interdisciplinaire des commissions dans le canton de Vaud était plus favorable à des débats contradictoires que la structure des instances des autres cantons, où l'autorité habilitée à décider avait la main plus lourde (Bühler et al. 2019, p. 468–469). L'existence de voies de recours ne garantissait pas en soi la sécurité du droit ni la protection juridique. Un grand nombre de recours portés devant le Conseil d'État fribourgeois était rejeté. Celui-ci ne voyait souvent dans les recours qu'une preuve de plus de l'attitude « récalcitrante » des requérant·e·s (Bühler et al. 2019, p. 414–461, ici : 414–415). Même le recours au Tribunal fédéral en cas de vices de forme évidents n'aboutissait pas toujours, même si l'on observe que, depuis le milieu des années 1960, une importance croissante est accordée à la liberté individuelle (Arnold et al. 2008, p. 416). La recherche fait apparaître la fréquence des cas de refus de voies de recours pourtant garanties, y compris le droit de consulter les dossiers, et parle à ce propos de « mépris » à l'encontre des personnes concernées (Arnold et al. 2008, p. 416–418, 471). Les tentatives d'obtenir l'annulation d'une décision administrative en actionnant les voies de recours étaient le plus souvent infructueuses. Les personnes concernées cherchaient également à se soustraire aux mesures des autorités par d'autres moyens, tels que la résistance physique, la fuite ou le déménagement dans une autre commune ou un autre canton. Ces actes de résistance considérés par les autorités compétentes comme un comportement récalcitrant parvenaient tout au plus à retarder la mise en œuvre des mesures ordonnées. Cette situation était à son tour la marque d'un système social longtemps dominant, fortement hiérarchisé, où l'éducation se devait d'être autoritaire. Dans ces conditions sociales, politiques et normatives, il n'était pas prévu que les personnes de milieux marginalisés aient leur mot à dire. En ce qui concerne l'exécution des mesures d'assistance, la recherche historique relève en outre le rôle croissant joué par les expertises psychiatriques, psychologiques et de pédagogie curative depuis les années 1920, ce qui allait de pair avec une pathologisation du comportement social, notamment en présence de problèmes d'alcool ou d'une maladie psychique chez un parent (Arnold et al. 2008, p. 333–347 ; Gusset et al. 2021 ; Seglias 2019a, p. 116–119).

Les études portant sur la période après le tournant du millénaire indiquent que désormais, les autorités informaient mieux et impliquaient en principe davantage les parents dans la marche de la procédure que leurs enfants (Arnold et al. 2008, p. 104). Cette différence entre la participation des parents et celle des enfants se constate encore après 2013, comme le montre le chapitre du présent ouvrage consacré au volet empirique de notre étude (3.3). Même lorsqu'ils restaient ambivalents à l'idée du placement de leurs enfants mineurs, les parents étaient aussi plus prompts à l'accepter que ces derniers (Werner 2019, p. 209), tout comme ils acceptaient mieux les mesures prononcées que leurs enfants (Arnold et al. 2008, p. 100, 102). Des différences sont apparues quant à l'information reçue. Les parents considéraient qu'ils avaient été mieux renseignés sur leurs droits et devoirs, sur les compétences des actrices et acteurs dans le processus de placement que sur les avantages et inconvénients respectifs du placement en institution ou dans une famille d'accueil. Cette perception se recoupe avec celle des professionnel·le·s des services interrogé·e·s à la fin de la période étudiée (Arnold et al. 2008, p. 103–104).

En même temps, on découvre de grandes différences dans la forme que prennent les processus de négociation et de décision au début du XXIe siècle. Là encore, les professionnel·le·s intervenant dans le placement ont manifestement une marge de manœuvre considérable. Cela peut aller de l'implication de la personne concernée par un entretien, sans pour autant que celui-ci influence la décision prononcée, jusqu'à des « des indices très nets » de consultation des parents dans le processus décisionnel, quand il s'agit par exemple de choisir entre le placement en institution ou dans une famille d'accueil, ou du choix de l'institution, ou lors du choix de la personne du service social qui suivra le dossier (Arnold et al. 2008, p. 110). Le degré de satisfaction exprimé par les parents concernant leur relation avec le responsable du placement était corrélé à la mesure dans laquelle ils avaient eu voix au chapitre ou avaient eu des possibilités de participer, que ce soit au processus de placement ou ultérieurement pendant la durée du placement de leurs enfants, ainsi qu'au respect avec lequel ils considéraient avoir été traités (Arnold et al. 2008, p. 111, 170). Les parents ainsi que les enfants et les jeunes retrouvaient le même déficit s'agissant de leur participation à l'aménagement des conditions de placement, à savoir lors de la formulation des objectifs et de la réglementation des visites. On est notamment frappé de voir que l'appréciation des responsables du placement était très différente de celle des enfants et des parents (Arnold et al. 2008, p. 118–129). L'étude empirique (3.3) aboutit exactement aux mêmes conclusions pour les procédures menées après 2013.

Ces conclusions montrent qu'en dépit des préconisations actuelles du législateur et de la recherche, même vers la fin de la période étudiée, des lacunes persistent dans la mise en œuvre d'une pratique d'aide à l'enfance et à la jeunesse qui associe davantage les mineur·e·s et leurs parents (cf. chap. 3.2). Qualifiée de changement de paradigme, la ratification par la Suisse de la Convention des Nations Unies relative aux droits de l'enfant en 1997, où est inscrit le droit à la participation, a amené les professionnel·le·s à réfléchir plus systématiquement aux lacunes persistantes à cet égard dans la pratique des services sociaux et des services d'aide à l'enfance et à la jeunesse. Dans la comparaison internationale, cette évolution a eu lieu en Suisse avec un notable retard (Cottier 2006, p. 1 ; Gumy 2019, p. 327 ; Werner 2019, p. 79–88). La Suisse s'est vu reprocher l'absence de normes de qualité uniformes et contraignantes qui puissent servir d'« instrument pour une approche diagnostique des cas » ainsi que l'absence de « critères pour une décision professionnellement irréprochable » (Arnold et al. 2008, p. 97). Un exemple typique est l'absence d'instruments standardisés pour la documentation écrite de la planification de l'aide. Ainsi, dans les dossiers, les observations et les décisions sont parfois simplement consignées sous forme d'annotations. Voilà qui rend difficile un suivi externe, y compris par les premiers concernés par une mesure d'assistance, et ne fait que renforcer le déséquilibre dans le rapport des forces inhérent aux mesures d'assistance (Arnold et al. 2008, p. 97–98).

3.2.3 Digression : La constitution de dossiers et leur impact dans la durée

L'enregistrement par écrit de procédures administratives par les acteurs étatiques et privés fait partie intégrante d'un État social moderne. Les dossiers personnels contiennent en règle générale des données particulièrement sensibles, et l'accès à ces informations est aujourd'hui réglementé. Les dossiers personnels ont un impact sur les biographies et produisent des effets dans la durée, au moment de la procédure et au-delà, et parfois sur plusieurs générations (Ammann & Schwendener 2019, p. 37–51 ; Bühler et al. 2019, p. 384–386 ; Galle & Meier 2009, p. 128–147 ; Gusset et al. 2021 ; Häsler Kristmann 2019, p. 629–659). Lorsque les personnes parties prenantes à un processus administratif n'ont pas toutes la même influence sur cet enregistrement, ou du moins la possibilité de le consulter, il s'ensuit un rapport de forces inégal. Les personnes qui ont fait l'objet d'une procédure à des fins d'assistance n'ont eu jusqu'au-delà de 2000 qu'un accès limité, voire pas d'accès du tout à leur dossier.

Bien que destinés au départ à un usage interne, les dossiers personnels ont abondamment circulé jusqu'à la fin de la période étudiée. Il n'était pas rare que les collaborateurs et collaboratrices des administrations et des institutions les fassent venir en amont d'un entretien personnel, une pratique qui se rencontrait encore à la fin de la période analysée (Arnold et al. 2008, p. 131, 151). La circulation de l'information devenait problématique lorsque ce qui circulait n'était pas seulement des données dites dures (faits objectifs), mais aussi des données « molles », en d'autres termes, lorsque des jugements de valeur sur des personnes étaient repris sans vérification. À l'occasion du placement extrafamilial de mineur·e·s, on a longtemps mis en exergue, voire pathologisé, des défaillances personnelles liées soit au comportement de la personne concernée soit au contexte familial (Ammann & Schwendener 2019, p. 38–51 ; Arnold et al. 2008, p. 129–135). Même si le dossier comportait des observations positives, il arrivait qu'elles soient formulées de façon négative, comme « ne fait pas de difficultés » ou « ne vole pas » (Bühler et al. 2019, p. 360–364 ; Galle & Meier 2009, p. 135 ; Leuenberger & Seglias 2015, p. 232–250). Outre la circulation écrite des informations détenues par les autorités, les échanges informels entre instances étaient également un aspect important dans la perpétuation de visions stigmatisantes (Leuenberger & Seglias 2015, p. 353–357). Les dossiers étaient consultables non seulement pendant la procédure en cours mais des années plus tard, et continuaient de porter préjudice à la personne concernée (Häsler Kristmann 2019, p. 644–646 ; Leuenberger & Seglias 2015, p. 361–363). En apparence fondés sur des faits objectifs, les dossiers étaient un facteur d'exclusion sociale (Studer 2008, p. 140–141).

Les dossiers continuaient aussi de produire des effets dans la durée lorsque, après avoir été inaccessibles pendant des années, voire des décennies, ils devenaient consultables pour les personnes concernées. Celles-ci étaient jusque-là restées dans le flou à propos de nombreux aspects de leur enfance, n'ayant eu qu'un accès restreint aux informations et ayant été privées de moyens d'agir. Pouvoir consulter son dossier éveillait l'espoir de pouvoir combler des lacunes biographiques. Or il n'est pas toujours possible de satisfaire l'espoir de trouver des réponses dans les dossiers administratifs et institutionnels, lorsque, par exemple, l'information transmise était lacunaire (Seglias 2018, p. 28). Mais les dossiers peuvent également faire découvrir des circonstances ou des causalités insoupçonnées ou qu'on avait comprises autrement. Ils révèlent par la même occasion les assignations stigmatisantes évoquées plus haut (Canonica 2019a, p. 400–401).[14] C'est pourquoi la consultation d'un dossier peut avoir un effet déstabilisant de nature à entraîner une retraumatisation (Ammann & Schwendener 2019, p. 191–193 ; Leuenberger & Seglias 2010).

L'impact durable que les dossiers sont capables d'exercer est un argument de poids pour considérer d'un œil circonspect et critique la manière dont ils ont été établis et les formulations choisies.

14 Les personnes qui considèrent que leur dossier contient des évaluations erronées ou imprécises peuvent obtenir une rectification. Cela ne revient pas à modifier après coup ce qui a été historiquement transmis, mais à ajouter une perspective supplémentaire.

3.2.4 Situation sociale et marge de manœuvre individuelle

Le dépouillement des études disponibles portant sur la manière dont les enfants et les parents ont vécu leur contact avec les autorités d'assistance et les autorités sociales en Suisse a révélé l'absence de normes uniformes et obligatoires pour l'implication des personnes concernées dans les procédures mises en œuvre par les autorités et les processus de négociation et de décision. Parallèlement, on constate tout de même une amélioration dans la pratique de l'information, quand bien même les différences étaient considérables selon le moment où elle était dispensée, et aussi selon l'âge de la personne concernée. Ce constat vaut tant pour le temps en amont que pendant et en partie également après le placement extrafamilial. Jusqu'à la fin de la période analysée, il manquait donc toujours une condition essentielle pour que toutes les personnes concernées soient également capables de se prendre en charge et de participer aux processus. On reconnaît là un héritage de plus du modèle social et familial qui a prévalu jusque dans les années 1970, et qui était profondément hiérarchique et autoritaire. Les enfants et adolescent·e·s étaient considéré·e·s comme immatures, malléables et demandant à être éduqué·e·s, et de ce fait inaptes à participer à des décisions concernant leur propre vie (Cottier 2006, p. 16–18). Ce traitement restrictif lié à l'âge persiste jusqu'à la fin de la période considérée, souvent encore aggravé par le rapport d'inégalité entre collaborateurs et collaboratrices des autorités et personnes dépendant d'institutions d'assistance ou susceptibles de le devenir. Les bases légales pour un traitement inégalitaire procèdent d'une logique empruntée à la législation sur l'assistance, souvent associée à la prétention d'imposer une discipline, si bien qu'on a longtemps mis l'accent sur les défaillances individuelles plutôt que de prendre en considération les conditions structurelles responsables de situations où se manifestait un besoin de soutien. On en est ainsi arrivé à une « justice à deux vitesses » entachée d'inégalités structurelles intrinsèques (Rietmann 2017, p. 76–77). Les manifestations en sont diverses, du fait de la diversité des structures liée au fédéralisme suisse. Elles s'expriment dans des obstacles importants à surmonter dans les procédures judiciaires, et davantage encore dans le refus d'une assistance juridique dans les procédures civiles (cf. chapitre 3.1). Chez les hommes, l'inégalité des droits politiques entraînait par-dessus le marché, pour une personne indigente sans curatelle, la perte du droit de vote et de l'éligibilité, en d'autres termes l'exclusion de la vie politique. Ce mécanisme d'exclusion s'appliquait à l'ensemble des femmes jusqu'en 1972, lorsqu'elles finirent par obtenir le droit de vote et d'éligibilité au niveau fédéral et par conséquent la majorité au moins sur le plan politique. Avec les modifications apportées au droit de la famille pendant la même décennie, les femmes se sont vu reconnaître davantage de droits. Tout le contexte social favorisait la marginalisation et la discrimination des enfants et des jeunes en placement extrafamilial. L'inexistence, jusqu'en 1978, d'une obligation d'autorisation et de surveillance pour les placements auprès de familles d'accueil ou en institution n'a fait que prolonger cette logique. On en trouve un autre indice dans l'absence de statistiques fiables sur les personnes concernées par des mesures d'assistance ordonnées par une autorité administrative. Malgré l'enjeu politique croissant que représentaient les enquêtes statistiques, il n'existe, pour toute la période analysée, aucun chiffre précis sur le nombre d'enfants et d'adolescent·e·s qui ne vivaient pas avec leurs parents d'origine (Leuenberger & Seglias 2015, p. 330–332). Les reconstructions de données historiques donnent à penser que les enfants et les jeunes concerné·e·s au XIXe et au XXe siècle se chiffraient par centaines de milliers (Guggisberg & Dalmolin 2019, p. 75–101, 105–107 ; Leuenberger & Seglias 2015, p. 330–332).

Jusqu'au bout de la période analysée, on n'observe aucune vraie rupture dans la tendance à la marginalisation observée. Cet état de fait reflète en définitive les inégalités sociales entre la personne concernée par une mesure d'assistance et celles qui étaient responsables pour son placement. Outre le déséquilibre inhérent à ce rapport de force, on voit s'opérer une classification sociale qui renvoie les premiers au bas de l'échelle sociale, de façon d'autant plus radicale qu'il s'agit d'enfants et adolescent·e·s par définition mineur·e·s (Bitter 2010, p. 186–187). Dans ce contexte structurel, les autorités décidantes disposaient jusqu'au bout de la période étudiée d'une importante marge de manœuvre pour agir selon leurs valeurs et leurs positions personnelles, ce qui pouvait donner une impression d'arbitraire (Germann & Odier 2019, p. 66). L'importance de la personne, s'agissant des collaborateurs et collaboratrices des autorités, est notamment palpable dans leur réaction à la dénonciation de cas de violation de l'intégrité et lorsque se pose la question d'un accompagnement individuel.

3.2.4.1 Absence de droit de regard concernant la scolarité et la formation professionnelle

La vision de l'éducation à laquelle étaient confrontées les mineur·e·s placé·e·s a été longtemps déterminée par des considérations d'appartenance sociale et de genre. Jusqu'à la fin des années 1970, à la différence des jeunes grandissant dans leurs familles d'origine, ils n'avaient guère le choix en matière de travail ou de formation. Non seulement le choix d'un métier était limité, mais ils étaient sans cesse empêché·e·s de suivre les cours pendant leur scolarité obligatoire. Placés en milieu rural comme en institution, ces jeunes étaient régulièrement réquisitionnés pour effectuer des travaux (Bitter 2010, p. 184–185). Dans des situations de placement en institution fermée, il était courant que l'apprentissage commence plus tôt, notamment pour les jeunes gens, que lors d'un placement familial. Les apprentissages proposés en institution se réduisaient généralement à un petit nombre de métiers relevant de l'agriculture ou de l'artisanat, et s'exerçaient toujours au profit de l'institution (K. Heiniger 2019a, p. 331–340 ; Leuenberger & Seglias 2015, p. 276 ; Seglias 2019a, p. 108–110). Il était très difficile de prendre le chemin d'une éducation supérieure (Bitter 2010, p. 184–185 ; Canonica 2019a, p. 388). Les autorités et les institutions étaient parfaitement conscientes de cette tendance structurelle à la discrimination, et parfois des tentatives étaient faites pour y remédier (Leuenberger & Seglias 2015, p. 301). Toutefois, le besoin d'atteindre rapidement l'autonomie financière l'emportait le plus souvent sur le souhait de poursuivre des études supérieures ou un apprentissage professionnel donné. Par ailleurs, des assignations péjoratives telles qu'« idiot » ou « incapable » condamnaient d'avance les personnes ainsi désignées.

Longtemps le genre, ou plus précisément les rôles de genre étaient largement déterminants dans le choix d'un métier, puis d'un travail, et cela était encore plus vrai dans les années 1960 (Canonica 2019a, p. 386 ; K. Heiniger 2019b, p. 354). Le choix des formations proposées aux jeunes filles en institution a fini par s'étoffer un peu à la fin des années 1960, sans doute aussi parce que la Confédération en faisait une condition pour l'octroi de ses subventions (K. Heiniger 2019b, p. 360). Dans le choix du métier, des décideurs hommes, tels que le curateur, ou le directeur de l'institution, jouaient un rôle déterminant. Ils faisaient jouer leurs relations souvent étendues pour procurer aux jeunes une place de travail ou d'apprentissage ou les y assigner (Canonica 2019a, p. 389 ; Leuenberger & Seglias 2015, p. 304–305). Dans les limites indiquées, on trouve de nombreux indices de tentatives effectuées par des jeunes d'aller dans des directions autres que les voies qui leur étaient tracées et de mettre à profit le peu de marge de manœuvre qui leur restait (Bitter 2010, p. 184–185 ; Canonica 2019a, p. 388).

Les débuts dans la vie professionnelle avaient ainsi lieu dans un cadre souvent étriqué qui portait à conséquence pour la suite d'une carrière professionnelle, avec des résultats divers. Chez certains, l'insertion dans la vie professionnelle restait précaire, d'autres faisaient des efforts pour y prendre pied, d'autres encore optaient pour des parcours professionnels atypiques, en dehors des préconisations bourgeoises en matière de métier ou de rôle social (Ammann & Schwendener 2019, p. 142–164). Dans certains cas, des initiatives ciblées de formation étaient engagées pour compenser après coup l'étroitesse des choix éducatifs proposés aux jeunes au départ (Bombach et al. 2018, p. 131 ; Leuenberger & Seglias 2015, p. 295–301, 310–311).

En dépit d'une certaine inertie, la recherche montre que le choix des formations proposées a commencé à évoluer en direction d'un élargissement de l'offre de formations scolaires et d'apprentissages. Les quelques renseignements disponibles pour la période après 1978 confirment que l'évolution dans ce sens s'est poursuivie. En même temps, à la fin de la période étudiée, l'encouragement scolaire était considéré comme un enjeu central lors du placement extrafamilial, et ce aussi bien pour les enfants, leurs parents que pour les responsables du placement (Arnold et al. 2008, p. 194–196 ; Werner 2019, p. 334 ; Canonica 2019, p. 390). La mise à disposition de dispositifs de soutien surtout centrés sur la période de la scolarité obligatoire jouait un rôle toujours plus important (Arnold et al. 2008, p. 87–88, 194–195).

3.2.4.2 Fréquence des cas de violation de l'intégrité personnelle et de violence

Depuis le début de la période analysée, les autorités administratives justifiaient leurs initiatives de placement extrafamilial d'enfants et de jeunes par le bien de l'enfant, notion dont l'interprétation a évolué au fil du temps. Même si on a de la peine aujourd'hui à comprendre les pratiques passées de l'assistance aux enfants et adolescents en matière de placement extrafamilial, les actrices et acteurs se targuaient d'agir dans l'intérêt supérieur des enfants et des jeunes concerné·e·s. Aussi, depuis le début, les législations cantonales sur l'assistance aux pauvres et la protection de l'enfant malheureuse prévoyaient des mécanismes de contrôle et de surveillance. Avec l'introduction du Code civil suisse (CC) en 1912, qui innovait avec ses trois articles dits « de protection de l'enfant », les cantons étaient chargés d'améliorer la surveillance. Il a parfois fallu attendre plusieurs décennies pour que ces articles soient mis en œuvre. Une obligation de surveillance et de contrôle à l'échelon national n'a été introduite qu'en 1978 (Leuenberger & Seglias 2015, p. 97–116, 246–250).

Le contrôle et la surveillance revêtent une pertinence particulière en cas d'atteinte à l'intégrité personnelle des enfants ou des jeunes placé·e·s. L'intégrité personnelle est, comme nous l'avons vu au chapitre 2, une condition décisive pour qu'une personne se sente autonome et participe pleinement aux procédures. Les données empiriques relevées pour la période avant 1980 font état de la fréquence des atteintes à l'intégrité individuelle et en même temps de la réticence des autorités compétentes à y réagir. L'expérience d'une atteinte à son intégrité peut être traumatisante pour la personne et retentir sur sa vie entière, voire sur celle des générations ultérieures (Ammann & Schwendener 2019 ; Freisler-Mühlemann 2011 ; Leuenberger & Seglias 2010, 2015 ; Maercker et al. 2014). Qui plus est, la réaction des personnes extérieures lorsque la victime dénonce une atteinte à son intégrité est une expérience qui affecte l'image que celle-ci a d'elle-même. Pour la période après 1980, il n'existe pratiquement aucune étude sur le placement familial portant sur les expériences d'atteinte à l'intégrité personnelle et sur la réaction des autorités. C'est pourquoi il est impossible de dire si le nouveau contexte législatif a eu un impact sur la situation jusqu'à la fin de la période étudiée. Dans les décennies antérieures, l'atteinte à l'intégrité personnelle prenait la forme d'un rabaissement psychique et émotionnel ainsi que de violences physiques et sexuelles. Compte également au nombre des formes d'atteinte le non-respect des possibilités de développement personnel, y compris de l'estime de soi et de la confiance en soi, de la part des parents d'accueil, du personnel de l'institution, des enseignant·e·s et des membres des autorités.

Dans la période avant 1980, l'atteinte à l'intégrité émotionnelle ou psychique des enfants placés prenait régulièrement la forme de propos dévalorisants et dépréciatifs. Des propos comme : « *Du bisch nüt, du chasch nüt, du wirsch nüt* » (tu es nul, tu es un incapable, tu n'arriveras jamais à rien) sont typiques. Mais de nombreux témoignages évoquent également les propos dévalorisants des parents à propos de leurs enfants, notamment sur le plan moral (Leuenberger & Seglias 2010, p. 5–7 ; Mäder 2010, p. 220–221). Il en résulte un risque de stigmatisation de la personne qualifiée d'« enfant à problème », qui persiste jusqu'à la fin de la période étudiée et dont on retrouve également la trace écrite dans les dossiers, comme le relève le développement ci-dessus consacré au dossier personnel (Götzö & Wigger 2014, p. 23 ; Werner 2019, p. 39, 223–224). Les personnes concernées en retiraient souvent l'impression d'être en partie responsables de leur situation. Jusqu'à une époque toute récente, la culpabilisation était souvent dénoncée, et plus particulièrement à l'endroit de mineur·e·s traumatisé·e·s ou victimes de maltraitance, mais ce dans le contexte de la famille d'origine. Les enfants se culpabilisaient et s'attribuaient la responsabilité pour leur placement (Arnold et al. 2008, p. 106).

On trouve régulièrement des indices de privation d'identité, lorsque les enfants placés sont traités comme des choses, par exemple lorsqu'on ne les autorisait pas à emporter des objets personnels, comme des habits ou des jouets (Kälin 2019b, p. 290). D'autres indices sont une communication réduite à des injonctions au travail ou à des interdictions de parler, ou encore le non-usage du nom propre. Dans certaines institutions, les enfants devenaient des numéros ; à la ferme, on les apostrophait par des appellations génériques telles que « *Bub* » (garçon) (Akermann et al. 2012, p. 104 ; Leuenberger & Seglias 2010, p. 158–159). La privation d'identité va souvent de pair avec le fait de voir dans l'enfant une main d'œuvre bon marché, considération qui restait, jusque dans les années 1970, souvent déterminante pour son placement dans une famille d'accueil. À une époque où l'idéal éducatif était fortement marqué par une éthique du travail, cette vision répondait tout à fait à une revendication de la société que les autorités de placement étaient expressément soucieuses de satisfaire, et ce jusqu'au-delà de la deuxième guerre mondiale, en dépit des efforts contraires déployés de façon répétée par les milieux politiques (Arnold et al. 2008, p. 106).

Les enfants placés étaient comparativement plus nombreux à être victimes de violences physiques et sexuelles infligées par les parents, les parents d'accueil, le personnel des institutions ou les tuteurs et tutrices que les enfants dans la population générale (Akermann et al. 2012, p. 100). Il existait dans l'éducation un « droit de correction » mesurée. Jusqu'à la fin de la période analysée (2012), ce droit n'avait pas complètement disparu dans les familles, et il a aussi persisté pendant longtemps à l'encontre des enfants placés dans des familles ou en institution (Leuenberger & Seglias 2015, p. 292). Dès le début de la période étudiée, de nombreux foyers avaient en revanche des règlements intérieurs interdisant le recours à une violence excessive. Des dispositions du même ordre existaient en partie aussi à l'endroit des enfants placés dans des familles d'accueil (Akermann et al. 2012, p. 100 ; Leuenberger & Seglias 2015, p. 293–295). Pour les enfants placés en institution, les sanctions réglementaires en cas d'infraction aux règles ont évolué, et le châtiment corporel a par exemple été remplacé par d'autres sanctions (Kälin 2019a, p. 140 ; Kälin & Seglias 2019, p. 330–339 ; Tanner 1992, p. 58).

La violence physique pouvait s'exercer collectivement ou individuellement, revêtir une forme systématique, voire ritualisée, ou encore intervenir dans des contextes non spécifiques, et, selon le contexte, être ressentie comme arbitraire. On est frappé non seulement par la fréquence, mais par la violence des actes attestés dans les documents, au point d'être constitutifs d'une infraction pénale (Akermann et al. 2012, 2014, p. 86–100, 100–103, 110–118 ; Klein 2013 ; Leuenberger & Seglias 2015, p. 292–295 ; Mäder 2010, p. 220).[15] Depuis l'entrée en vigueur du Code pénal suisse (CP) en 1942, les abus sexuels à l'encontre d'enfants placés étaient expressément passibles de poursuite pénale.[16] Les procédures judiciaires ont toutefois été peu nombreuses, ce qui peut s'expliquer par la crainte d'un redoublement

15 Sur les différentes approches tentées pour surmonter le traumatisme à un âge plus avancé, voir Maercker et al. 2014.

16 Une législation visant à améliorer la protection des victimes a été adoptée en 1984 avec la loi fédérale sur l'aide aux victimes d'infractions (LAVI). La loi est entrée en vigueur en 1993.

de violence, la honte ou la stigmatisation sociale (Akermann et al. 2012, p. 62–67, 115–119, 103–107 ; Bignasca 2019, p. 235–236 ; Leuenberger et al. 2011, p. 44, 48–49 ; Leuenberger & Seglias 2015, p. 232–250 ; Moser 2010, p. 125,128 ; Ramsauer 2000, p. 61–64). En même temps, les personnes concernées indiquent qu'il y a eu très peu, voire pas du tout de visites de la part des collaborateurs et collaboratrices des autorités. Les relations de confiance étaient rares avec le tuteur ou la tutrice, la travailleuse ou le travailleur social ou d'autres professionnel·le·s.

3.2.4.3 Suites du signalement d'atteintes à l'intégrité

Lorsque les personnes ayant à se plaindre de violences ou d'une atteinte à leur intégrité parlaient malgré tout, les réactions étaient très variables. On reconnaît là la marge de manœuvre considérable dont disposaient les collaborateurs et collaboratrices des autorités (Kälin & Seglias 2019, p. 330–340 ; Mäder 2010, p. 220–225). Les mineur·e·s qui signalaient un abus avaient peu de chances de voir la situation s'améliorer. Régulièrement, il en résultait non pas le soulagement espéré, mais l'imputation de la faute et une dégradation ultérieure des conditions de placement, avec, par exemple, le transfert dans une institution dotée d'un dispositif de sécurité renforcée (Ammann & Schwendener 2019, p. 77 ; Häsler Kristmann 2019, p. 657–659 ; Kälin & Seglias 2019, p. 340–342). Cependant, parfois, mais moins souvent, les documents parlent aussi de développements positifs. Alors, un cas d'atteinte à l'intégrité ou un autre abus dénoncé aboutissait à une issue favorable pour l'enfant, avec, par exemple, un changement de placement ou le retour chez les parents. Le plus souvent, les enfants et les jeunes ne savaient pas, dans de telles situations, qui avait part à la décision et sous quelle forme (Bitter 2010 ; Heller et al. 2005, p. 84–85 ; Leuenberger & Seglias 2015, p. 255–256 ; Seglias 2010, p. 151–153, 2019b, p. 86–92).

Les enfants et les jeunes n'étaient pas les seul·e·s à pouvoir signaler une violation de leur intégrité. Le signalement pouvait aussi émaner de tiers (Leuenberger & Seglias 2010, p. 161). Toutefois une initiative des enseignant·e·s notamment pouvait être à double tranchant. Elle pouvait contribuer à améliorer, mais aussi à détériorer la situation (Bitter 2010, p. 181–189 ; Heller et al. 2005, p. 93–96 ; Leuenberger & Seglias 2015, p. 293–301 ; Lüscher 2010, p. 56–57 ; Mani 2011, p. 147–154). À la fin de la période étudiée, les enseignant·e·s étaient, après les mères, les personnes qui sollicitaient le plus souvent un soutien auprès des services sociaux ou y dénonçaient la mise en danger du bien de l'enfant (Arnold et al. 2008, p. 90).

La recherche historique a mis en évidence l'efficacité des réseaux et la protection dont bénéficiaient les personnes abusives de la part des directions d'institutions, des commissions de surveillance, mais aussi de la part de personnalités politiques. Les manœuvres caractérisées de dissimulation et le discrédit publiquement jetés sur la victime étaient des moyens couramment utilisés à cet effet (Akermann et al. 2012, p. 113–120 ; 2014, p. 105, 116–120 ; Bignasca 2019, p. 234–246 ; Blum-Bruni 2013 ; K. Heiniger 2019a, p. 387–391, 2019b, p. 247–248 ; Odier 2019, p. 235–239). Parfois, des abus étaient rendus publics par des reportages dans les médias ou par des scandales révélés par la presse. Il arrivait que l'institution en cause finisse par être fermée, comme dans le cas de la maison d'éducation pour garçons sur le Sonnenberg près de Kriens (LU). La Suisse n'a cependant connu de véritable débat public à propos des aspects problématiques du placement extrafamilial qu'à la suite de la campagne contre les institutions éducatives du début des années 1970, à une époque où se dessinaient de profondes transformations sociales et un changement durable des conditions socio-économiques (Leuenberger & Seglias 2015, p. 332–349).

Lorsque la situation devenait insupportable, les enfants mineurs cherchaient souvent à s'y soustraire par la fugue. Les fugues étaient interprétées comme un acte d'insubordination au régime de placement passible de sanction. Les règlements intérieurs des institutions prévoyaient du reste des sanctions en cas de fugue (Ammann & Schwendener 2019, p. 60–71 ; Canonica 2019b, p. 379 ; Heller et al. 2005, p. 85–86 ; Seglias 2019d, p. 432–433). Dans la perception des personnes concernées, la fugue apportait rarement un changement pour le mieux.

Pour les enfants et les jeunes, le fait que les formes les plus diverses d'atteinte à l'intégrité personnelle subies restent impunies, voire soient interprétées comme un comportement fautif à mettre à leur compte, *a fortiori* lorsque les personnes responsables et donc aussi les représentant·e·s des autorités étaient au courant, portait à conséquence non seulement sur le moment, mais aussi au-delà.[17] Ayant perdu confiance dans les autorités ou craignant de nouvelles stigmatisations et expériences négatives, l'enfant n'allait plus chercher le contact avec elles en aucune circonstance (Bombach et al. 2018, p. 126–129 ; Leuenberger & Seglias 2015, p. 258). Les sentiments de honte et de culpabilité persistaient parfois jusque dans l'âge adulte, si bien que l'enfant taisait les faits vécus pendant des décennies, ou qu'il engageait des ressources considérables pour empêcher qu'ils ne remontent à la surface.

3.2.5 Observations en guise de conclusion

Malgré les lacunes dans l'investigation du passé, l'analyse historique de l'expérience vécue par les enfants et les parents dans leurs rapports avec les autorités de l'assistance et les services sociaux entre 1940 et 2012 a permis d'établir un bilan différencié et de mettre en évidence les changements et les continuités. Trois enseignements méritent d'être tirés de l'étude historique pour la pratique actuelle.

Il est essentiel qu'une information claire soit fournie, et de façon proactive, sur la procédure et les processus de négociation et de décision, et qu'elle soit formulée dans un langage compréhensible, à la portée du groupe cible, si l'on veut que les personnes concernées comprennent la mesure de protection de l'enfant.

Pour toute la période examinée, il ressort de l'analyse historique que les informations que les autorités de l'assistance et les services sociaux fournissaient aux enfants et aux parents étaient insuffisantes et peu claires. Les personnes concernées n'étaient pas mises en capacité de comprendre les décisions administratives prononcées à leur encontre ni de connaître leur propre marge de manœuvre.

Dans la transmission de l'information, le langage utilisé par les représentant·e·s des autorités joue un rôle important. Au-delà de la communica-

17 Concernant l'impact des interventions des autorités jusqu'au-delà de la période du placement extrafamilial, et pouvant affecter jusqu'à la génération suivante, cf. Ammann & Schwendener (2019, p. 118–121), Canonica (2019a, p. 390 ss), Häsler Kristmann (2019, p. 644 ss), Leuenberger und Seglias (2015, p. 303 ss).

tion d'une information factuelle, il a un impact à plusieurs niveaux, tant sous la forme orale qu'écrite. Cela vaut également pour les propos utilisés à propos de la personne concernée, que celle-ci pouvait ressentir comme lui imputant un déficit, comme pathologisants ou dépréciatifs.

Le droit de participation de toutes les parties prenantes à la protection de l'enfance et de la jeunesse exige que les parties s'entendent sur les actions appropriées, que les actions soient mises en œuvre de façon transparente. Les limites de telles approches doivent également être signalées.
L'accès à l'information est une condition essentielle pour la participation. Pendant la période considérée, il était souvent insuffisamment garanti, et n'avait pendant longtemps pas sa place dans la vision qu'avaient les autorités de l'assistance. Ne serait-ce que pour cette raison, il ne pouvait être question de processus participatifs. En outre, des divergences existaient sur ce que recouvrait la participation. Il n'existait pas de normes professionnelles pour sa mise en œuvre. L'expérience qu'en faisaient les enfants et les parents dépendaient entièrement de l'action individuelle des professionnel·le·s compétent·e·s. De plus, étant donné le déséquilibre persistant dans le rapport des forces entre parties prenantes, les possibilités de participation en présence de mesures de protection de l'enfant étaient structurellement limitées.

L'existence de marges de manœuvre présuppose que les responsables réfléchissent à leur attitude, à leurs valeurs et à l'impact de celles-ci.
Malgré les changements que la société a connus depuis les années 1960, les tendances à la marginalisation des enfants et des parents concernés n'ont pas totalement disparu jusqu'à la fin de la période analysée. Lorsque les représentant·e·s des autorités et les professionnel·le·s impliqué·e·s dans la protection de l'enfance et de la jeunesse disposent d'une grande marge de manœuvre, beaucoup dépend de leurs valeurs et de leur attitude personnelle. Ce sont elles qui guident leur action, du moins implicitement. À cet égard, les professionnel·le·s peuvent trouver dans la connaissance historique une base pour un travail de réflexion personnel.

Annexe 1

Tableau 2 : Aperçu des études pertinentes pour l'analyse historique (par ordre chronologique du début de la période d'expérience prise en compte)

Étude	Perspective/ Nombre/ Âge	Période d'expérience	Canton(s)	Accès/aspects analysés
Leuenberger/ Seglias (2010)	CP, HK/279 kA	1920–1960	Suisse	étude historique, entretiens narratifs ouverts avec guide d'entretien, évaluation quantitative / avant, pendant et après un placement, formation, conditions structurelles, atteintes à l'intégrité, expériences de violence, information, voies de procédure
Amer (2010)	PK, HK kA	1920–1960	Suisse	contribution historique, entretiens narratifs ouverts avec guide d'entretien / expériences de discrimination
Lüscher (2010)	PK, HK	1920–1960	Suisse	contribution historique, entretiens narratifs ouverts avec guide d'entretien / expériences de discrimination, école, formation, autonomie
Mäder (2010)	PK, HK kA	1920–1960	Suisse	contribution sociologique, entretiens narratifs ouverts avec guide d'entretien / violence, abus de pouvoir, conditions structurelles (cf. Leuenberger/ Seglias [2010])
Mani (2011)	PK/HK/74 kA	1920–1960	BE	étude sociologique, entretiens narratifs ouverts avec guide d'entretien, évaluation qualitative / avant et pendant le placement, voies de procédure, atteintes à l'intégrité, formation, information
Leuenberger/ Seglias (2015)	CP/7 kA	1920–1960	BE, LU, SO	étude historique, entretiens narratifs ouverts avec guide d'entretien, reconstruction du cadre de vie, évaluation qualitative

Étude	Perspective/ Nombre/ Âge	Période d'expérience	Canton(s)	Accès/aspects analysés
				/ avant, pendant et après un placement, conditions structurelles, formation, atteintes à l'intégrité, expériences de violence, information, voies de procédure
Heller et al. (2005)	HK/14 (10 publiés, 5 femmes, 5 hommes) kA	1922–1969	Suisse, accent sur la Suisse romande	étude historique, entretiens narratifs ouverts, évaluation qualitative / avant et pendant le placement, atteintes à l'intégrité, expériences de violence, formation, information
Ammann/ Schwendener (2019)	PF, HK (AV)/58 (38 all, 14 fr, 6 it, 27 femmes, 32 hommes) kA	1925–1981–2017	Suisse	étude sociologique et historique, entretiens biographiques et narratifs, biographie collective / internement administratif jeunes et adultes, expériences avant, pendant et après un placement, atteintes à l'intégrité, expériences de violence, formation
Akermann et al. (2014)	HK/13 FP/7 kA	Années 1930–1970, accent sur les années 1950–1970	TG	étude historique, entretiens semi-structurés basés sur un guide d'entretien / vie pendant le placement, atteintes à l'intégrité, expériences de violence, information
Bühler et al. (2019)	LE/dossiers écrits kA	1930–1980	FR, SZ, VD, ZH	étude historique à partir de sources écrites / internements administratifs, logiques procédurales, perspective parentale indirecte
Canonica (2019a)	HK, FP/14 kA	1930–2015	BS	étude historique, entretiens narratifs ouverts avec guide d'entretien, évaluation qualitative/ après le placement, autonomie, formation
Canonica (2019b)	HK, FP/14 kA	1930–2015	BS	étude historique, entretiens narratifs ouverts avec guide d'entretien, évaluation qualitative

Étude	Perspective/ Nombre/ Âge	Période d'expérience	Canton(s)	Accès/aspects analysés
				/ éducation en foyer, contacts extérieurs et familiaux
Kälin (2019a)	HK, FP/14 kA	1930–2015	BS	étude historique, entretiens narratifs ouverts avec guide d'entretien, évaluation qualitative / pendant le placement
Kälin/ Seglias (2019)	HK, FP/14 kA	1930–2015	BS	étude historique, entretiens narratifs ouverts avec guide d'entretien, évaluation qualitative / pendant le placement, discipline, contacts extérieurs
Maercker et al. (2014)	PK/141 kA	1930–/2012–2013	Suisse	étude psycho-traumatologique / troubles psychiques en vieillissant
Seglias (2019c)	HK/1 kA	1934–1947, 2016	BS	étude historique, entretiens narratifs ouverts avec guide d'entretien / éducation en institution, brève biographie
Bombach et al. (2018)	HK/37 kA	1940–1990		étude sociologique, entretiens biographiques et narratifs, expériences intersubjectives / après un placement, autonomie
Businger et al. (2018)	HK/dossiers écrits kA	1940–1990	AI, BS, ZH	étude historique au moyen de sources écrites, y compris des approches quantitatives / pratique de placement, perspective indirecte des parents, information, droit de regard
Akermann et al. (2012)	HK/54/kA	Années 1940–1960	LU	étude historique, entretiens narratifs / vie pendant le placement, atteintes à l'intégrité, expériences de violence, information
Freisler-Mühlemann (2011)	PK kA	Années 1940–1950	Suisse	étude sociologique, entretiens narratifs ouverts avec guide d'entretien, évaluation qualitative

Étude	Perspective/ Nombre/ Âge	Période d'expérience	Canton(s)	Accès/aspects analysés
				/ avant, pendant et après le placement, aspects de la normalisation
Seglias (2109b)	HK/2 kA	1945–1949, 2016	BS	étude historique, entretiens narratifs ouverts avec guide d'entretien / éducation en institution, courtes biographies, information
Tanner (1992) et (1999)	HK/273 15–22 ans	1979–1990	GE, NE, LU, BE, VD, VS, AG, ZH, SG	étude socio-pédagogique longitudinale, enquêtes par entretiens (deux vagues, deux sous-projets), évaluation qualitative et quantitative / législation pénale sur les mineur·e·s (art. 93ter CP), éducation en institution pendant et après, intégration, participation, autonomie
Gassmann Yvonne (2010)	PE/232/130 kA	1998 et 2007	ZH	étude transversale et longitudinale en sciences sociales, enquête par questionnaire, évaluation qualitative et quantitative / conditions favorables à la réussite du placement en famille d'accueil du point de vue des parents d'accueil
Arnold et al. (2008)	PK/43 LE/ 38 (Familles) FP/38 Total337 entretiens kA	2003–2005	ZH, SG, TG, SZ, AI (lieux de résidence avant le placement) / ZH, SG, TG, AG, AR, BE, GR, LU (lieux de Résidence après le placement)	étude longitudinale exploratoire en sciences sociales, évaluation qualitative et quantitative / avant et pendant le placement, participation, information, partage

Étude	Perspective/ Nombre/ Âge	Période d'expérience	Canton(s)	Accès/aspects analysés
Werner (2019)	PK/24/14–19 ans (16 jeunes femmes, 8 jeunes hommes)	2012–2013	ZH	étude sociologique, entretiens centrés sur les problèmes / avant et pendant le placement, aspects de la normalisation, expériences de discontinuité, autonomie

PK/HK = enfants placés en famille d'accueil et en foyer, AV = soins administratifs, LE = parents biologiques, FP = professionnel·le·s, PE = parents d'accueil, kA = aucune tranche d'âge précisée

3.3 Étude empirique

3.3.1 Partie qualitative de l'étude

Gaëlle Aeby & Aline Schoch

3.3.1.1 Introduction

Après cette plongée dans les arcanes juridiques et historiques du système suisse de protection de l'enfance, il est temps de se pencher sur le fonctionnement concret, ici et maintenant, des autorités de protection de l'enfant et de l'adulte (APEA). Depuis la réforme de 2013, L'APEA est l'instance charnière en matière de protection de l'enfant étant donné son rôle décisionnel. Dès lors, analyser les pratiques des professionnel·le·s et l'impact de celles-ci sur le vécu des enfants et des parents est essentiel pour comprendre les effets directs et indirects des procédures de protection de l'enfant : *Quelles sont les caractéristiques des procédures de protection de l'enfant qui favorisent ou entravent l'intégrité, l'autonomie et la participation des enfants et de leurs parents ? Quelles sont les pratiques développées par les APEA pour impliquer les enfants et les parents dans les procédures ? Comment les enfants et les parents vivent-ils ces procédures ?* Dans le contexte suisse, ces questions se posent avec une acuité particulière car la Confédération ne donne que des directives minimales aux cantons qui, par conséquent, disposent d'une grande autonomie pour implémenter les procédures de protection de l'enfant. Cette diversité peut permettre le développement de pratiques innovantes, mais elle contient aussi un risque d'inégalité de traitement. C'est pour cette raison qu'il est essentiel de documenter ces pratiques dans plusieurs APEA.

Les APEA sont des institutions dont les processus de production et de construction des activités professionnelles quotidiennes (Garfinkel 1967 ; Maanen & Spradley 1980) peuvent être appréhendées par une approche de type « *human service ethnography* » (Jacobsson & Gubrium 2021). En adoptant une approche empirique issue des sciences sociales, nous avons étudié les procédures de protection de l'enfant à travers l'observation participante des interactions entre professionnel·le·s des APEA et personnes concernées et en recueillant les expériences de l'ensemble des protagonistes impliqués à travers des entretiens. Il s'agit d'une approche qui prend pour objet d'étude le droit en pratique (*law in practice*) et non le droit tel qu'il est écrit et qu'il a été analysé dans le chapitre 3.1. Cette approche donne un éclairage complémentaire essentiel pour comprendre les effets concrets, attendus ou inattendus, du cadre juridique. Par la suite, les résultats de cette recherche qualitative ont servi de base au développement d'une enquête quantitative (chapitre 3.1.2), puis à la réalisation de focus groupes (chapitre 3.3.3).

Ce sont quatre APEA qui ont accepté de nous ouvrir leurs portes, en nous invitant à observer leurs pratiques *in situ* et *in vivo* et en facilitant la prise de contact avec des enfants et des parents ayant été impliqués dans des procédures de protection de l'enfant. Nous nous sommes concentrés sur les cas de protection de l'enfance *stricto sensu* au sens des articles 307 à 311 CC et n'avons pas intégré les cas concernant exclusivement des conflits relatifs aux droits de visite entre parents, même si ceux-ci étaient parfois aussi présents.

Après un bref aperçu de notre approche méthodologique et une description de nos données, nous mettons en évidence trois thèmes cruciaux qui sont pertinents pour comprendre ce qui se joue dans les interactions entre les APEA et les personnes concernées : la perception de sa propre position et de son rôle dans la procédure, les stratégies développées dans l'interaction et le développement d'une relation de confiance. Ces trois thèmes reviennent dans les données des enfants, des parents et des professionnel·le·s avec des variations révélatrices et c'est autour de ces trois perspectives que sont organisés nos résultats. Finalement, dans une dernière partie, nous revenons sur deux moments clés de la procédure en termes d'impact sur la décision finale et discutons le concept théorique de reconnaissance pour l'expérience de l'intégrité, de l'autonomie et de la participation.

3.3.1.2 Approche méthodologique

3.3.1.2.1 Partenariat avec des APEA

Comme nous l'avons évoqué précédemment, suite à la réforme de 2013, l'organisation concrète des APEA est restée de la compétence des cantons (Cottier & Steck 2012 ; Häfeli 2021 ; Schmid et al. 2018). Dans ce contexte, les quatre cantons d'enquête ont été choisis selon un ensemble de critères pour traduire autant que faire se peut cette diversité. Le but était d'assurer la représentativité des cantons alémaniques et romands, des modèles d'organisation judiciaire et administratif et des régions urbaines et rurales. Sur cette base, nous avons sélectionné deux APEA en Suisse alémanique et deux APEA en Suisse romande. Parmi celles-ci trois APEA sont organisées selon un modèle administratif et une APEA est organisée selon un modèle judiciaire. Concernant le critère des régions urbaines et rurales, il faut souligner qu'une APEA est organisée sur le plan cantonal ou (inter-) communal et peut être responsable de plusieurs communes, certaines à caractère urbain et certaines à caractère rural, d'où la difficulté d'une classification univoque. Au final, nous avons une APEA qui est responsable d'une population d'environ 10'000 habitant·e·s (caractère plus rural) et, à l'autre extrémité, une APEA responsable d'une population d'environ 110'000 habitant·e·s (caractère plus urbain). Entre deux, nous avons deux APEA dont la taille oscille entre 40'000 et 50'000 habitant·e·s ; l'une est principalement urbaine et organisée autour d'un chef-lieu et l'autre inclut non seulement un chef-lieu, mais également des communes aux alentours. Au-delà de ces dimensions, le critère décisif a été leur volonté de collaborer activement avec nous. La conclusion d'un accord de partenariat ainsi que l'implication des chercheuses sur le terrain ont permis d'établir une relation de travail de confiance et d'avoir un bon aperçu de leur pratique quotidienne (Kawulich 2005). Ce partenariat implique un biais de sélection étant donné que prendre part de façon volontaire à une recherche montre une attitude d'ouverture par rapport à l'extérieur et une affinité avec la recherche.

3.3.1.2.2 Observer des interactions dans des procédure de protection de l'enfant

Nous avons opté pour la méthode de l'observation participante afin d'identifier les interactions typiques entre les enfants, les parents et les professionnel·le·s de l'APEA. Nous parlons d'interactions et de rencontres plutôt que de l'audition, l'audience ou l'entretien à cause du flou qui existe dans leur usage durant le déroulement de la procédure comme nous le montrerons dans les pages qui suivent. Nous n'avons pas étudié la phase d'enquête qui peut être réalisée par l'APEA elle-même ou être déléguée aux services sociaux (voir chapitre 2). Conformément à la conception de l'ethnométhodologie de Garfinkel, l'objectif était de saisir la production de la réalité sociale des activités quotidiennes. La position des chercheuses observatrices peut être décrite comme une participation passive, documentant naïvement l'inconnu (Maanen & Spradley 1980 ; Pollner & Emerson 2001). Les interactions observées ont été documentées sur place sous la forme de notes de terrain manuscrites. Les notes de terrain ont été prises de manière structurée, guidées par une grille d'observation afin d'augmenter la validité et la réplicabilité et de réduire les biais individuels (Angrosino & Mays de Perez 2000 ; Kawulich 2005).

Sur une période de dix mois entre avril 2019 et janvier 2020, nous[18] avons mené vingt-quatre observations pour un total de dix-neuf cas qui couvre un degré élevé de diversité dans les situations de mise en danger d'enfants, variant en intensité et en gravité. Cela représente un total de 25 heures d'observation, l'interaction la plus courte ayant duré 15 minutes et la plus longue deux heures et demie. Le tableau 3 résume l'ensemble de nos données issues des observations et donne quelques informations succinctes sur les personnes impliquées dans les interactions et les caractéristiques du cas. Ainsi, nous avons réalisé dix-neuf observations impliquant des parents : douze avec les deux parents, cinq avec une mère et deux avec un père. Dans douze cas sur dix-neuf les parents étaient séparés ou divorcés. Concernant le pays d'origine et la nationalité, ces informations n'ayant pas été systématiquement évoquées dans les observations, nous constatons que les personnes concernées viennent en premier lieu, mais pas exclusivement, de Suisse et d'Europe.[19] Concernant les motifs de la procédure et les situations de mise en danger, ils sont très variés et souvent multiples. Pour résumer au mieux, nous pouvons les classer ainsi : six cas de placement (dont deux

18 Trois chercheuses ont été impliquées dans cette collecte de données, Aline Schoch pour la Suisse alémanique ainsi que Gaëlle Aeby et Aude Saugy pour la Suisse romande. Ce sont également Aline Schoch et Gaëlle Aeby qui étaient responsables du codage en collaboration avec Mathilde Etienne. Nous tenons ici à remercier Aude Saugy et Mathilde Etienne pour leur implication dans la collecte et le codage des données.

19 Plus précisément, mais de façon non exhaustive et avec un certain degré d'imprécision, il y a quinze parents suisses, treize originaires d'Europe (six du Sud, deux du Nord, et cinq de l'Est), quatre d'Afrique de l'Est, un d'Amérique latine et l'information est manquante pour cinq parents.

dans le cadre de mesures superprovisionnelles), six situations où les parents ont surtout besoin d'un soutien éducatif ambulatoire et sept cas plutôt liés à des conflits entre parents tout en présentant des risques pour le bien des enfants (quatre liés au droit de visite et trois présentant de la violence domestique entre parents). Nous avons réalisé cinq observations impliquant des enfants et des jeunes (deux filles de respectivement 12 et 14 ans, et trois garçons de respectivement 8, 16 et 17 ans). En parallèle, sur les dix-neuf cas auxquels nous avons eu accès, sept autres enfants ont été entendus par un·e expert·e, ce qui monte le total d'enfants auditionnés à douze sur dix-neuf cas, ce qui correspond au chiffre trouvé dans d'autres études où il a été montré que les auditions d'enfants sont réalisées dans environ deux tiers des procédures de protection de l'enfant et qu'elles ont tendance à n'être menées qu'avec des enfants plus âgés (Hitz Quenon & Matthey 2017, p. 162 ; Rieder et al. 2016, p. 59). Les procédures de protection sont organisées autour d'un trio interdisciplinaire, mais un·e magistrat·e[20] peut aussi mener seul·e certaines des interactions avec les personnes concernées, ce qui a été le cas pour onze observations. Enfin, dans deux APEA, des professionnel·le·s des services sociaux ou des foyers ont été présent·e·s. Plus marginalement, nous avons quatre cas avec des interprètes et deux cas en présence d'avocat·e·s.

20 En fonction du modèle (judiciaire ou administratif), les termes pour désigner les professionnel·le·s de l'autorité varient et nous utiliserons le terme générique *magistrat·e·s* pour la suite de notre propos.

Tableau 3 : Les personnes présentes lors des 24 observations

	Suisse romande		Suisse alémanique		
	Modèle judiciaire	Modèle administratif			
	APEA	APEA	APEA	APEA	Total
Personnes concernées, nombre d'observations avec :					
– Les deux parents	6	3	1	2	12
– Mère	1	1	1	2	5
– Père	–	–	2	–	2
– Enfant	1	1	2	1	5
Total	*8*	*5*	*6*	*5*	24
APEA, nombre d'observations avec :					
– 1 professionnel·le APEA (+ év. greffier·ère)	2	–	6	3	11
– 2 professionnel·le·s APEA	–	–	–	2	2
– 3 professionnel·le·s APEA (+ greffier·ère)	6	5	–	–	11
Total	*8*	*5*	*6*	*5*	24
Autres professionnel·le·s, nombre d'observations avec :					
– Professionnel·le·s des services sociaux/foyers	–	5	4	–	9
– Interprète	2	–		–	4
– Avocat·e	1	1	–	–	2
Total	*3*	*6*	*6*	*0*	15

3.3.1.2.3 Cas multi-perspectives : entretiens des enfants, parents et professionnel·le·s des APEA

Notre deuxième méthode de collecte de données était basée sur des perspectives multiples sur un cas et cela implique l'intégration de toutes les perspectives, à savoir celles des enfants, des parents et des professionnel·le·s de l'APEA, afin de contextualiser et de relier les expériences subjectives. Cela permet de mettre en lumière comment et pourquoi les parents et les enfants rapportent des expériences négatives ou positives sur leurs interactions avec des APEA. Les deux conditions d'inclusion dans l'analyse étaient qu'une décision ait déjà été prise pour éviter d'interférer avec le processus décisionnel, et que la dernière décision (car il y a souvent plusieurs décisions au fil du temps) ait été prise au cours de l'année précédente pour éviter les biais de mémoire et permettre aux participant·e·s de réfléchir à l'ensemble du processus. Le recrutement des participant·e·s s'est avéré difficile malgré le partenariat avec les APEA. Compte tenu de leur importante charge de travail, la sélection de cas appropriés et l'obtention du consentement de tous les membres de la famille ont pris du temps, notamment à cause de la présence de nombreux parents séparés ou divorcés. Ces contraintes de collecte de données ont abouti à un échantillon de dix cas multi-perspectives semi-complet, pour un total de 34 participant·e·s (voir tableau 4). Nous avons six cas complets, trois cas avec uniquement la perspective des parents et de l'APEA et un cas avec uniquement la perspective de l'adolescente et de l'APEA. Au final, nous avons sept cas avec la perspective des parents ce qui correspond à six mères et quatre pères (voir tableau 4) ; deux cas avec la perspective des tantes qui ont fait office de figure parentale en l'absence des parents ; et sept cas avec la perspective des adolescent·e·s, dont la plus jeune avait 14 ans. Pour faciliter la lecture des résultats, nous avons donné des pseudonymes aux familles et aux enfants avec lesquels nous avons également réalisé un entretien, en utilisant pour les relier la même première lettre (p.ex. famille Topaze et Tom). Dans 9 cas sur 10 les parents étaient séparés ou divorcés. Comme pour les observations, les personnes concernées viennent majoritairement de Suisse et d'Europe.[21] Concernant les caractéristiques de la procédure, la majorité des cas a été concernée par une mesure de placement (huit sur dix dont deux cas avec un besoin éducatif spécialisé), les deux autres concernaient des curatelles (assistance éducative et surveillance des relations personnelles).

Tableau 4 : Les personnes interviewées dans les 10 cas

Cas	**Membres de la famille**					**Professionnel·le·s**		**Total**
	Parents	Mère	Père	Autre	Enfant	APEA	Curateur·trice	
Famille Quartz			×			×	×	3
Famille Topaze		×			Tom (18)	×	×	4
Famille Diamant		×	×			×	×	4
Famille Emeraude		×				×	×	3
Famille Ambre	×				Ana (14)	×	×	4
Famille Crystal		×	×		Céline (19)	×		4
Famille Rubis		×			Rafael (17)	×		3
Famille Granit					Gina (17)	×		2
Famille Jade				×	Julia (18)	×		3
Famille Saphir				×	Sophie (14)	×	×	4
Total	1	5	3	2	7	10	6	34

La méthode de recrutement via l'APEA a probablement provoqué un biais de sélection vers des cas moins conflictuels. En effet, il est probable que les parents perçus comme peu coopératifs ou très insatisfaits aient été moins susceptibles d'être invités et moins disposés à participer à notre étude et à répondre à une sollicitation de l'APEA. Le fait que le rapport de mise en danger de l'enfant émane principalement des parents eux-mêmes semble appuyer cette hypothèse de biais de sélection. En effet, dans tous les cas

21 Douze parents étaient d'origine suisse (ce qui équivaut à cinq familles suisses), trois parents étaient originaires du Sud de l'Europe, deux parents d'Amérique latine et le pays d'origine de trois parents était inconnu.

étudiés sauf un, les parents ont déclaré s'être adressés eux-mêmes à l'APEA pour recevoir un soutien dans des situations familiales difficiles. Néanmoins, même en cas d'auto-déclaration, il y avait souvent un·e professionnel·le impliqué·e qui était au courant de la situation familiale et qui a conseillé aux parents de le faire, voire qui a soumis un signalement de mise en danger en parallèle. Par conséquent, il est probable que tous les parents n'étaient pas intrinsèquement motivés à faire appel à l'APEA volontairement, mais plutôt poussés par la pression que des tiers puissent le faire à leur place (Koch & Schoch, 2022 ; Pinero et al., 2019). Indépendamment de cela, les parents sont légalement obligés de coopérer à la procédure de protection de l'enfant et, le cas échéant, de mettre en œuvre les mesures de protection de l'enfant prononcées. Cela veut dire que d'emblée aide et contrainte se conjuguent.

3.3.1.2.4 Analyse des données

Il s'agit de deux types de données très différents : des notes d'observation pris à la main sur le vif et des retranscriptions verbatim d'entretiens, ce qui a conduit à des stratégies d'analyse légèrement différentes. En effet, pour les deux types de données, nous avons mené une analyse thématique (Braun & Clarke 2006). Cependant, alors que nous avons opté directement pour une telle analyse pour les observations, elle n'est venue que dans un deuxième temps pour les entretiens. L'analyse thématique vise à identifier des thèmes récurrents dans les données qui sont importants par rapport aux questions de recherche. Étant donné que le lien entre l'intégrité, l'autonomie et la participation est notre point focal, nous nous sommes intéressées à l'identification de thèmes liés à ces trois concepts guidés par leur caractère « clé », en anglais « *keyness* ». Le principe de « *keyness* » est un principe directeur pour construire des codes et identifier des thèmes (Braun & Clarke 2006, p. 82). Nous avons suivi un développement inductif des codes directement dérivés des données ; en même temps, notre travail était fondé sur la théorie (ibid., p. 83). C'est pour cette raison que nous parlons d'une approche déductive ouverte. Pour l'ensemble du corpus, nous avons réalisé un codage systématique des données avec l'aide d'un logiciel QDA qui permet aussi la rédaction de notes d'interprétation (mémos) tout au long du processus. Le travail d'élaboration des codes a été effectué en équipe pour garantir la validité du système de codage (Armstrong et al. 1997). Chaque code contenait un aspect saillant et consistait en une définition approfondie et une règle de codage (Braun & Clarke 2006, p. 89). Sur la base des codes créés, des thèmes ont été identifiés, formant un modèle répété et résumant des sous-ensembles de codes thématiques interdépendants (Braun & Clarke 2006, p. 89–90).

Concernant l'analyse des entretiens, nous avons eu une étape préliminaire cruciale. Notre première étape est basée sur la procédure intégrative de l'analyse reconstructive (Kruse et al. 2011) appliquée à deux cas complets. Dans cette première étape analytique, nous avons reconstruit le sens du cas spécifique et identifié les thèmes récurrents rapportés par les personnes interrogées. Une attention particulière a été portée sur le choix des termes, l'usage de métaphores, les hésitations, les reformulations, etc. Sur la base de ces connaissances, nous avons pu établir une première série de codes, puis la deuxième étape d'analyse thématique avec l'approche déductive ouverte décrite plus haute a pu être menée pour tous les cas.

3.3.1.3 Résultats

Sur la base des observations et des cas multi-perspectives, nous avons organisé notre propos autour de trois thèmes cruciaux qui sont pertinents pour comprendre ce qui se joue dans ces interactions : la perception de sa propre position et de son rôle dans la procédure ; les stratégies développées tout au long de la procédure ; et le développement d'une relation de confiance. Ces trois thèmes reviennent dans la perspective des enfants, des parents et des professionnel·le·s avec des variations révélatrices. Au fil de notre propos, nous ferons ressortir les facteurs qui entravent et ceux qui favorisent l'expérience de l'intégrité, de l'autonomie et de la participation des enfants et des parents dans les procédures de protection de l'enfant.

3.3.1.3.1 Perspective des professionnel·le·s des APEA

Définition du rôle : « C'est du soutien, de l'aide, de la protection. »
Dans les quatre APEA au cœur de notre recherche c'est la mission d'aide et de protection qui revient continuellement dans les discours, que ce soit en s'adressant aux personnes concernées directement pendant les observations

ou lors d'entretiens avec l'équipe de recherche. Pour reprendre les propos d'une magistrate lors d'une interaction avec deux parents : « *Ici, c'est la justice civile, ce n'est pas la justice punitive, c'est la justice qui apporte protection aux enfants et soutien aux parents dans leur prise en charge des enfants. C'est du soutien, de l'aide, de la protection.* » *(Observation, Cas 8)* Cependant, la dimension autoritaire n'est jamais bien loin et refait surface notamment en cas de désaccord. Les malentendus sur le rôle et la mission de l'APEA sont fréquents et souvent les parents n'osent pas poser des questions de clarification.

Le cas suivant est un exemple frappant de cette problématique. La première rencontre avec l'APEA de cette affaire porte sur un soutien socio-éducatif potentiel à une mère et ses deux enfants adolescents. Le magistrat a rencontré les deux adolescent·e·s au préalable et, avec la mère accompagnée d'un·e interprète, ils arrivent à la conclusion qu'elle n'a pas besoin d'aide pour le moment, mais qu'ils la contacteront dans six mois pour réévaluer ses besoins (suspension du dossier). À la toute fin de l'audience, le magistrat lui demande si elle a des questions supplémentaires et il s'avère qu'elle n'a pas compris la fonction de l'APEA.

- *Magistrat : Je prends note, ça vous convient comme ça. Vous avez des questions ?*
- *Mère : C'est quoi l'APEA ?*
- *Magistrat : « J'aurais dû commencer par cela » et il explique que c'est un « tribunal seulement pour les enfants » et leur « protection ».*
- *Mère : Très bien, c'est clair. (Observation, Cas 10)*

La définition du rôle de l'APEA peut être affinée par la délimitation de la fonction de l'APEA par rapport aux services sociaux dans le traitement des problèmes et la prise de décision. Souligner les modalités de collaboration entre APEA et services sociaux permet aussi de faire ressortir qui est pensé dans la pratique comme l'instance placée en première ligne pour défendre, voire pour promouvoir, l'intégrité, l'autonomie et la participation des personnes concernées et des enfants en particulier. Pour commencer, il est nécessaire de souligner que, dans tous les cantons, il y a une collaboration étroite entre l'APEA et les services sociaux chargés de l'évaluation sociale,[22] puis de la mise en œuvre des mesures de protection de l'enfant.

Cette distinction entre les missions de l'APEA et celles des services sociaux n'est pas forcément très claire pour les personnes concernées, comme le montre cette observation. Lors de la première rencontre avec les parents, la magistrate propose différentes mesures éducatives ambulatoires pour soutenir cette famille composée de deux enfants. La mère ne veut pas de leur aide et son refus véhément incite la magistrate à lui demander pourquoi. La mère répond qu'elle a entendu dire que les services sociaux pouvaient décider de lui retirer ses enfants. La magistrate explique que c'est elle qui prend les décisions alors que les services sociaux ne font qu'exécuter, mais elle essaie de la rassurer en lui précisant que le placement des enfants ne se produit que dans des cas exceptionnels. La magistrate explique que le placement des enfants :

> « *C'est nous. [...] Mais pour enlever un enfant de sa famille, il faut quelque chose de grave, des menaces pour son développement. [...] On ne place pas les enfants comme ça.* » La magistrate ajoute que le service social exécute et qu'il « *peut faire un suivi pour voir ce que vous mettez en place et me dire comment ça se passe.* » *(Observation, Cas 8)*

Concernant plus spécifiquement la recherche de solutions et la prise de décision, les magistrat·e·s du canton organisé selon un modèle judiciaire ont tendance à insister sur le fait qu'ils collaborent bien avec les services sociaux mais qu'ils sont responsables de la décision in fine, alors que les magistrat·e·s des trois autres cantons soulignent qu'une grande partie du travail avec les familles pour évaluer la mesure la plus adéquate est faite par les professionnel·le·s des services sociaux. Dans l'un de ces trois cantons, les magistrat·e·s vont jusqu'à décrire leur rôle comme relevant davantage de la validation des mesures proposées par les services sociaux. Ces observations sont intéressantes puisque légalement, et donc indépendamment du positionnement spécifique à chaque APEA, celle-ci est l'autorité compétente pour rendre une décision.

---

22 Dans deux des cantons de notre recherche, les magistrat·e·s mènent également leur propre enquête.

Stratégies des professionnel·le·s des APEA : communication et audition de l'enfant

Pour mettre en perspective les stratégies que les professionnel·le·s des APEA développent, il est important de revenir systématiquement sur les facteurs entravant ou renforçant l'intégrité, l'autonomie et la participation des personnes concernées. Les stratégies les plus faciles à identifier relèvent du niveau juridico-structurel et concernent avant tout la gestion de la communication et l'organisation de l'audition de l'enfant. Toutefois, il existe également un niveau relationnel qui relève de la construction d'une relation de confiance.

Premièrement, concernant la gestion de la communication, un obstacle majeur est souvent l'incompréhension de la procédure et de ces conséquences potentielles par les personnes concernées. Cela peut être dû à des difficultés linguistiques – notamment pour les familles issues de la migration – ou cognitives mais, dans la plupart des cas, cela est surtout lié à un manque d'informations mises à disposition de façon systématique et rédigées dans un niveau de langage accessible. L'information est souvent transmise en bloc oralement lors d'une première rencontre, lorsque les personnes concernées sont très vulnérables émotionnellement, puis elle est disséminée dans un flux continu tout au long de la procédure par échanges téléphoniques, courrier postal ou électronique. Les supports écrits existants sur la protection de l'enfant en langue facile à lire ne semblent que peu utilisés (leur utilisation n'a été observée que dans une APEA). La complexité du système suisse de protection de l'enfance organisé par canton et la répartition variable des tâches entre APEA et services sociaux se reflète dans une information fragmentée. Les professionnel·le·s des APEA qui ont participé à notre étude sont conscient·e·s du défi que représente l'accès à l'information et, pour y remédier, communiquent beaucoup d'information sur la procédure et ses conséquences potentielles. Cependant, ils tendent à minimiser les difficultés de compréhension, confondant la transmission d'informations avec la compréhension de celles-ci. Par ailleurs, les professionnel·le·s de l'APEA partent du principe que les personnes concernées pourront avoir des informations complémentaires via les services sociaux, ce qui est vrai en partie, mais contribue à la fragmentation de l'information et à son manque de traçabilité. En raison des informations diffuses et fragmentaires, les personnes concernées sont souvent désorientées dans la procédure et ne sont guère en mesure de participer de manière opportune, ce qui les disqualifie vis-à-vis des professionnel·le·s. Cette ignorance des parents peut conduire à l'imposition de mesures décrites comme consensuelles par les professionnel·le·s, sans qu'elles correspondent véritablement aux souhaits des parents.

Un bon exemple de la mise en œuvre de la participation est la pratique de rédaction des procès-verbaux. Dans la plupart des interactions observées, un·e greffier/ère[23] était habituellement présent·e lors des rencontres entre personnes concernées et autorités, et ses tâches consistaient d'une part à rédiger le procès-verbal, d'autre part à insérer les références juridiques aux articles de loi et à conseiller les professionnel·le·s de l'APEA en cas d'incertitudes juridiques. Dans deux APEA, le procès-verbal est envoyé ultérieurement par la poste aux personnes concernées. Dans deux autres, le procès-verbal est directement imprimé au terme de la rencontre et les personnes concernées ont le temps de le lire et de demander des corrections. Ensuite le procès-verbal est à nouveau imprimé et la version corrigée est signée. Si les personnes concernées ont techniquement la possibilité de rectifier le procès-verbal dans les deux cas, il est clair que le deuxième dispositif est plus propice à leur implication.

Un père interviewé commente cette pratique de rédaction et de contrôle du procès-verbal de la manière suivante en soulignant l'effet certes formel, mais aussi sécurisant, de l'établissement d'un procès-verbal. *« Et on a pu le lire et si on n'était pas d'accord avec quelque chose, on a pu faire des objections. » (Famille Diamant)* L'audition de l'enfant est également consignée. Dans le cadre de deux observations concernant des enfants de 8 ans et de 12 ans dans deux APEA distinctes *(Observations, Cas 3 et 14)*, les magistrat·e·s ont résumé verbalement les principaux messages notés dans le procès-verbal à la fin de l'audition et ont demandé à l'enfant si ces messages étaient corrects. Ces magistrat·e·s ont ensuite profité de ce moment pour demander à l'enfant s'il souhaitait que certains éléments de leurs échanges ne soient pas transmis à ses parents. Une telle pratique participative de co-

23 Le terme greffier/ère se réfère communément à une personne qui a une formation juridique, mais il y a aussi des personnes sans formation juridique qui sont amenées à rédiger des procès-verbaux. Dans ce cas, leurs tâches se limitent à la rédaction du procès-verbal.

rédaction des procès-verbaux semble augmenter la traçabilité, la compréhension, le sentiment de sécurité juridique ainsi que les possibilités de participation des enfants et de leurs parents.

Par ailleurs, de nombreuses familles confrontées à une procédure de protection de l'enfant sont issues de la migration et les professionnel·le·s se retrouvent aussi à expliciter les normes en vigueur en Suisse. Ainsi, face à des parents qui ont été signalés par l'école pour suspicion de maltraitance physique, la magistrate explique qu'il a été fait état de marques sur le corps des enfants qui « *dépassent ce qui est accepté en Suisse* » *(Observation, Cas 11).* Dans un autre cas concernant le déni de l'homosexualité potentielle de leur fille par des parents musulmans pratiquants, le magistrat insiste sur le fait qu'ils n'ont pas le droit de l'interdire : « *Ici, on est en Suisse. Vous n'avez pas le choix.* » *(Observation, Cas 14)* Les professionnel·le·s tendent à sous-estimer l'impact d'une trajectoire de migration sur les modèles éducatifs et la compréhension du système suisse de protection de l'enfance (Saugy & Aeby 2021).

Deuxièmement, concernant l'audition de l'enfant, il faut d'abord rappeler qu'en Suisse, l'audition est le seul moyen prévu par la loi pour permettre à l'enfant la concrétisation de son droit d'exprimer librement son opinion sur toute question le concernant (Droz-Sauthier et al. 2024). À cet égard, les observations et les cas multi-perspectives révèlent une diversité de pratiques. Dans certaines APEA, ce sont les magistrat·e·s qui entendent personnellement les enfants alors que dans d'autres APEA cela est délégué à un·e expert·e, soit à l'interne avec un·e professionnel·le spécialisé·e, soit à l'externe. Lorsque les enfants sont très jeunes, le recours à un·e psychologue du développement capable d'interpréter leur point de vue est plus fréquent. Dans trois APEA sur quatre, les magistrat·e·s préfèrent entendre l'enfant personnellement et délèguent uniquement lorsque cela est nécessaire pour la raison susmentionnée. C'est uniquement dans l'un des trois cantons organisés de manière administrative que l'audition de l'enfant est régulièrement déléguée à un·e expert·e.

Les données ethnographiques montrent que lors des interactions, les professionnel·le·s anticipent les effets des locaux sur le déroulement de l'audition afin de créer un environnement propice à la discussion (Koch & Schoch 2022). Les professionnel·le·s de l'APEA évaluent ainsi si le cadre personnel de leur propre bureau est plus approprié pour certaines interactions ou s'ils devraient plutôt utiliser le cadre formel, voire autoritaire, de la salle d'audition, qui ne transmet rien de personnel. Les enfants sont souvent entendus par un·e magistrat·e seul·e ou parfois accompagné·e uniquement d'un·e greffier-ère pour la rédaction du procès-verbal. Il est intéressant de mentionner que la stratégie inverse peut aussi être utilisée notamment avec les adolescent·e·s « rebelles » où les magistrat·e·s peuvent mettre à profit le cadre formel de la salle d'audience et un ton autoritaire pour leur faire comprendre la gravité de leur situation et la nécessité de trouver une solution. Dans les deux cas où une telle mise en scène a été observée *(Observations, Cas 2 et 19)*, cette stratégie avait été mise en place en concertation avec le réseau du jeune concerné. Enfin, entendre une fratrie ensemble est aussi une stratégie évoquée pour que les enfants se sentent plus à l'aise. Dans les bonnes pratiques concernant la façon d'entendre un enfant, relevons encore que certain·e·s professionnel·le·s d'une APEA ont dit utiliser le guide pratique en matière d'audition de l'enfant de l'UNICEF & MMI (2023). La possibilité de renoncer à entendre l'enfant comme le prévoit l'article 314 CC est évoquée dans plusieurs cas de figure. Les principaux motifs invoqués sont les suivants : une situation de handicap ; une situation où l'enfant est impliqué dans plusieurs procédures et où il y a déjà de nombreux professionnel·le·s autour de lui ; une situation où être entendu est jugé trop difficile pour l'enfant et aurait un impact contre-productif ; une situation très claire où entendre l'enfant ne ferait que le plonger inutilement dans les problèmes de ses parents. On voit bien ici le pouvoir discrétionnaire des magistrat·e·s qui évaluent au cas par cas la stratégie à adopter tout en ayant l'intérêt de l'enfant à l'esprit.

En ce qui concerne plus spécifiquement la façon de promouvoir la participation des enfants et la façon de communiquer avec eux, il est possible d'identifier des pratiques professionnelles très différentes (voir chapitre 3.3.2). Ainsi, nous avons pu observer trois APEA qui cultivaient la proximité avec les jeunes et une quatrième qui favorisait la délégation aux professionnel·le·s des services sociaux. Dans le premier cas de figure, les magistrat·e·s insistent sur leur disponibilité envers les enfants et, plus en particulier, envers les jeunes qui peuvent les contacter à tout moment. Par exemple, l'accord entre un·e magistrat·e et une jeune de s'adresser à l'APEA quand *« ça ne va plus du tout »* à la maison est scellé par une poignée de main. Une magistrate dit ainsi : « *Puis faut pas qu'ils aient l'impression que c'est une espèce de citadelle fermée.* » Ils et elles décrivent également leurs stratégies de communication, qui sont adaptées en fonction de l'âge des enfants. Avec les adolescent·e·s, il est particulièrement important de bavarder avec eux et de les faire rire avant d'entrer dans le vif du sujet. Un magistrat décrit cela en ces termes : « *On passe un peu à droite à gauche [...] gentiment par un biais.* » Cela ne signifie pas pour autant que les décisions sont prises en commun avec les jeunes. Néanmoins, plus les jeunes approchent de la majorité, plus les magistrat·e·s les laissent décider de leur avenir. À titre d'exemple, nous évoquerons ici le cas d'un adolescent qui a été placé un an dans un internat avec scolarité intégrée. Au moment de l'annonce de la décision, le magistrat savait que l'adolescent était en désaccord avec cette mesure, mais il pense avoir agi dans son intérêt. Un an et demi plus tard, lorsque ce même adolescent décide d'interrompre sa formation contre la volonté de sa mère, le magistrat le soutient : « *Puis là on est un peu dans cette phase où on se dit ‹faut un bout le laisser faire›.* » Avec le recul, l'adolescent se déclare satisfait de la procédure et de son placement, même si certains souvenirs restent douloureux. Dans le deuxième cas de figure où la délégation est privilégiée, les magistrat·e·s prennent aussi en compte la parole de l'enfant que ce soit directement ou indirectement par la délégation à d'autres acteur·ice·s, mais la question de la participation directe semble moins centrale à leurs yeux et on observe une tendance à déléguer la communication avec les enfants aux professionnel·le·s des services sociaux.

Etablir la confiance : convaincre plutôt qu'imposer

Au niveau relationnel, l'objectif principal d'obtenir l'adhésion des personnes concernées et de trouver une solution à l'amiable ressort très clairement, lorsque cela est possible, car cela garantit un meilleur succès de la mesure qui sera ensuite prononcée. Imposer de façon unilatérale est évité dans la mesure du possible parce que, comme le résume une magistrate : « *C'est facile de saboter une décision.* » Il y a donc un travail qui se met en place « *avec* » les familles pour y parvenir (Karsz 2004), les APEA cherchent la coopération avec les parents (Vogel Campanello & Röthlisberger 2022), essayent de mettre les parents « dans le coup (en allemand : « *ins Boot holen* ») » avant tout.

Cela montre aussi pourquoi il est important d'écouter ouvertement les souhaits et les besoins des parents. Les parents ne s'ouvriront et ne parleront de leurs défis et problèmes que s'ils se sentent en sécurité. C'est dans cet espace que les professionnel·le·s des APEA peuvent échanger avec les parents et développer des solutions en mobilisant leur expertise, en expliquant les modalités et conséquences de chaque forme de soutien, en argumentant au lieu d'imposer purement et simplement. À cet égard, le choix des professionnel·le·s du trio interdisciplinaire doit être approprié. Ainsi, une magistrate nous dit apprécier la présence d'un·e psychologue pour rendre les parents attentifs au développement de l'enfant. De l'avis général des professionnel·le·s des APEA, ce processus prend du temps, mais est indispensable au succès des mesures. Il est aussi possible de convenir d'arrangements personnalisés avec les personnes concernées. La capacité de trouver des solutions individualisées et de s'adapter à chaque cas semble vraiment avoir un impact positif, mais chaque APEA n'est pas en mesure de le faire (p.ex. surcharge de travail ; manque de personnel qualifié) ou privilégie le choix d'une mesure standardisée. À cela s'ajoute la question de la bonne collaboration entre service sociaux et APEA que nous avons déjà mentionnée.

L'enjeu des échanges oraux en lien avec une prise de décision revient aussi souvent dans les propos des professionnel·le·s de l'APEA, avant une prise de décision, mais aussi après pour l'expliquer aux personnes concernées et les convaincre de son bien-fondé. Selon les professionnel·le·s de l'APEA, prendre le temps d'un entretien téléphonique prolongé avec les parents permet à ces derniers de mieux comprendre le sens de la mesure et réduit la probabilité d'objections. Ce travail est décrit comme parfois « épuisant », mais nécessaire. Une des APEA se distingue par une pratique assez différente. Le magistrat nous confie éviter les appels téléphoniques en faveur d'échanges écrits, par courrier électronique par exemple, pour laisser des traces dans le dossier car il n'a pas le temps de rédiger une note après chaque appel téléphonique. En effet, cette disponibilité pour des échanges oraux demande aussi des ressources suffisantes.

Enfin, écouter signifie respecter l'autre et lui donner une place dans la procédure. À cet égard, il est intéressant de relever les efforts de cette magistrate pour donner une place à un parent plutôt taciturne dans le procès-verbal :

> *« Puis lui [le père] quand il lit le PV il dit ‹mais y a rien de ce que j'ai dit› mais il a rien dit (rires), donc voilà il faut vraiment lui tirer les vers du nez, et il répond oui ou non, puis Thibault [le greffier] il fait une phrase avec ça pour qu'il [le père] ait un bout dans le PV (rires). »*

Ce niveau relationnel relève davantage des *soft skills* et est plus difficile à mesurer, quantifier, vérifier. Cependant, son importance est indéniable et cela pose la question des contenus de formation à disposition des professionnel·le·s des APEA. Pour conclure, notons encore que si l'importance de convaincre et travailler « avec » les familles semble faire unanimité, il y a aussi un assez grand consensus sur le fait qu'une APEA doit être capable de prendre une décision impopulaire dans l'intérêt de l'enfant.

3.3.1.3.2 Perspective des parents

Définition du rôle : « Et je le connais bien mieux que vous tous qui êtes assis là ! »

L'intervention de l'APEA, indépendamment de la personne qui est à l'origine du signalement (les parents eux-mêmes ou un tiers), est perçue par les parents comme une remise en question profonde de l'accomplissement adéquat de leur rôle parental, ce qui menace leur intégrité parentale.[24]

Un moment difficile se joue autour de l'ouverture de la procédure : méfiance, anxiété, fatigue, honte, soulagement, espoir se mélangent à des degrés variables. En effet, cette ouverture signifie que les parents ont perdu le « contrôle » de la situation *(Famille Topaze)* ou que quelque chose « ne va vraiment pas » au sein du système familial *(Famille Ambre)*. Dans ce contexte, l'APEA est généralement perçue comme une solution de dernier recours, « la dernière chance » d'éviter un placement extrafamilial (pour un auto-signalement) *(Famille Ambre)* ou comme une impasse (en cas de signalement par un tiers). Certains parents mentionnent être passés par un processus intérieur difficile pour reconnaître qu'ils n'étaient plus capables de résoudre leurs difficultés par eux-mêmes et qu'ils avaient besoin de soutien pour prendre soin de leur enfant. La répétition du même récit des

24 La perspective des parents a également fait l'objet d'un article dans la revue *Social Sciences* (Schoch & Aeby 2022).

difficultés familiales auprès de différent·e·s professionnel·le·s tant des services sociaux que de l'APEA, avant et pendant la procédure, est un facteur qui renforce les sentiments de fatigue et de honte. Même lorsque les parents rapportent les effets positifs de l'intervention de l'APEA, ils expriment des sentiments ambivalents, oscillants entre le négatif et le positif à la fois. Le choix des termes utilisés et la façon de s'exprimer révèlent bien cette ambivalence. Ainsi, cette mère de trois enfants dont le cadet est concerné par une procédure souligne que, pour évaluer ses interactions avec l'APEA, elle doit d'abord faire abstraction de son sentiment d'échec :

> *« Il ne s'agit pas de ma fierté blessée : Ai-je échoué en tant que mère ? Même si deux d'entre eux ont bien tourné et que le troisième dépasse un peu les bornes, oui, si vous pouvez vous tenir au-dessus de ça, alors, je pense, que le contact avec l'APEA est bon. » (Famille Emeraude)*

En filigrane se dessine la peur d'être qualifié de mauvaise mère ou de mauvais père. En effet, tous les parents interrogés abordent la question de la possibilité d'être soupçonné d'être une figure parentale défaillante voire nuisible. Une mère mentionne explicitement que l'expérience la plus douloureuse au cours de la procédure de protection de l'enfance a été de se sentir perçue par l'APEA comme une mauvaise mère, comme une menace pour son propre enfant *(Famille Diamant)*. Une autre mère décrit explicitement l'implication de l'APEA comme « humiliante » parce qu'en tant que mère, vous souhaitez avoir tout « sous contrôle » et vous aimeriez faire « les choses correctement » *(Famille Topaze)*. Malgré les bonnes intentions des parents, une intervention de l'APEA peut être malgré tout nécessaire pour protéger le bien de l'enfant.

Quel que soit le contexte ou la spécificité du cas, tous les parents interrogés mentionnent la remise en cause de l'accomplissement de leur rôle parental. Cette intervention est perçue comme blessante ou humiliante, diminuant l'estime de soi des parents, et peut être interprétée comme une violation de l'intégrité parentale puisque – selon la théorie de la reconnaissance (chapitre 2) – ressentir de la honte est considéré comme un déni de reconnaissance. En outre, elle indique que l'intégrité parentale pourrait être menacée en soi par la simple ouverture d'une procédure de protection de l'enfant (Schoch & Aeby 2022).

Il semble utile de mentionner un élément important, même s'il ne peut être développé en profondeur. La menace pour l'intégrité d'un parent semble être encore plus sérieuse pour les mères car elles sont souvent perçues comme les « responsables du cas » (en allemand « *fallführende* »), comme l'a décrit une mère *(Famille Ambre).* Cela va dans le sens des recherches précédentes sur l'implication différenciée des mères et des pères dans la protection de l'enfance (Brandon et al. 2019 ; Vogel Campanello et al. 2021 ; Vogel Campanello & Röthlisberger 2022). Il semble qu'en se focalisant sur la mère comme destinataire principale, les pères peuvent être mis en position de marginalisation (et se désengager) au cours de la procédure tout en étant protégés des critiques les plus virulentes. Ainsi ce père nous explique que, étant employé à plein temps, il n'était pas concerné par les attentes de l'APEA qui ciblaient principalement sa femme dont il est aujourd'hui séparé : « *(...) mais bon le problème c'est que je suis à 100 % et que j'ai pas voulu prendre un 50 %, ça n'aurait pas été très réaliste non plus... bon la situation était assez claire de mon côté.* » *(Famille Crystal)*

Autour de la thématique de l'accomplissement du rôle parental se joue la question de l'expertise : qui est le mieux à même de définir la meilleure solution pour le bien de l'enfant, l'APEA ou les parents ? Nous touchons ici au concept de connaissance spécialisée *(specialized knowledge)* de Merton et Barber (1976) qui démontre l'asymétrie de pouvoir et les ambivalences dans l'interaction client-professionnel. Nous avons, d'une part, des professionnel·le·s de l'APEA qui sont doté·e·s de connaissances spécialisées sur le thème du bien de l'enfant et qui détiennent le pouvoir décisionnel et, d'autre part, des parents qui sont soupçonnés de mise en danger du bien de leur enfant et qui se sentent perçus et/ou se perçoivent eux-mêmes comme défaillants. Dans la théorie de Merton et Barber, cela entraîne des sentiments ambivalents chez les personnes concernées. Il y a aussi de la marge de manœuvre pour la négociation et les parents peuvent faire valoir leur connaissance de leur enfant depuis sa naissance et leur expertise parentale même si elle a été remise en question par l'intervention de l'APEA. Les parents mentionnent simultanément une certaine dépendance vis-à-vis du soutien et des connaissances spécialisées de l'APEA et des doutes sur l'expertise de l'APEA concernant leurs problèmes familiaux, ce qui se traduit par des sentiments ambivalents. Madame Topaze décrit cette ambivalence lors d'une « réunion difficile », organisée par l'APEA et à laquelle participent de nombreux professionnel·le·s de la protection de l'enfance :

> *« Et M. Miller [APEA], a simplement écouté et s'est fait une opinion et je ne savais pas : Est-il de mon côté ? Est-ce qu'il m'a vraiment entendu ? Est-ce qu'il a compris ? Ou est-ce qu'ils sont seulement ceux qui sont instruits, ceux qui sont vraiment professionnel·le·s ? Leur opinion compte-t-elle plus que celle de la mère qui dit ‹Hé, c'est mon fils !› ? Il s'agit de lui. Et de moi. Et je le connais bien mieux que vous tous qui êtes assis là (rires). »*

Rétrospectivement, elle dit qu'aujourd'hui, elle s'affirmerait beaucoup plus en tant que mère avec son expertise sur ses enfants et ne se laisserait plus si facilement impressionner par les professionnel·le·s *« qui doivent savoir mieux que les autres ».*

Stratégies des parents : rétablir leur intégrité

Nous pouvons identifier deux types de stratégies pour, d'une part, réagir au sentiment de violation de l'intégrité parentale et, d'autre part, pour réagir en cas de désaccord.

Concernant les stratégies visant à rétablir l'intégrité parentale, nous identifions des stratégies de différenciation et de changement narratif de la part des parents. En ce qui concerne la stratégie de différenciation, elle consiste à imaginer des situations familiales plus graves, en mentionnant qu'ils n'appartiennent pas à la catégorie des familles « problématiques » classiques qui sont généralement suivies par l'APEA, comme les parents qui ont des addictions, négligent la surveillance de l'enfant, frappent l'enfant, ne savent pas ou ne veulent pas admettre que leur enfant a un comportement délinquant ou qu'il s'absente de l'école. En adoptant cette stratégie, les parents se distancient et se distinguent des autres parents en minimisant la gravité de leur propre cas. Par exemple, une mère a expliqué que son cas n'était pas aussi « catastrophique » que celui des autres familles, que sa maison était toujours « propre » et que ses enfants avaient toujours « de la nourriture sur la table » *(Famille Rubis).* Les stratégies de différenciation consistent souvent à ce que les parents se présentent comme des parents compétents. Par exemple, un père rapporte qu'ils ont reçu beaucoup de compréhension de la part de l'APEA pour leur situation difficile, mais il se demande s'il en aurait été de même s'ils avaient « fait quelque chose de mal » ou s'ils avaient été « réticents » à remplir leurs devoirs parentaux et auraient donc pu être blâmés pour leurs difficultés *(Famille Ambre).* Dans un cas *(Famille Quartz)*, le père mentionne que l'APEA l'a reconnu comme un bon parent et a jugé positivement l'accomplissement de son rôle parental en lui disant qu'il n'était « pas une menace » pour ses enfants. Ainsi, avec la stratégie de différenciation, les parents se présentent comme remplissant bien leur rôle parental. Interrogés sur les conseils à donner à d'autres parents dans le cadre d'une procédure de protection de l'enfant, les parents disent souvent qu'ils ne doivent pas craindre que l'APEA ait l'intention de leur « enlever l'enfant » *(Famille Ambre)*, mais qu'elle est désireuse de soutenir et d'aider la famille à résoudre ses problèmes ; il serait donc judicieux de coopérer plutôt que de s'opposer.

Dans la plupart des récits des parents, nous avons pu identifier une stratégie de changement narratif. À un certain moment, les récits se déplacent du parent potentiellement défaillant vers le bien de l'enfant. Dans la plupart des entretiens avec les parents, nous avons observé le discours de justification soulignant que la mission principale de l'APEA est d'assurer le bien de l'enfant et de ne pas se focaliser sur les compétences des parents. « *Parce que pour l'APEA, il s'agit de l'enfant, il ne s'agit pas de dire que vous l'avez mal élevé. Ils ne font pas ça.* » *(Famille Ambre)* Dans tous les cas sauf un, l'APEA est présentée par les parents comme se concentrant sur le soutien à la famille pour résoudre la situation familiale problématique et sur leur devoir de se concentrer sur les enfants et non sur les parents. Les professionnel·le·s de l'APEA semblent souvent détourner l'attention des parents vers le bien de l'enfant. Cette insistance semble être accueillie avec gratitude par les parents. Néanmoins, le sentiment ambivalent des parents concernant la remise en question de l'accomplissement de leur rôle parental persiste.

En préambule aux stratégies développées en cas de désaccord, nous aimerions souligner le fait que les parents, tout comme les enfants d'ailleurs, explorent leur marge de manœuvre lors de leurs interactions avec les autorités comme le révèlent les observations. Dans un cas avec deux jeunes futurs parents *(Observation, Cas 6)*, cette exploration de leur champ d'action a été très marquée, puisqu'ils ont demandé de manière active et variée les conséquences concrètes s'ils ne se conformaient pas ou seulement partiellement aux demandes de l'APEA. Les professionnel·le·s de l'APEA ont utilisé cette situation pour souligner à plusieurs reprises que, dans la mesure du possible, ils viseraient des accords consensuels avec les parents, mais ils ont également mentionné qu'ils avaient le pouvoir de prendre des décisions non consensuelles si cela s'avérait nécessaire dans l'intérêt du bien de l'enfant à naître. Nous avons également observé une grande variation dans la compréhension de la procédure de protection de l'enfance par les parents et les enfants, ce qui influence leur capacité à négocier. Concernant les stratégies en cas de désaccord, la plupart des parents font état d'incertitude et d'ambivalence en cas de désaccord avec l'évaluation de l'APEA, même lorsqu'ils font état de possibilités d'exprimer leur désaccord. Globalement, il semble que la conformité soit une stratégie souvent utilisée, les risques d'exprimer un désaccord ou de s'opposer étant jugés trop élevés. L'opposition ouverte est généralement considérée comme inutile puisque les parents voient clairement que l'APEA est en position de force et qu'ils ne peuvent pas simplement quitter la relation.

Cependant, un cas sort quelque peu du lot. La famille Diamant se distingue des autres cas de l'étude qualitative (mais se rapproche des résultat quantitatifs voir chapitre 3.3.2) par la manière dont les parents interprètent le rôle de « bons » parents dans le contexte de l'intervention de l'APEA, en entrant en conflit avec les attentes de l'APEA. En outre, leur façon d'exprimer leur désaccord ou de se conformer à l'APEA mérite d'être soulignée. La mère considère que c'est son rôle de mère que de reprendre l'enfant auprès d'elle et de s'opposer au placement actuel sans mandat de son enfant dans un établissement spécialisé à scolarité intégrée en s'enfuyant dans un autre canton et même, temporairement, dans son pays d'origine. Mais à long terme, cela ne permettra plus de couvrir les besoins de l'enfant en matière d'éducation spécialisée, ce que l'APEA considère comme une menace pour le bien de l'enfant. Son action conduit donc au placement de son enfant dans un établissement spécialisé à scolarité intégrée sans leur consentement. Il apparaît que les parents n'avaient pas compris le caractère multidimensionnel du bien de l'enfant et les préoccupations de l'APEA en lien avec les besoins éducatifs spéciaux de leur enfant. Néanmoins, les deux parents en sont venus rétrospectivement à considérer la décision de l'APEA comme la meilleure solution compte tenu des spécificités de leur enfant. Il s'agit d'un exemple d'une intervention qui a été vécue par les parents comme intrusive, et violant leur intégrité et leur autonomie, à cause d'un manque de compréhension des facteurs relevant d'une mise en danger du bien de l'enfant et d'un manque de reconnaissance envers les parents.

Etablir la confiance par l'implication

Nos entretiens ont révélé trois dimensions clés que les parents ont identifiées comme favorisant leur autonomie, intégrité et participation. Premièrement, les parents se sont sentis soutenus en recevant un soutien adéquat et rapide de la part de l'APEA en cas de besoin. Dans la citation suivante, un tournant dans la procédure est décrit (*Famille Topaze*) :

> *« Là où j'ai réalisé que je peux passer un coup de fil, je suis entendue, mes soucis sont entendus. De plus, le reste de la famille est pris en charge [par l'APEA] et ils agissent et ils agissent assez rapidement et de manière très compétente. »*

Le sentiment de pouvoir compter sur l'APEA pour prendre des mesures décisives, et qu'ils ont fait équipe avec les parents favorise une relation de confiance entre l'APEA et les parents. Dans certains cas, cela pourrait constituer un tournant dans le développement de la confiance envers l'autorité.

Deuxièmement, le sentiment d'autonomie des parents semble être liée à la possibilité d'influencer la progression temporelle de la procédure (corroboré par Petersen 2018). Tous les parents ont fait état de différentes phases au cours de la procédure : parfois, ils avaient l'impression que la progression de la procédure n'était pas assez rapide ; à d'autres moments, les parents avaient l'impression que les prochaines étapes arrivaient trop vite pour qu'ils puissent s'adapter émotionnellement, surtout si un placement extrafamilial était envisagé.

La famille Rubis est un bon exemple d'une évaluation globalement positive de l'intervention de l'APEA, affectée par un mauvais timing : cette mère célibataire avait des difficultés avec son fils adolescent qui avait abandonné l'école. Les professionnel·le·s ont finalement réussi à trouver une place dans un établissement à scolarité intégrée, mais l'adolescent a dû y entrer immédiatement, ce qui a entraîné l'annulation de vacances familiales longtemps attendues. La mère et le fils se sont donc battus contre cette mesure lors de son annonce. Ce n'est que rétrospectivement qu'ils ont tous deux reconnu son utilité. En revanche, lorsque les parents font l'expérience que leur besoin d'accélérer ou de ralentir la procédure est pris en compte par l'APEA et lorsqu'ils reçoivent un soutien individualisé et adapté à leurs besoins, ils se sentent reconnus et capables d'agir.

Troisièmement, le sentiment de participation était alimenté par l'expérience d'être impliqué (Bouma et al. 2018) de manière discursive, en ayant une certaine influence sur la procédure. De nombreux parents rapportent que l'APEA a « suggéré » des mesures ou la manière de procéder, ce qui facilite un débat et une négociation et indique qu'il y a eu au moins des moments de délibération dans le processus décisionnel. Un père divorcé *(Famille Quartz)* décrit comment *« en fait, la décision a été prise, genre, ensemble. Donc ensemble avec l'APEA »*. Le débat et la négociation de différentes possibilités, ainsi que l'information sur le contenu des rapports ou la possibilité de corriger le procès-verbal ont donné aux parents le sentiment d'avoir un certain pouvoir et une certaine influence sur la procédure.

Il semble essentiel pour une expérience positive et restauratrice de l'intégrité que les parents perçoivent le processus comme influençable et participatif. Cela se produit lorsque les parents reçoivent un soutien, sont pris au sérieux en étant reconnus dans leurs besoins, se voient accorder une certaine autonomie, sont reconnus comme experts de leurs enfants, et lorsque leurs souhaits et opinions sont débattus.

Pour conclure, il est important de souligner que la plupart des parents rencontrés ont considéré de façon rétrospective que leur expérience avec l'APEA était globalement positive, tout en faisant état d'expériences négatives ponctuelles durant la procédure. D'autres chercheur·e·s font état d'une évaluation globale beaucoup plus négative de la procédure (Petersen 2018), comme l'indiquent également les résultats de l'enquête quantitative (chapitre 3.3.2) et des focus groupes (chapitre 3.3.3). La raison de l'évaluation globale relativement positive dans notre échantillon qualitatif pourrait être due au biais de sélection que nous avons expliqué précédemment.

3.3.1.3.3 Perspective des enfants

Définition du rôle : « La parole a très peu de poids. »
En général, il semble que les jeunes interviewé·e·s n'évaluent pas leur expérience de participation de manière systématiquement positive ou négative.[25] Certains jeunes ont vécu l'ensemble du processus ou des phases de celui-ci comme peu participatif. Ainsi Tom, un jeune ayant une longue expérience du système de protection de l'enfance et de l'APEA, explique :

> *« Mais logiquement, ils doivent vous garantir une écoute. Mais, ça n'a pas fait de différence. Donc en principe, comme, comme… tu peux dire ce que tu veux… tu n'as pas d'influence de toute façon. De ce point de vue, tu peux tout aussi bien te taire. Ça ne fait aucune différence. »*

Tom a vécu des expériences frustrantes, certainement en raison de l'expérience d'un placement dans une institution fermée, perçu subjectivement comme injustifié. Il décrit les différentes interactions, avec une déception évidente, comme une farce ou un simulacre de participation, car il y a fait l'expérience de l'impuissance et de la contrainte (étayé par Duncan 2019). Rafael décrit lui aussi la décision d'un séjour en institution comme non discutable et sans alternative, et donc sa participation comme inexistante : « *Je n'avais pas le choix.* »

De l'autre côté de l'éventail des expériences se trouvent les déclarations d'autres jeunes qui perçoivent de manière beaucoup plus positive leurs possibilités d'action et de participation dans la procédure de protection de l'enfant. Ainsi, Ana, récemment placée dans un foyer, rapporte que sa capacité d'action lors de la prise de décision avec l'APEA était considérable « *parce que c'est moi qui décide en grande partie* ». À la question du mode de participation, elle répond : « *Oui, j'ai dû dire si je voulais partir ou non. Et je veux dire que si j'avais dit que je ne voulais pas partir, tout cela ne serait pas arrivé* ». Julia, qui n'a pas la nationalité suisse et qui perçoit en général son implication avec la même intensité, mesure également la

---

25 La perspective des enfants et, plus précisément, de celles et ceux qui ont été placé·e·s a également fait l'objet d'un chapitre dans un ouvrage collectif (Schoch et al. 2023).

participation au fait que ses souhaits ont été entendus au moment du décès de son père.

> *« Oui, c'est sûr. Oui, oui, parce qu'ils ont jamais [rien] fait contre moi en fait. Parce que ... ils auraient pu dire ... ‹Mais tu es encore mineure, qu'est-ce que tu vas faire ici en Suisse toute seule ?› [...] Moi j'ai voulu rester là. J'ai quand même des arguments. »*

Elle n'évoque pas seulement la prise en compte et l'influence de son opinion sur la décision, mais aussi un autre aspect mentionné par de nombreux jeunes : le statut de mineur·e et la moindre importance accordée à leur voix qui peut en découler. Tom a vécu cela :

> *« Donner son avis, oui. Mais, comment dire ? La parole a très peu de poids, hein. Ce que disent les gens de l'APEA, c'est ce qui a le plus de poids. Ce que ma mère veut est aussi le deuxième plus important. Elle a toujours pu décider. Et j'ai simplement pu donner mon avis en marge, mais cela n'a jamais rien changé dans ce sens, je crois. Alors peut-être un peu, mais... oui, on n'a pas le droit de décider de quelque chose, c'est clair. »*

La parole et l'opinion des jeunes ont moins de poids par rapport à celles des adultes impliqués et sont marginalisées. Tom souligne également la différence entre le droit d'être entendu, dans le cadre duquel on lui a certes demandé son « avis », mais qui, selon son expérience, n'est pas équivalent au droit de participer aux décisions. Dans ce contexte, l'expérience de pouvoir non seulement apporter ses propres idées, mais aussi que les professionnel·le·s y réagissent et y répondent, indépendamment du fait que ces idées soient finalement mises en œuvre, semble centrale : « *Oui, j'ai déjà apporté des idées, mais elles... Oui, nous les avons examinées.* » Ana décrit ici un moment délibératif de la prise de décision, qui implique les jeunes de manière appropriée dans la discussion sur ce qui devrait être fait (Willumsen & Skivenes 2005). Enfin, comme nous l'avons évoqué précédemment, les APEA sont prêtes à ordonner des mesures non consensuelles si le bien de l'enfant est menacé. Ainsi les souhaits des uns et des autres sont respectés dans la mesure où les APEA évaluent que le bien de l'enfant est garanti.

Stratégies des enfants : persévérance et effet d'âge

En particulier les jeunes qui ont été impliqués dans une ou plusieurs procédures de protection de l'enfant pendant une longue période font référence au rôle central de l'âge croissant et au fait que leur voix a ainsi reçu plus de poids au cours du temps (soutenu par Križ & Roundtree-Swain 2017). La possibilité d'influencer la décision de l'APEA n'était pas très grande, surtout « dans les jeunes années », selon Tom. Julia se souvient également que lors de sa première interaction avec des professionnel·le·s, elle ne s'est pas sentie prise au sérieux lorsqu'elle a accusé son père et sa belle-mère de maltraitance :

> « *Parce que … bon j'étais très jeune et… sûrement… je sais plus, mais sûrement j'ai dit des bêtises aussi… pas la plupart des choses que j'ai dites. Ça, je sais. Mais, sûrement que j'ai dit deux ou trois trucs qui étaient faux.* »

Les jeunes ne font pas seulement état d'une influence croissante avec l'âge, mais aussi d'avoir développé une meilleure compréhension de la procédure de protection de l'enfant (étayé par Križ & Roundtree-Swain 2017). Outre l'âge, la plupart des jeunes font notamment état de la persévérance nécessaire pour faire valoir leurs souhaits, leurs idées et leur point de vue. Plusieurs jeunes mentionnent qu'ils ont effectué un travail de persuasion et qu'ils ont tenté de donner plus de légitimité et de poids à leurs souhaits en donnant des explications et des arguments. Il est également apparu que les jeunes trouvaient d'autres moyens d'expression que le verbal. Ainsi, Sophie placée chez sa tante qui fait office de famille d'accueil, qui ne se sentait pas à l'aise dans les interactions en face-à-face, a eu l'idée de s'exprimer par écrit :

> « *Et puis, après, j'ai fait une lettre en disant justement que je voulais être placée dans un foyer […] Après, ils m'ont fait venir dans la salle pour [me] parler. J'ai redit que je voulais être placée et tout ça. Ils m'ont dit qu'ils allaient voir les possibilités et qu'ils voulaient juste que je sois bien. C'était le but, en fait, que moi je donne mon avis et voilà.* »

D'autres études ont également constaté l'utilité des moyens de communication alternatifs (Tisdall 2016). Dans la mesure où le refus ouvertement communiqué d'une décision ne permettait pas aux jeunes de se rapprocher de leur objectif, ils ont développé d'autres stratégies pour faire entendre leurs souhaits. L'une d'entre elles consiste à refuser de parler ou de collaborer avec des professionnel·le·s, comme le décrit Ana : « *Pour être honnête, je n'ai pas vraiment écouté.* » Ou Rafael, qui décrit son retrait et son manque de participation comme suit : « *Finalement, ils ont décidé, j'ai plutôt... écouté... et accepté les conditions.* » L'acceptation factice des décisions prises, qui apparaît ici et est souvent décrite comme une phase, apparaît également dans d'autres déclarations des jeunes lors des entretiens. Une coopération stratégique est également perceptible (Dumbrill 2006). Un jeune parle en utilisant la métaphore du jeu d'acteur et désigne la stratégie de jouer le jeu selon les règles, de « jouer la comédie » comme une possibilité de se rapprocher progressivement de ses désirs.

La marge de manœuvre et l'autonomie des jeunes se manifestent donc non seulement par le fait qu'ils utilisent différentes stratégies pour faire part de leurs souhaits et de leur point de vue aux professionnel·le·s de manière répétée et sous différentes formes, mais aussi par une « acceptation factice » de décisions qu'ils vivent comme peu participatives.

Cependant, comme pour les parents, un manque de compréhension des missions de l'APEA et des mesures peuvent entraver les possibilités d'actions des enfants. Dans l'une des interactions observées, l'APEA a demandé à un adolescent de choisir entre deux types de placement différents : famille d'accueil ou placement en institution. Il a choisi de rester dans sa famille d'accueil parce qu'il pensait qu'il bénéficierait d'une plus grande liberté personnelle, malgré une plus longue distance à parcourir pour se rendre à l'école. Le manque d'informations sur les modalités du type de placement n'est apparu clairement qu'après qu'il ait pris sa décision. Il pensait que le placement en institution signifiait institution fermée, alors qu'il existe différentes sortes d'institutions et que certaines auraient pu lui accorder beaucoup de liberté et auraient été plus proches de son école.

Etablir la confiance grâce à la relation avec les professionnel·le·s

Il ressort des descriptions des jeunes que la qualité de la relation avec les professionnel·le·s représente un aspect essentiel de la manière dont ils perçoivent leurs possibilités de s'impliquer. Une relation basée sur la confiance est évoquée dans toutes les entretiens et est considérée comme centrale pour se faire entendre, ainsi que pour une participation réussie du point de vue des jeunes (Biesel 2013 ; Cossar et al. 2016 ; Duncan 2019 ; Healy & Darlington 2009 ; Križ & Roundtree-Swain 2017). Là encore, les jeunes interrogés dans le cadre de l'étude font des expériences différentes. Par exemple, Gina parle de « ma juge » et de la manière dont elle s'assure de l'informer par WhatsApp de ses escapades (« faire la rebelle », être chez son copain sans autorisation) avant que la magistrate n'apprenne la nouvelle par la police. Interrogée sur des exemples concrets d'expression et de participation lors des entretiens par l'APEA, Ana indique que le professionnel instruisant le cas a été « empathique » et l'a laissée « s'exprimer ». Mais aussi qu'elle a pu exprimer son manque d'intérêt pour la discussion et la coopération. Tous les jeunes ne disposent pas de relations aussi stables et confiantes avec les professionnel·le·s de l'APEA pour exprimer leurs points de vue avec autant de véhémence. Mais les jeunes ne sont pas seulement en relation avec les professionnel·le·s de l'APEA pendant la procédure de protection de l'enfant. Ainsi, il s'est avéré que pour certains jeunes, les relations avec le personnel d'encadrement dans les institutions résidentielles ou avec leur curateur·trice étaient importantes voire plus importantes, car ces personnes les aident à se préparer aux entretiens et leur fournissent des informations et des explications complémentaires sur la procédure de protection de l'enfant. Dans les entretiens de Sophie et Julia, le rôle porteur des curateurs·trice·s et de l'équipe éducative dans l'institution apparaît clairement. Grâce au soutien de ces professionnel·le·s, elles ont toutes deux le sentiment d'avoir mieux compris la procédure et d'avoir pu se faire entendre. Julia déclare ainsi :

> *« Sur le moment on est toujours un peu stressé parce que… bah… moi, je comprends pas tout à fait tout ce qu'on va dire. Ils disent des mots un peu spécial ou puis du coup moi je comprends pas tout, tout, tout, quand c'est dit. C'est pour ça qu'après j'en parle en privé avec mon… avec quelqu'un qui était là… mon éducatrice ou ma curatrice ou comme ça… Parce que du coup je… pour comprendre un peu mieux qu'est ce qui s'est parlé. »*

Ces personnes ont une fonction très importante de traduction et d'accompagnement pour les enfants et les jeunes pendant la procédure. C'est essentiel pour les jeunes, car ce type d'accompagnement, et notamment la meilleure compréhension de la procédure et du système de protection de l'enfant, les aide à faire valoir davantage leur point de vue et leur opinion.

3.3.1.4 Discussion

Sur la base de l'analyse des observations et des entretiens, nous constatons une diversité de pratiques professionnelles et des expériences personnelles. Nous aimerions encore mettre en évidence deux moments clés de la procédure – la définition du problème et la négociation des mesures – qui sont cruciaux, car ils ont un impact important sur le déroulement de la procédure et la décision qui en résulte. Nous discuterons ensuite de ce que cela signifie pour l'intégrité, l'autonomie et la participation des personnes concernées, en les liant au concept de reconnaissance pour mettre en évidence le socle sur lequel se construit la confiance.

3.3.1.4.1 Moments clés : définition du problème et négociation des mesures

La définition du problème a lieu dès le début de la procédure, à l'occasion des premiers contacts qui suivent le signalement de mise en danger. Cette interaction vise à établir les faits, en se basant sur le rapport de mise en danger ou d'autres rapports d'évaluation rédigés par des professionnel·le·s. Au cours de interactions ultérieures, cette définition peut être réévaluée pour voir les effets d'une mesure et décider s'il faut ou non la reconduire. Lorsqu'ils sont entendus, les parents et les enfants sont invités à apporter des éclaircissements et à ajouter des informations sur des points précis. Dans ce contexte, les personnes concernées répondent aux questions qui leur sont posées, mais ne parviennent pas vraiment à proposer une vision totalement nouvelle du problème et, par conséquent, une définition alternative du problème. Par ailleurs, nous constatons que, souvent, l'APEA n'exprime pas très clairement ses préoccupations concernant le bien de l'enfant et ses attentes quant à ce qui devrait changer exactement pour assurer le bon développement de l'enfant, ce qui aussi été montré par Healy et Darlington (2009, p. 427-428). La description explicite des préoccupations de l'APEA concernant le bien de l'enfant varie massivement du très concret au très vague. Cela contribue au fait que les parents ont de la peine à se positionner et que la définition du problème tend à ne pas être suffisamment négociée, ce qui impacte la suite de la procédure.

Pour illustrer l'importance de la définition du problème, nous prendrons le cas de parents qui sont entendus suite au placement en urgence de leurs deux aînés. Le signalement de mise en danger pour violences physiques sur les enfants émis par l'école a déclenché des mesures superprovisionnelles, ce qui signifie que les enfants ont été placés d'office avant même l'organisation d'une audition. La magistrate explique d'où provient le signalement et explique qu'il a été fait état de marques sur le corps des enfants. Sans attendre d'être interpellés et interférant ainsi avec le déroulement habituel de l'audition, les parents contestent le problème tel qu'il est posé, non pas sur la question des coups, mais sur l'enfant concerné. En effet, ils ne comprennent pas pourquoi la cadette a également été placée alors que c'est l'aîné avec lequel ils admettent avoir des difficultés. La mère qui semble avoir été très choquée par le placement de sa cadette énonce : « *Ce n'est pas bien d'enlever les deux.* » La magistrate soutient sa position : « *Est-ce qu'on peut avoir confiance dans des parents qui frappent un enfant pour ne pas frapper les autres ?* » La mère se lance dans de longues explications qui permettent de comprendre que c'est suite aux interpellations de l'école, écrites et orales, qui lui demandaient de recadrer son fils que cet événement a eu lieu. La mère souligne : « *J'étais inquiète pour son avenir.* » La magistrate met fin à cette première envolée de justifications pour reprendre le résumé des faits, puis établir la situation de la famille. Ce qui est intéressant ici est que les parents prennent la parole avant le moment prévu, et réussissent ainsi à proposer d'emblée leur propre définition du problème, même si la magistrate ne la valide pas. *(Observation, Cas 11)*

Le deuxième moment clé que nous avons identifié est celui de la négociation des mesures potentielles de protection de l'enfant qui pourraient être prises pour remédier au problème tel qu'il a été défini. À ce moment, la ou les mesures potentielles sont présentées et décrites, généralement sur la base des recommandations du rapport d'évaluation s'il y en a un. C'est aussi l'occasion pour les parents et les enfants de s'exprimer plus librement s'ils ont des questions à poser, un point de vue à partager, des souhaits à formuler. Selon les cas et les autorités, les professionnel·le·s de l'APEA présentent un large éventail de mesures existantes ou se concentrent plutôt sur la ou les mesures qu'ils estiment appropriées pour cette famille. Arriver avec une proposition unique ne permet que rarement un dialogue favorable à l'établissement d'une relation de confiance. Proposer un éventail de solutions et laisser les parents amener des solutions alternatives crée un espace délibératif intéressant. Il ne faut pas oublier que les professionnel·le·s ont une longueur d'avance, car ils connaissent mieux le système de protection de l'enfance et les mesures disponibles que les parents et les enfants. Ici aussi, l'importance des informations suffisantes et bien comprises se révèle comme base pour la participation.

Une confusion fréquemment observée chez les personnes concernée touche la question de savoir si la décision a déjà été prise ou si la négociation de celle-ci est toujours en cours. Nous avons observé que les professionnel·le·s de l'APEA essaient de clarifier ce point, soit en le soulevant eux-mêmes, soit en réaction à des parents exprimant explicitement leur confusion sur les étapes du processus de décision. Nous aimerions revenir sur le fait que la transmission d'informations ne garantit pas automatiquement leur compréhension et donc la possibilité de participer pleinement. En général, il est nécessaire de disposer d'informations détaillées sur les différentes étapes de la procédure et le processus de prise de décision. En effet, cela permet de développer une compréhension des moments où il est utile de s'impliquer afin de participer au processus de prise de décision. En bref, celle ou celui qui, grâce à l'information, développe une compréhension de la procédure de protection de l'enfant et peut en évaluer les conséquences (Duncan 2019), c'est-à-dire qui connaît sa marge de manœuvre, pourra agir de manière plus autonome – bien que dans un cadre limité par le contexte de contrainte – et mieux participer. Enfin, un dernier aspect concernant les connaissances des parents et des enfants dans les procédures de protection de l'enfant est lié à l'identification des attentes de l'APEA. Nous observons que les parents qui sont capables de reconnaître et de satisfaire les exigences de l'APEA peuvent adopter une attitude proactive ce qui permet d'influencer la décision et d'éviter des mesures plus intrusives. Néanmoins, des parents trop conciliants peuvent également obtenir une intervention trop importante à leur goût. Enfin, les parents qui ne parviennent pas à répondre aux attentes des professionnel·le·s ou qui résistent à leurs demandes courent un risque d'avoir une mesure plus intrusive au-delà des raisons exactes de leur manque de coopération (p.ex. opinion culturellement différente, connaissance insuffisante de la procédure et de leurs droits, capacité cognitive, etc.). En effet, la coopération ou *compliance* est importante en protection de l'enfant comme le montraient déjà Schultheis et ses collègues (2005).

La participation dépend donc à la fois des possibilités diverses que l'APEA ouvrent et de la façon dont les parents et les enfants perçoivent subjectivement leurs possibilités de participer. Dans l'ensemble, nos observations soutiennent fortement les conceptualisations de la prise de décision en protection de l'enfant en tant que processus (Bastian 2019 ; Forkby & Höjer 2011 ; Helm & Roesch-Marsh 2017 ; Koch & Schoch 2022 ; Pomey 2017).

3.3.1.4.2 Intégrité, autonomie, participation et reconnaissance

Ces résultats montrent que pour parvenir à la « pleine » participation des personnes concernées, leur intégrité et leur autonomie doivent également être prises en compte et respectées car elles sont liées à la capacité de prendre des décisions personnelles en toute connaissance de cause. Par conséquent, afin de comprendre les expériences que les enfants et les parents ont vécues dans leurs interactions avec les APEA et les pratiques développés par celles-ci pour encadrer ces expériences, il est nécessaire de penser à l'intégrité, à l'autonomie et à la participation comme à un nexus (Schoch et al. 2020). Empiriquement, au niveau des interactions, nous constatons que c'est au niveau du développement d'une relation de confiance entre professionnel·le·s et personnes concernées que tout semble se jouer. Si une confiance réciproque s'instaure, l'intégrité est préservée, l'autonomie assurée, et la participation devient réellement possible.

L'analyse des expériences des personnes concernées nous amène également à la question de la reconnaissance exposée au chapitre 2 et, dans un premier temps, à celle explicite des droits juridiques. Il est important de rappeler que l'APEA est structurellement positionnée dans le système du droit civil, et qu'elle est habilitée à prendre des décisions juridiques en matière de protection de l'enfance. Nous avons observé à plusieurs reprises que les professionnel·le·s de l'APEA faisaient référence au cadre juridique ou l'expliquaient aux parents et aux enfants, par exemple en les informant de leur droit de faire recours (art. 450 CC) ou du fait que la décision ne peut être prise que par un quorum de trois professionnel·le·s de l'APEA, et non par un seul. Selon Honneth (1995), cela peut être interprété comme une marque de reconnaissance dans la sphère des « droits », qui englobe l'égalité des personnes en termes de droits et favorise le respect de soi. Dans les cas analysés nous n'avons pas observé d'exclusion ouverte des individus de leurs droits, mais nous avons remarqué certaines pratiques qui pourraient potentiellement conduire à des formes plus subtiles de déni. Un exemple assez communément observé est l'obtention de l'accord des parents pour délier des professionnel·le·s du secret professionnel afin de pouvoir les contacter dans le cadre de la procédure de protection de l'enfance. En termes juridiques formels, il est correct de demander aux parents de donner leur consentement pour libérer les professionnel·le·s du secret professionnel. Il est intéressant de noter que le consentement est souvent obtenu de manière fortuite, ce qui, dans un cas, a conduit à une critique ouverte de la part d'une mère qui avait l'impression d'avoir perdu le contrôle de ses informations personnelles. Le professionnel de l'APEA a tenté de restaurer la confiance perdue de la mère dans l'APEA en lui donnant des informations supplémentaires sur son droit de définir le champ d'application exact que recouvre la levée du secret professionnel.

Dans la plupart des cas analysés dans le cadre de l'étude qualitative empirique il n'y avait pas de représentation de l'enfant dans la procédure (art. 314*a*^{bis} CC–2013). Nous interprétons cela uniquement comme une indication que la représentation par un·e avocat·e, tant des parents que des enfants, n'est pas la règle (ce qui se retrouve dans les résultats quantitatifs, chapitre 3.3.2), ce qui est confirmé par les chiffres actuels. Cet instrument est encore peu utilisé par rapport au nombre d'enfants concernés : sur un total de 44'823 enfants soumis en Suisse à des mesures de protection de l'enfant au 31.12.2021, seulement 843 (1,9 %) bénéficiaient d'une représentation dans la procédure (COPMA 2021 ; EMRK 2022 ; chapitre 3.3.2).

L'accent mis sur l'autorité juridique de l'APEA peut se traduire par un déni de reconnaissance et mettre à mal la relation. Par exemple, nous avons observé que les parents et les enfants pouvaient percevoir les professionnel·le·s de l'APEA mentionnant des obligations légales (telles que l'obligation légale des parents de coopérer dans la procédure de protection de l'enfance) ou décrivant des conséquences légales possibles (telles que des mesures de protection de l'enfance ordonnées aussi contre la volonté des parents) comme une menace qui sapait leur autonomie (voir aussi les résultats quantitatifs qui montrent que les parents se rappellent mieux leurs obligations que leur droits, par exemple celui de se faire représenter par un·e avocat·e). Par conséquent, la reconnaissance des parents et des enfants sur le plan juridique semble être une question sensible. Nous avons également identifié des interactions dans lesquelles les parents et les enfants ont activement demandé des informations sur le cadre juridique des procédures de protection de l'enfance ainsi que sur leurs droits et leurs devoirs. Par exemple, une jeune fille de 14 ans a demandé si ses parents étaient autorisés à décider contre sa volonté qu'elle ne pouvait pas quitter le domicile familial.

Outre l'échange d'informations et la reconnaissance des droits juridiques, deux autres formes de reconnaissance se sont avérées essentielles pour comprendre la dynamique des interactions : la reconnaissance en termes d'« amour » et la reconnaissance en termes de « solidarité » (Honneth 1995). Dans le contexte de la protection de l'enfant, « l'amour » peut être envisagé sous la forme de l'empathie et est l'expression d'une relation de respect et de confiance entre les autorités et les personnes concernées. Dans la pratique l'empathie s'est manifestée à différents niveaux lors des interactions. Différents comportements exprimés par les professionnel·le·s de l'APEA étaient des indicateurs de cette reconnaissance : remercier les parents et les enfants de leur présence ; veiller à leur bien-être physique en leur offrant un verre d'eau ; reconnaître les signes de détresse ou réagir lorsqu'une personne était submergée par les émotions. Même si la présence des parents à une audience est légalement obligatoire, la pratique observée consistant à remercier les parents et les enfants de leur présence (au lieu de simplement les saluer) est une manière de les reconnaître en tant qu'individus et de réduire quelque peu la distance entre les personnes concernées et les autorités. Ces comportements ont semblé avoir un impact positif sur les interactions, en aidant à relâcher la tension et à améliorer la communication ouverte.

En revanche, ignorer les larmes ou les déclarations des personnes concernées sur le fait de ne pas se sentir bien, interrompre les explications ou corriger les erreurs de langage semble avoir un impact négatif. Par ailleurs, certains professionnel·le·s de l'APEA reformulent les déclarations à l'attention de la personne qui prend le procès-verbal (par exemple, en traduisant les termes courants en termes juridiques adéquats, en traduisant les termes parlés en termes écrits plus formels). Cette pratique assez courante en droit semble avoir été déstabilisante pour certains parents qui se sont interrompus et ont perdu le fil de leurs pensées. La reconnaissance de l'amour/empathie est directement liée à l'autonomie et la confiance en soi des personnes, et la confiance en soi peut varier en fonction des expériences et des interactions.

La troisième dimension de la reconnaissance est liée à la solidarité, qui englobe le fait d'être respectueux des opinions personnelles, des attitudes, des compétences, des rôles ou du statut d'autrui. Les parents et les enfants étaient très sensibles au fait que leurs opinions soient comprises et respectées par les professionnel·le·s de l'APEA. Fait intéressant, il semble que l'obtention de l'approbation de l'APEA ne soit pas le point crucial, mais plutôt l'écoute attentive et la reconnaissance de leur point de vue. D'ailleurs, exprimer de la reconnaissance ne signifie en aucun cas valider un comportement qui pourrait mettre en danger le bien de l'enfant. Des phrases très simples et claires telles que « *Je comprends* » ou « *Oui, c'est difficile* » semblent favoriser le sentiment de reconnaissance et renforcer l'estime de soi. Par exemple, le fait de reconnaître les défis que représente le fait d'être parent a été accueilli avec soulagement par les parents en détresse qui ont ainsi pu plus facilement faire part de leurs problèmes. La solidarité s'est également manifestée dans l'autre sens lorsque les parents ont reconnu qu'ils avaient besoin d'aide ou ont accepté une offre d'aide faite par les autorités. Les professionnel·le·s de l'APEA semblaient se sentir encouragés à adopter une attitude de soutien et à renforcer la coopération plutôt que d'exercer des stratégies de pouvoir autoritaires. De plus, nous avons remarqué que la manière la plus participative de négocier des mesures potentielles avec les parents ou les enfants était renforcée par des formulations telles que « *De quel type de soutien auriez-vous besoin* ? » plutôt que de suggérer déjà une mesure concrète. En effet, cela permet une définition commune des besoins et des solutions potentielles. À cet égard, ces formulations ouvertes sont une reconnaissance de l'opinion des personnes concernées.

Un déni de solidarité était susceptible de se produire lorsque les opinions des parents étaient rejetées, délégitimées ou contredites durant les interactions. Les professionnel·le·s de l'APEA ressentaient parfois le besoin de corriger ou de rectifier les déclarations des parents dans le but de vérifier les faits, d'établir la « vérité » ou pour des raisons morales. Il est toutefois intéressant de noter qu'il est possible de reconnaître une opinion différente sans l'approuver, car cela peut suffire à créer un sentiment de reconnaissance, d'intégrité et d'estime de soi. Dans un cas *(Observation, Cas 14)*, des parents exprimaient leur refus de l'homosexualité de leur fille sur la base de leurs valeurs religieuses. Deux professionnel·le·s de l'APEA ont contesté leur point de vue sur deux aspects : les droits de l'homme et une interprétation différente des croyances religieuses. Le débat était animé et ne menait nulle part. Un troisième professionnel de l'APEA est finalement intervenu et a déclaré qu'il respectait le point de vue différent des parents sur cette question, puis a suggéré de se concentrer sur le bien de l'enfant et ses résultats scolaires pour le moment. Cette déclaration de reconnaissance a suffi à faire avancer la discussion, puis à permettre aux parents d'accepter une mesure de protection pour leur enfant. Ce concept de reconnaissance est vraiment crucial pour appréhender ce qui se joue entre les professionnel·le·s d'une APEA et les personnes concernées et de comprendre le lien fort entre l'intégrité, l'autonomie et la participation (Schoch et al. 2020 ; chapitre 2).

3.3.1.4.3 Remarques conclusives

En conclusion, nous constatons qu'il existe un large spectre de pratiques professionnelles et que cette diversité a un impact sur l'expérience et la participation des personnes concernées devant les APEA. Si différentes stratégies sont mises en œuvre aujourd'hui par les professionnel·le·s des APEA pour que les personnes concernées les perçoivent davantage comme un soutien (« assistance »), celles-ci persistent souvent à vivre l'intervention étatique comme un contrôle (« coercion ») et ce, en tout cas, dans un premier temps. C'est le développement d'une relation de confiance qui semble être essentiel pour protéger leur intégrité, assurer leur autonomie et promouvoir leur participation. Cela permet de mieux identifier les situations à risque et de mettre en place des solutions satisfaisantes et adéquates pour les personnes concernées. Le pouvoir discrétionnaire des magistrat·e·s a son importance pour pouvoir s'adapter à la singularité de chaque cas comme nous l'avons vu, et permet le développement de stratégies intéressantes pour promouvoir l'intégrité, l'autonomie et la participation des enfants. Toutefois, nous voyons aussi les limites d'un manque de standardisation de la procédure pour les personnes concernées et les inégalités de traitement que cela peut engendrer (voir aussi chapitre 3.1).

3.3.2 Partie quantitative de l'étude[26]

Brigitte Müller

3.3.2.1 Introduction

La partie quantitative de l'étude avait pour but de répondre aux questions de recherche en tenant compte de l'intégration des concepts, des connaissances empiriques ainsi que des résultats de la partie qualitative de l'étude, et d'approfondir et de compléter ces réponses. Pour récapituler les considérations qui précèdent, nous commencerons par mettre une nouvelle fois en exergue les aspects et les caractéristiques des procédures et des interactions qui s'avèrent pertinents pour le vécu de l'intégrité, de l'autonomie et de la participation.

En premier lieu, il faut citer l'importance centrale des informations et de leur compréhension, déjà abordée au chapitre 2.3 et qui, dans la partie qualitative de l'étude aussi, s'est révélée constituer un aspect majeur de la participation, en particulier en lien avec la possibilité pour les enfants et les parents d'exploiter leurs marges de manœuvre. La connaissance de la procédure et sa compréhension sont essentielles pour le vécu de l'autonomie et de « l'*agency* », même si celles-ci sont limitées par le contexte contraignant, ou peuvent renforcer les asymétries de pouvoir dues à l'absence de connaissances ou d'informations (Berrick 2018). Les enfants et les parents qui disposent d'informations pertinentes sur les divers aspects de la procédure et savent utiliser de manière plus ciblée leurs marges d'action et de négociation peuvent aussi davantage exercer leur participation (voir également Arbeiter & Toros 2017 ; Gallagher et al. 2012).

En ce qui concerne les interactions entre enfants, parents et professionnel·le·s, qui constituent l'un des objets centraux, les apports théoriques et conceptuels ainsi que les résultats empiriques soulignent l'importance des caractéristiques relationnelles et communicationnelles telles que la confiance (Cossar et al. 2016) ou l'intérêt pour la personne en tant qu'être humain et non en tant que simple dépositaire d'informations (Archard & Skivenes 2009). La partie qualitative de l'étude fait apparaître que l'aména-

26 Traduit de l'allemand par Benoît Kremer.

gement de l'interaction des professionnel·le·s dans le sens de la théorie de la reconnaissance – par exemple l'information des parents sur leurs droits, la conduite des entretiens et la réaction empathique aux sentiments exprimés – revêt une grande importance pour que la relation soit ressentie comme marquée par la confiance et pour la manière dont les enfants et les parents vivent la procédure dans son ensemble. Mais elle montre aussi toute la diversité du déroulement, de l'aménagement et du vécu des rencontres entre enfants, parents et professionnel·le·s. Cela permet de penser que la manière dont l'intégrité est vécue et dont les possibilités de participation sont perçues subjectivement présente un rapport étroit avec le développement et l'aménagement des interactions avec les professionnel·le·s. C'est pourquoi la partie quantitative de l'étude visait notamment à analyser les dépendances et les interactions entre ces concepts ainsi que les facteurs d'influence potentiels, afin de consolider les réponses aux questions de recherche tout en complétant les résultats de la partie qualitative de l'étude.

3.3.2.2 Approche méthodologique

3.3.2.2.1 Accès au terrain et participant·e·s

Entre début juillet 2021 et fin juin 2022, trois enquêtes en ligne indépendantes les unes des autres ont été effectuées auprès d'enfants et de jeunes, de parents et de professionnel·le·s des autorités de protection de l'enfant et de l'adulte. Comme il n'a pas été possible de contacter directement les parents ainsi que les enfants et les jeunes, toutes les APEA, tous les tribunaux aux affaires familiales et toutes les justices de paix de Suisse ont reçu un premier e-mail d'information sur l'étude en juillet et en août 2021. De même, diverses associations, des groupes d'intérêts et des organisations professionnelles ont été contactés et ont reçu des informations sur l'étude. Ces organisations ont été invitées à faire connaître l'étude aux familles qui avaient été impliquées dans des procédures civiles de protection de l'enfant durant les deux années précédentes, à les inciter à participer à l'enquête en ligne et à leur faire parvenir une brochure d'information contenant les données d'accès aux enquêtes en ligne pour enfants et parents. Le taux de retour ayant été faible, un nouvel envoi et un nouvel appel à la diffusion de la brochure ont eu lieu en janvier 2022. Par ailleurs, un appel a été publié dans les newsletters de diverses associations professionnelles et spécialisées.

Les informations et les données d'accès pour l'enquête en ligne auprès des professionnel·le·s des autorités ont été envoyées en même temps que la demande de recrutement des enfants et des parents (voir ci-dessus). En décembre 2021, un bref texte et un appel à la participation, accompagnés d'un lien et d'un code QR ont été publiés dans la *Revue de la protection des mineurs et des adultes.*

Cette méthode a permis d'obtenir un taux de retour auprès des professionnel·le·s et des parents tout juste satisfaisant, vu la difficulté d'atteindre le groupe cible et la forte charge de travail des professionnel·le·s au sein des autorités de protection de l'enfant et de l'adulte. En revanche, sur les 35 questionnaires disponibles à la fin de la phase de terrain pour l'enquête auprès des enfants et des jeunes, seuls 23 ont pu être analysés après validation et contrôle de plausibilité.

Professionnel·le·s participant·e·s

Les données des professionnel·le·s comprenaient 112 questionnaires valables. Nous présentons ci-après sommairement les indications sociodémographiques ainsi que les caractéristiques structurelles de l'organisation des autorités dont relevaient les professionnel·le·s participant·e·s :

- *Région linguistique* : 62 % des participant·e·s ont rempli le questionnaire en allemand, 26 % en français et 12 % en italien. Cela correspond à peu près aux proportions de la population résidante pour chaque langue nationale.
- *Indications sur le contexte professionnel et sur l'activité* : 25 % des professionnel·le·s participant·e·s ont indiqué travailler comme « membre de l'autorité/juge/juge de paix », sans préciser davantage leur contexte professionnel. 20 % ont indiqué à ce titre « travail social », 14 % ont dit être juristes et 5 % psychologues. 8 % des personnes ont indiqué un autre contexte professionnel, et le reste des participant·e·s n'a donné aucune précision. Les activités principales indiquées étaient la conduite de procédures, les décisions et les évaluations sociales, souvent dans différentes combinaisons mutuelles.
- *Structure des autorités* : 73 % des participant·e·s travaillaient dans une APEA organisée en tant qu'autorité administrative, et donc 27 %

dans des autorités judiciaires ou des tribunaux aux affaires familiales (le tableau 6 de l'annexe indique les cantons d'où venaient les participant·e·s).

- *Manque de temps* : Comme la littérature montre que le facteur temps joue un rôle important dans le vécu de la procédure et les interactions, tant du point de vue des destinataires que du point de vue des professionnel·le·s de la protection de l'enfant (p.ex. Cossar et al. 2011 ; Pölkki et al. 2012 ; Kriz & Roundtree 2017), les professionnel·le·s ont été interrogé·e·s sur leur éventuel *manque de temps* dans la procédure. 28 % des participant·e·s ont indiqué avoir « généralement suffisamment de temps », 41 % ont dit « manquer parfois de temps » et *32 % ont déclaré « manquer souvent de temps ».* ».

Parents participants
Après plausibilisation et validation des données, les questionnaires de *89 parents* ont été analysés.

En introduction à la présentation des caractéristiques sociodémographiques des participant·e·s qui suivra, il convient d'indiquer que la typologie des caractéristiques ne permet de tirer aucune conclusion sur la représentativité de l'échantillon des « parents dans la procédure de protection de l'enfant », car on ne dispose d'aucun chiffre venant de Suisse à cet égard. De même, il n'est pas possible de se prononcer sur les éventuels processus de sélection de la part des APEA qui ont transmis aux familles les informations sur l'étude, ni sur les effets d'auto-sélection.

- *Région linguistique* : 80 % des parents ont utilisé le questionnaire en allemand, 20 % en français. Aucune participation du Tessin n'a été enregistrée.
- *Enfants dans la procédure de protection de l'enfant* : 60 % des participant·e·s étaient des mères, 39 % étaient des pères et une personne a déclaré être beau-parent. 46 % des participant·e·s ont dit avoir un enfant, 36 % en avoir deux, le reste (18 %) plus de deux. Près de 30 % des enfants concernés par la procédure de protection de l'enfant avaient moins de sept ans, 45 % des enfants étaient du niveau primaire (de sept à douze ans) et le reste (26 %) était plus âgé.

- *Formation/profession/domicile* : Les réponses sous forme de texte ouvert concernant la profession/l'activité lucrative exercée n'ont pas été très informatives. Une répartition sommaire a été opérée en fonction de la formation sur la base des désignations professionnelles. 18 % des participant·e·s détenaient un diplôme universitaire ou de haute école spécialisée, 37 % avaient suivi une formation dans une école supérieure ou au niveau d'un certificat fédéral de capacité (apprentissage professionnel), 12 % ont indiqué être femme/homme au foyer et 22 % n'ont communiqué aucun renseignement. Les parents participants venaient de différents cantons de Suisse alémanique et de Suisse romande (tableau 7).

Les parents ayant participé à l'enquête ont été interrogés sur différentes *caractéristiques de la procédure de protection de l'enfant.* À la question de savoir qui avait déposé le signalement auprès de l'autorité, plus d'un tiers (34 %) des parents ont répondu l'avoir fait *eux-mêmes* auprès de l'APEA. Un peu plus de la moitié des procédures de protection de l'enfant (55 %) était achevée au moment de l'enquête, 42 % des procédures n'étaient pas encore terminées (3 % de réponses manquantes). Un peu moins de la moitié des parents interrogés (47 %) avaient une expérience préalable en matière de conseils, de soutien et d'assistance. 30 % des parents avaient une expérience préalable en matière de *procédures civiles de protection de l'enfant.*

Enfants et jeunes participant·e·s

23 questionnaires ont été analysés, dont 18 avaient été remplis en allemand et 5 en français. Au vu des réponses sous forme de texte, il est possible de considérer qu'il s'agissait plutôt d'adolescent·e·s et de jeunes plus âgé·e·s. Afin d'abaisser autant que possible le seuil de participation à l'enquête et de préserver la protection des droits de la personnalité des enfants et des jeunes participant·e·s, aucune autre variable démographique n'a été recensée sur ce point (voir à cet égard 3.3.2.2.2). Dans ce contexte, l'enquête auprès des enfants et des jeunes dans le cadre de l'étude quantitative d'INTAPART *ne peut être considérée que comme partiellement réussie.* Vu le faible nombre de participant·e·s et l'absence d'indications démographiques, les données flottent un peu dans le vide : on peut s'interroger sur la portée des résultats, puisqu'il n'est pratiquement pas possible de tirer de conclusions concernant la « représentativité ». Les résultats sont malgré tout présentés dans le détail ci-après, parce qu'il existe à ce jour peu de données quantitatives sur ce sujet en Suisse.

3.3.2.2.2 Questionnaires

Les questionnaires ont été mis au point par itération au sein de l'équipe des auteurs et autrices de l'étude empirique ainsi que suite à des échanges avec l'équipe de recherche. Sur le plan du contenu, la structure des questionnaires a suivi les connaissances empiriques du domaine de recherche et les résultats de l'étude qualitative.

Les questionnaires se composaient d'une part de questions d'évaluation sur divers aspects de la procédure. Étant donné que l'on dispose encore de peu de connaissances solides sur de nombreux aspects intéressant la Suisse, les questions d'évaluation ont été complétées par des questions à réponse textuelle ouverte.

Les *professionnel·le·s* ont notamment été interrogé·e·s au sujet des méthodes utilisées pour transmettre les informations, des difficultés rencontrées dans la collaboration avec les enfants et les parents et de leur évaluation des possibilités de participation. Le questionnaire a été mis en ligne dans une version allemande, une version française et une version italienne.

Les questionnaires des *enfants et des parents* se concentraient d'une part sur les expériences en matière d'interactions avec les représentant·e·s des autorités et au sein de la procédure de protection de l'enfant en général. En plus des questions qui ont ramené les divers aspects des concepts d'intégrité, d'autonomie et de participation, considérés comme des concepts latents, à des expériences d'interactions concrètes et des évaluations concrètes, et qui les ont opérationnalisées dans le langage de tous les jours, des items ont également été formulés au sujet de l'évaluation du stress subjectif. Les questionnaires pour les parents ont été traduits en 8 langues : allemand, français, italien, espagnol, anglais, portugais, albanais, turc, serbe, mais aucun questionnaire n'a été utilisé dans une langue autre que l'allemand ou le français. Le questionnaire pour les enfants et les jeunes a été mis en ligne dans une version allemande, française et italienne.

La structure du *questionnaire pour les enfants et les jeunes* suivait en outre les critères suivants :

- les questions devaient être formulées de manière brève (10 minutes pour remplir le questionnaire), simple et dans une langue adaptée aux enfants, et
- l'anonymat absolu devait être garanti pour les enfants et les jeunes participant·e·s.

Ce dernier critère se justifie par la protection des droits de la personnalité des enfants et des jeunes participant·e·s ainsi que par l'intention de faciliter l'accès autant que possible en mettant exclusivement l'accent sur le vécu et l'évaluation de la procédure de protection de l'enfant.

3.3.2.2.3 Analyse

Les données ont été analysées par IBM SPSS 28. Les questionnaires ont tout d'abord été plausibilisés sur le plan du contenu et validés (notamment à l'aide des réponses sous forme de texte ouvert et d'autres indications) (voir à cet égard Tabachnick et al. 2019). Ensuite, les données ont été analysées au moyen de statistiques de fréquence. Les analyses descriptives et exploratoires complémentaires des *données des professionnel·le·s et des parents* ont fait apparaître que les valeurs des items placés sur une échelle de Likert ne présentaient pas une distribution normale. Des méthodes telles que l'analyse factorielle ont donc été écartées. Des scores d'additions dérivant du contenu en vue de la formation de l'échelle ont été calculés pour analyser les corrélations. Ces scores ne présentant pas, eux non plus, une distribution normale, ils ont été dichotomisés/catégorisés (jusqu'à trois catégories) pour les analyses ultérieures, puis contrôlés sur le plan des corrélations à l'aide de tests du chi carré de Pearson.

S'agissant de l'enquête des *professionnel·le·s*, il est apparu que bon nombre des questions formulées en tant qu'évaluations trouvaient une réponse très unilatérale, et que, concrètement, les taux d'approbation relatifs aux questions portant sur la participation étaient presque systématiquement très élevés. En raison de l'absence de variance dans les données, il a semblé peu prometteur de réaliser des analyses de corrélation, par exemple avec des caractéristiques structurelles, en vue de constats plus approfondis.

Les *données de l'enquête des parents* ont été analysées de la même manière que celles des professionnel·le·s. Les échelles suivantes ont été constituées : compréhension des informations, intégrité, disponibilité de personnes de confiance, participation, appréciation générale de la procédure/stress, acceptation des mesures.

Les réponses sous forme de textes ouverts dans l'enquête des *professionnel·le·s et des parents* ont été étudiées par analyse du contenu (synthétique/structurante selon Mayring 2022), étant précisé que les catégories ont été constituées de manière déductive à partir du champ de recherche et des résultats qualitatifs ainsi que de manière inductive à partir du matériel.

Pour l'analyse des données de l'*enquête des enfants et des jeunes,* des statistiques de fréquence ont été calculées. La présentation des résultats de cette enquête retrace des fréquences absolues, étant donné que l'utilisation de fréquences relatives n'est pas judicieuse vu le faible nombre de participant·e·s. Aucune analyse de corrélation exploratoire n'a été opérée, car celle-ci n'était pas applicable en raison du faible échantillon (Kriwy & Gross 2009).

3.3.2.3 Résultats

La présentation des résultats de l'étude quantitative reprend la structure du chapitre précédent, qui met les expériences et le vécu des enfants et des parents en matière d'intégrité, d'autonomie et de participation en miroir avec les pratiques et les attitudes rapportées par les professionnel·le·s. Comme il ne s'agit pas d'échantillons appariés, les résultats sont présentés séparément. À certains endroits, les résultats sont visualisés par des illustrations ; aux endroits où les résultats ne sont rendus que par du texte, on trouvera des renvois aux tableaux correspondants figurant en annexe au présent ouvrage.

3.3.2.3.1 Perspective des professionnel·les

Transmission d'informations aux parents

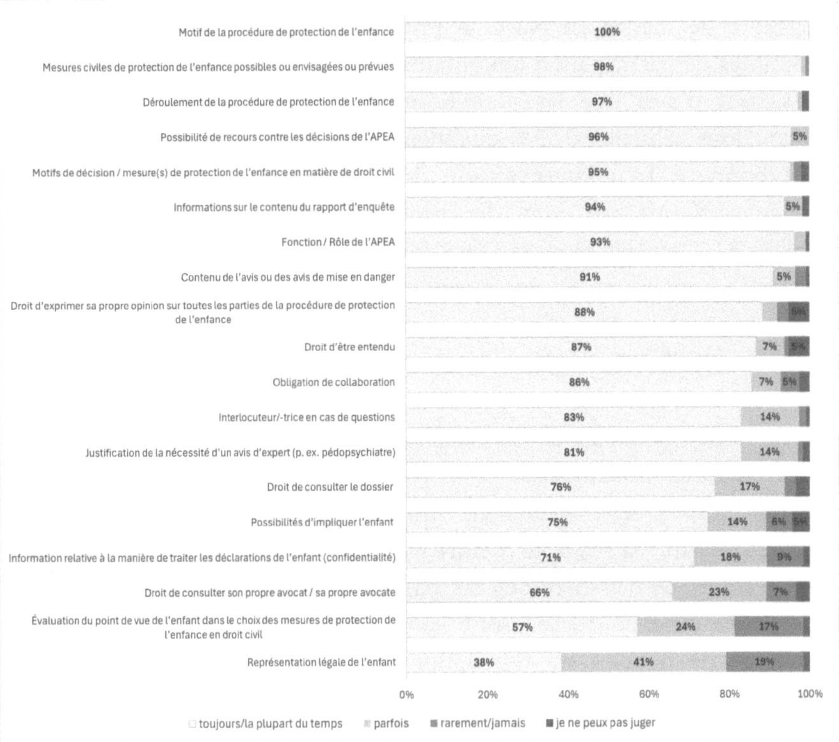

Illustration 3 : Informations données aux parents dans le contexte de la procédure de protection de l'enfant (professionnel·le·s)

Les résultats de l'étude qualitative montrent que de nombreux parents manquent d'informations importantes sur les fonctions et les compétences des professionnel·le·s participant·e·s ainsi que sur les diverses mesures, ce qui restreint ainsi leurs marges de manœuvre. L'illustration 3 montre quelles informations ont été transmises aux parents dans les contextes organisationnels des professionnel·le·s participant·e·s. Les données permettent de conclure que les parents reçoivent en règle générale les informations pertinentes pour la procédure de protection de l'enfant. L'illustration montre aussi qu'il existe ce que l'on peut appeler des « *informations standard* » qui sont transmises régulièrement, à savoir le motif de la procédure, la fonction de l'autorité, le droit d'être entendu, le droit de recours et la motivation de la décision. Les informations sont transmises de manière plus réservée à propos du droit de consulter le dossier, de la possibilité de mettre en place sa propre représentation juridique et des possibilités de participation des enfants. 10 % des professionnel·le·s interrogé·e·s sont d'avis que les parents comprennent généralement bien les informations véhiculées, 55 % qualifient cette compréhension de « relativement bonne ». La compréhension des informations par les parents est estimée suffisante par 31 % des professionnel·le·s et mauvaise par 3 % (tableau 8). Dans les réponses sous forme de textes ouverts, les raisons les plus fréquemment citées pour expliquer pourquoi les parents ne comprennent pas bien les informations et la procédure sont : « les barrières culturelles et linguistiques », « les capacités cognitives », « le fort stress émotionnel actuel et dû à la procédure », « les résistances et peurs », « la désorientation par rapport aux rôles et aux fonctions des professionnel·le·s et des instances spécialisées ».

Les raisons sont également situées du côté des professionnel·le·s, d'autant plus que la majorité d'entre eux et elles sont d'avis qu'il est de leur responsabilité de s'assurer que les parents comprennent suffisamment de quoi il retourne et quelles sont les conditions-cadres de la procédure. L'absence de boucles de rétroaction communicationnelles est citée ici comme raison de la compréhension insuffisante des parents, et l'attention est attirée en conséquence sur l'importance de répéter les informations et d'interroger les parents à plusieurs reprises pour s'assurer qu'ils les ont comprises.

Participation des parents

Plus de 90 % des professionnel·le·s estiment que les parents peuvent bien (46 %) ou assez bien (45 %) participer à la procédure. 10 % sont d'avis que les parents peuvent y participer suffisamment (9 %) ou assez mal (1 %). S'agissant des évaluations des professionnel·le·s sur divers aspects de la participation, il apparaît que la majorité des professionnel·le·s considère la participation comme un important facteur d'efficacité et reconnaît fondamentalement le rôle d'experts des parents. De même, ils souscrivent à l'affirmation selon laquelle la volonté de coopération des parents influe sur

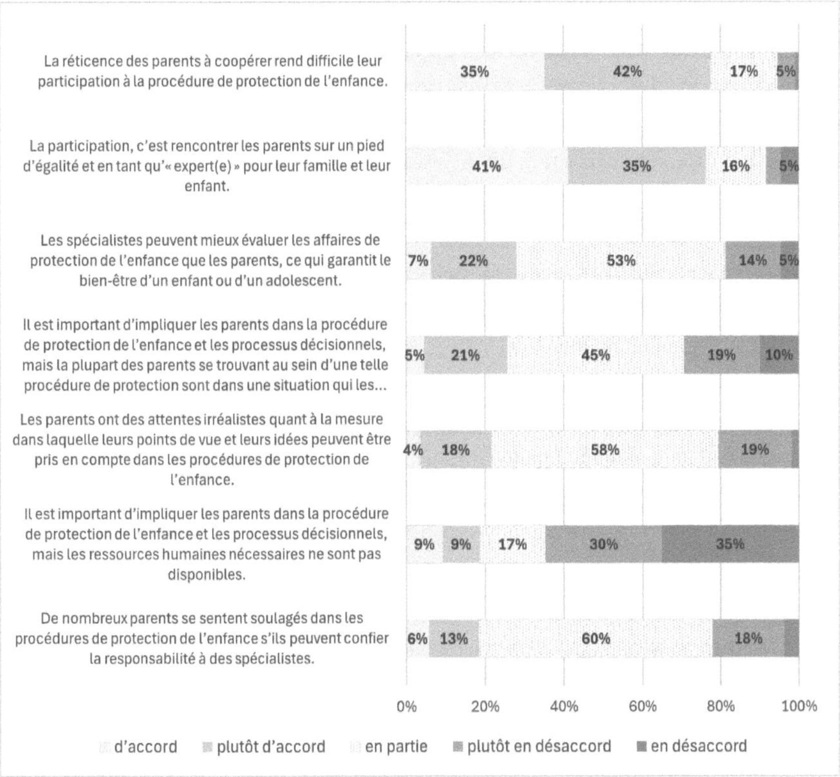

Illustration 4 : Évaluation des aspects de la participation des parents (professionnel·le·s)

leurs possibilités de participation (ill. 4), alors que le temps disponible n'est pas considéré comme un motif entravant la participation des parents. Il est intéressant de relever les pourcentages élevés de réponses « ni oui ni non » pour les autres questions d'évaluation portant sur la participation des parents, par exemple concernant les « attentes réalistes » des parents en matière de participation active dans un contexte de contrainte, concernant le poids accordé aux appréciations des parents et des professionnel·le·s quant au bien de l'enfant et la confrontation entre les appréciations de ces deux groupes, et – de manière marquée – concernant la mesure dans laquelle les parents se sentent éventuellement soulagés par la procédure et par le fait que les professionnel·le·s assument la responsabilité. Derrière ces réponses, on soupçonne un large éventail d'interactions entre professionnel·le·s et parents, de modes d'action des professionnel·le·s en rapport avec la participation des parents et de comportements des parents face à l'aménagement de ces interactions. En outre, cela révèle indirectement qu'il est souvent difficile pour les professionnel·le·s, de leur point de vue, de parvenir à une relation ou à un niveau de communication avec les parents assurant le succès de la participation.

Transmission d'informations aux enfants et aux jeunes

Étant donné que l'analyse qualitative avait déjà fait ressortir des différences notables entre les quatre autorités étudiées au sujet des modalités, du moment et des personnes par lesquelles les enfants et les jeunes étaient informés sur la procédure, le questionnaire demandait, par le biais de réponses sous forme de texte ouvert, comment les enfants et les jeunes étaient informés sur la procédure et les aspects connexes. Si ce point est important, c'est notamment parce qu'une meilleure compréhension de la procédure et des possibilités d'influence de la part des enfants et des jeunes accroît leurs chances de participation.

Un *très vaste éventail de méthodes* est apparu pour déterminer si les enfants étaient informés sur la procédure, leurs droits, etc., de quelle manière et à propos de quoi. Chez les jeunes, le sujet de l'information ou de la compréhension des informations semble revêtir une plus grande importance que chez les plus jeunes. Souvent, la méthode décrite passe par plusieurs étapes, où par exemple une invitation écrite est envoyée à l'enfant (*« lettre aux enfants »*, *« invitation personnelle »*, etc.) combinée à la transmission d'informations importantes dans le cadre d'un *« premier entretien »*, d'un *« entretien avec les enfants »*, d'un *« entretien personnel »* ou d'une *« audition »*. Souvent, des brochures (p.ex. de l'UNICEF) et des fiches d'information propres sont alors envoyées, remises ou utilisées comme moyens auxiliaires au cours de l'entretien. Il existe également de grandes différences dans la manière dont les informations sont transmises, allant de la simple communication d'informations sur l'existence et le déroulement de la procédure jusqu'à des informations sur les droits de l'enfant, le contenu du signalement, la confidentialité des entretiens, notamment de l'audition, et les possibilités et les limites de la participation de l'enfant. S'agissant des personnes qui informent les enfants aussi, les manières de faire varient : une partie des enfants et des jeunes reçoit une lettre d'invitation personnelle, d'autres sont informés par les parents, par un·e professionnel·le chargé·e de l'évaluation, par un curateur ou une curatrice déjà institué·e, par un·e représentant·e de l'enfant ou par une collaboratrice ou un collaborateur spécialisé·e de l'APEA. Parfois, surtout dans les autorités romandes organisées sous forme judiciaire, les informations sont plutôt transmises de manière formalisée et ne sont parfois mentionnées que dans le cadre de l'audition. On relèvera qu'à peine 13 % des professionnel·le·s indiquent que dans leur contexte d'organisation, même les *enfants relativement jeunes* (de moins de 6 ans) reçoivent des informations sur la procédure. 44 % des participant·e·s indiquent que cela est laissé aux soins de la personne en charge du cas et 40 % n'informent pas les enfants relativement jeunes. Il ressort des réponses sous forme de texte ouvert concernant la manière de traiter les enfants de moins de cinq ans que la limite d'âge répandue à titre indicatif pour l'audition semble, là aussi, se situer à six ans. Les réponses sous forme de texte ouvert révèlent également que la manière de transmettre les informations aux enfants et aux jeunes permet de faire des déductions quant à leurs possibilités de participation. Rares sont les réponses sous forme de texte ouvert où l'on trouve des indications selon lesquelles non seulement les enfants reçoivent des informations sur la procédure, mais après la conclusion de celle-ci, d'autres interactions sont organisées pour les informer sur les décisions et les mesures ; en revanche, de telles manière de faire sont décrites, mais uniquement vis-à-vis des jeunes. Il ressort en outre des réponses textuelles que les *caractéristiques du cas* – la situation familiale, la situation de mise en danger présumée, la situation de la famille – exercent une influence notable sur la manière et le moment de la transmission des informations. Là aussi, les attitudes et les méthodes varient considérablement. Une attitude largement répandue consiste à informer les enfants d'autant plus précisément, largement et soigneusement que les éventuelles mesures sont susceptibles d'impacter leur vie. La tendance à renoncer à toute information ou à distiller des informations (complètes ou détaillées) au compte-gouttes l'emporte surtout dans les configurations où l'enfant est déjà mis à très rude épreuve (p.ex. violence domestique), est en butte à des conflits de loyauté ou que des informations détaillées risquent d'alourdir encore le stress qui pèse sur lui, voire de le (re-)traumatiser (p.ex. en cas d'abus commis par les parents). Un autre cas où les personnes interrogées jugent particulièrement

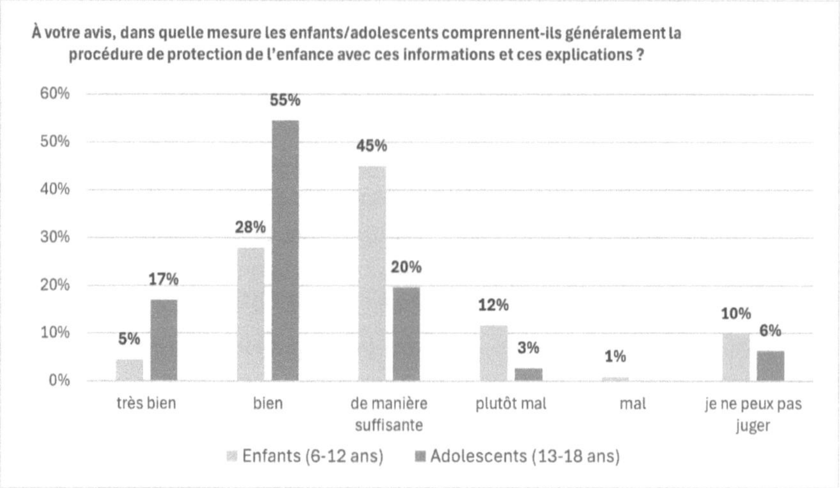

Illustration 5 : Évaluation de la compréhension des informations par les enfants et les jeunes (professionnel·le·s)

important d'impliquer les enfants et de les informer se rencontre lorsque les enfants ont eux-mêmes effectué le signalement auprès de l'autorité.

Interrogé·e·s sur leur évaluation de la mesure dans laquelle les enfants et les jeunes comprennent les informations qui leur sont données, les professionnel·le·s montrent dans leurs réponses qu'ils perçoivent de nettes différences entre les enfants de l'école primaire (6 à 12 ans) et les jeunes (13 à 18 ans) (ill. 5). De l'avis des professionnel·le·s, les jeunes comprennent généralement bien les informations, alors que, selon près de 60 % des participant·e·s, la compréhension des enfants est suffisante, assez mauvaise, voire mauvaise. Les raisons pour cela, avancées tant par les enfants que par les jeunes, tiennent à ce que les procédures sont complexes et souvent ardues pour les mineurs qui ne sont pas familiarisés avec le système juridique (tableau 9/tableau 10). En outre, nombre de professionnel·le·s considèrent (voir plus haut) qu'il incombe (notamment) aux parents d'informer les enfants et qu'ils ont eux-mêmes des difficultés à comprendre la procédure. De plus, il est difficile de s'assurer si les informations ont été comprises. Près de 30 % des participant·e·s indiquent que le manque de temps de la part des professionnel·le·s est une raison importante ou assez importante de l'absence de compréhension des informations par les enfants.

Participation des enfants

Tout comme pour l'évaluation de la participation des parents, les professionnel·le·s participant à l'enquête sont également majoritairement d'avis que les enfants et les jeunes peuvent bien ou assez bien participer à la procédure (ill. 6). L'évaluation est nettement plus timide en ce qui concerne les jeunes enfants : 40 % des professionnel·le·s sont d'avis que les jeunes enfants (de niveau primaire) ne peuvent pas participer suffisamment aux procédures, voire y participent mal.[27]

Pour ce qui est des enfants de moins de cinq ans, les déclarations sont similaires à celles relatives à la transmission d'informations aux enfants (voir plus haut) : en règle générale, les enfants sont impliqués à partir de l'âge de quatre à six ans, étant précisé que cette valeur de référence s'appuie sur l'arrêt du Tribunal fédéral relatif au droit d'être entendu (audition). Il existe cependant des exceptions – ainsi, certain·e·s participant·e·s plaident pour impliquer déjà les enfants avant cet âge, alors que d'autres fixent la limite d'âge nettement plus haut (12 ou 14 ans). Il y a lieu de supposer, comme le montrent les réponses textuelles, que ces attitudes et ces pratiques dissimulent des *concepts de participation très différents*, qui vont de « voir l'enfant » à « faire participer l'enfant à la décision » en passant par « nouer un dialogue avec l'enfant par les moyens et méthodes appropriés ». Il apparaît clairement que nombre de professionnel·le·s sont d'avis que même les jeunes enfants en âge préscolaire devraient être « intégrés » par des contacts directs, alors qu'il n'est jugé utile, voire simplement possible, de donner à l'enfant la possibilité d'exercer son « influence » qu'à partir de 12 à 13 ans.

La question relative aux directives existant dans les contextes des organisations au sujet de la participation des enfants et des jeunes révèle que près de la moitié des professionnel·le·s travaille dans des organisations qui

---

27 La notion de participation correspond aux deux termes allemands « *Beteiligung* » et « *Partizipation* » que l'auteure utilise dans deux sens connexes, bien qu'appelant une distinction subtile. Le texte français ne peut recourir qu'au seul et unique terme existant, mais il convient de préciser ici que dans l'esprit de l'auteure, « *Partizipation* » désigne les modalités qui transforment les enfants et les adolescent·e·s en acteurs/actrices, leur permettent d'exercer leur « *agency* » et de contribuer activement à modeler les interactions, alors que « *Beteiligung* » désigne les marges de manœuvre accordées ou mises à disposition par les professionnel·le·s (NdT).

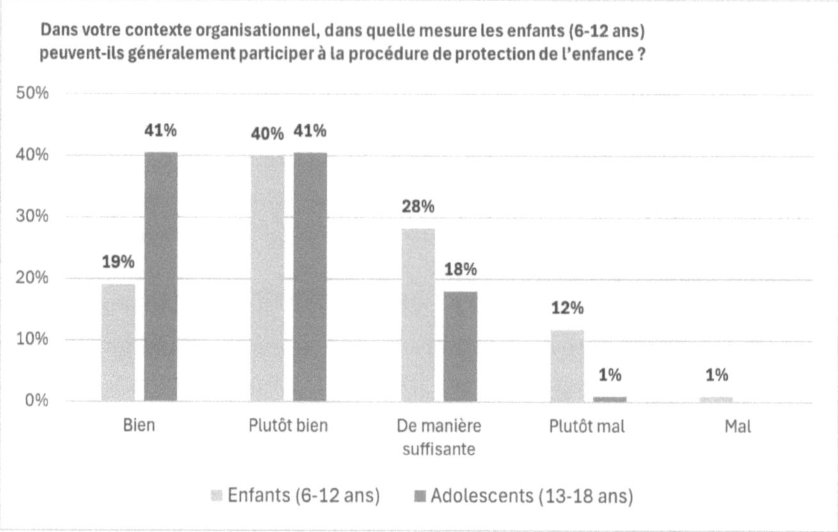

Illustration 6 : Évaluation de la participation des enfants et des jeunes (professionnel·le·s)

sont dotées de telles règles (tableau 11). 28 % des personnes interrogées signalent que dans leur organisation, ce point est laissé à l'appréciation de la personne chargée du dossier. De telles marges de manœuvre semblent nécessaires sur le plan professionnel dans le contexte des résultats sur la transmission des informations afin de ne pas accabler les enfants dans des situations spécifiques ou selon le motif de la procédure ou de ne pas les « contraindre » à collaborer, mais là aussi, la marge d'appréciation semble très importante si l'on songe à la diversité qui existe en matière de transmission des informations.

Les professionnel·le·s participant·e·s ont été invité·e·s à souscrire à un certain nombre d'affirmations visant à déterminer l'importance accordée aux dimensions d'évaluation pertinentes pour la participation des enfants (ill. 7). Cela fait ressortir d'une part une perception de la participation en tant que possibilité de rencontrer les enfants sur un pied d'égalité et d'utiliser activement la participation pour aménager la procédure. D'autre part, les professionnel·le·s interrogé·e·s constatent un manque de ressources ou de compétences méthodologiques pour mettre en place des procédures de protection de l'enfant participatives.

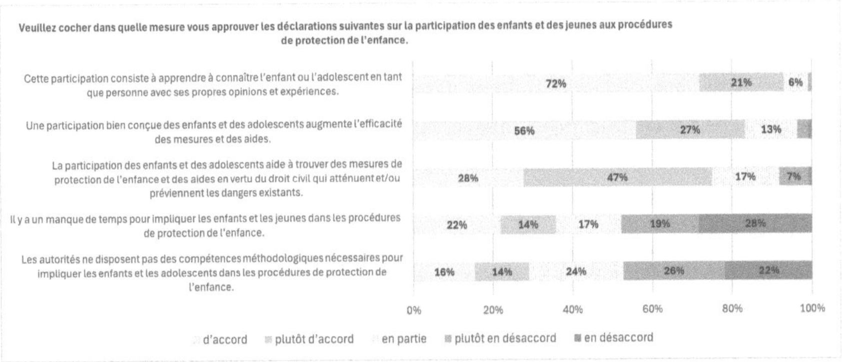

Illustration 7 : Évaluation des aspects de la participation des enfants et des jeunes (professionnel·le·s)

Les questions avec réponses sous forme de texte ouvert ont interrogé les professionnel·le·s sur ce qui entrave la participation des enfants ou y fait obstacle, selon leur expérience. Par rapport aux enfants, ils citent surtout les *conflits de loyauté, les résistances et les peurs* (de l'enfant, mais aussi des parents) ainsi que le *stress excessif et le surmenage.* Par rapport aux autorités et aux professionnel·le·s, ils citent surtout l'absence de compétences ou de connaissance des méthodes et des instruments de dialogue avec les enfants, le manque de temps disponible ainsi que la focalisation sur les parents. Les réponses sous forme de textes montrent également à quel point il est difficile d'intégrer de la même manière des enfants qui présentent chacun leur propre vécu, leurs propres sentiments et leur propre situation de vie, ainsi que de développer une conscience des modalités permettant à cette intégration de réussir et avec quelle intensité.

Discussion

Les professionnel·le·s participant·e·s

Les personnes ayant pris part à l'enquête sont des professionnel·le·s venant des trois régions linguistiques suisses, ayant un contexte professionnel différent et venant d'autorités de protection de l'enfant et de l'adulte organisées différemment. Des analyses exploratoires des données sur les caractéristiques structurelles non prises en compte dans la présentation des résultats montrent que celles-ci n'ont pratiquement pas eu d'influence sur les réponses. Le questionnaire contenait de nombreuses questions offrant la possibilité de répondre sous forme de texte ouvert – la vue synoptique de ces réponses permet de supposer que les participant·e·s étaient surtout des professionnel·le·s qui se penchent assez intensivement sur cette thématique et accordent un certain poids aux modalités de la participation. Certes, cette impression n'est pas directement étayée par les données, et il n'est guère possible de reconstituer quelle partie d'un éventail possible d'opinions recouvre les évaluations des professionnel·le·s participant·e·s, mais il y a lieu de supposer que des effets d'auto-sélection se sont fait sentir lors de la composition de l'échantillon et que les résultats présentés ici ne reflètent qu'une partie de l'éventail des attitudes et des pratiques professionnelles.

Méthodes et attitudes dans le contexte de la transmission des informations et de la participation des parents

Les informations et la compréhension de la procédure jouent un rôle important dans la manière dont les enfants et les parents vivent la procédure. L'enquête auprès des professionnel·le·s montre que les parents reçoivent régulièrement certaines informations, par exemple le motif de la procédure, les missions de l'autorité, le droit d'être entendu et le droit de recours ainsi que la motivation de la décision. Les informations sont transmises avec plus de réticence quant au droit de consulter le dossier, à la possibilité de faire appel à une représentation juridique ainsi qu'aux possibilités de participation des enfants. Parmi les obstacles à la compréhension des informations transmises aux parents, les professionnel·le·s citent les barrières linguistiques et la situation générale des parents, marquée par des conditions de vie stressantes, ainsi que la perception de la situation de la procédure elle-même, qui peut déclencher stress et résistances chez les parents. Les stratégies citées pour améliorer la compréhension des informations par les parents sont avant tout les rétroactions communicatives ou informatives telles que le fait de répéter les informations et de poser de nombreuses questions complémentaires.

La participation des parents est évaluée de manière très variable par les professionnel·le·s, ou plus précisément ceux-ci semblent avoir fait des expériences très diverses en la matière. Les conclusions donnent à penser qu'ils rencontrent des parents avec lesquels il est possible d'entrer en résonance et de nouer une relation, et d'autres qui activent des résistances, le cas échéant des réactions de défense ou des conflits de valeurs. On peut supposer une vaste gamme d'expériences et de dynamiques d'interactions, et les conclusions montrent qu'il est souvent très difficile pour les professionnel·le·s d'instaurer et d'aménager la relation avec les parents de manière à rendre la participation possible. Les conditions requises pour y parvenir sont différentes chez les parents (connaissances, volonté, énergie) et chez les professionnel·le·s (temps, compétences) ainsi qu'eu égard aux problématiques et aux situations de mise en danger. Pour l'action des professionnel·le·s, cela signifie qu'il n'existe pas de « *one best way* » ou de panacée garantissant la participation des parents. Au contraire, les professionnel·le·s doivent s'adapter à chaque cas d'espèce dans le tissu individuel et complexe des circonstances et décider chaque fois comment procéder pour que les parents puissent participer. Cela impose des exigences élevées en matière de professionnalisme et de capacité à repérer les moments propices aux approches délibératives afin d'en tirer parti.

Méthodes et attitudes dans le contexte de la transmission des informations et de la participation des enfants

Sur le plan de savoir quelles informations sont transmises aux enfants et de quelle manière, les données font notamment apparaître un large éventail d'approches et de méthodes. D'un côté, on trouve des approches réfléchies et méthodologiquement fondées qui contribuent à garantir que les enfants et les jeunes comprennent le but des procédures, les droits dont ils disposent et la mesure dans laquelle leurs points de vue seront pris en compte, ainsi que des réflexions relatives à des formulations et à des settings plus adaptés aux enfants, en partie aménagés selon des méthodes établies ou ayant fait leurs preuves. D'un autre côté, on trouve des affirmations montrant clairement que l'information des enfants sur la procédure est censée incomber à d'autres professionnel·le·s participant à la procédure ou bien aux parents, et qu'en conséquence il n'y a pas lieu de vérifier la compréhension des enfants, ou que l'information et l'intégration des enfants sont vues et pratiquées comme une étape formelle faisant partie de l'audition prévue à la fin de la procédure (voir aussi chapitre 3.3.1). Les données permettent de conclure que nombre de professionnel·le·s s'efforcent d'informer les enfants et de leur donner des repères. Mais elles font également ressortir l'existence de tensions entre la constatation de la nécessité d'informer les enfants sur les décisions qui les concernent, et donc sur la procédure, et les raisons valables dans le cas d'espèce pour renoncer à une transmission systématique et approfondie des informations parce qu'il peut être approprié, sur le plan professionnel, de ne pas inonder les enfants d'informations. Une intervention caractérisée par la retenue est surtout problématique lorsqu'elle est pratiquée par manque de temps ou de compétence professionnelle. Les données de l'enquête ne contiennent aucun indice direct dans ce sens, mais près d'un tiers des professionnel·le·s dit subir de façon générale la pression du temps dans les procédures.

S'agissant des possibilités de participation des enfants, il s'avère que celles-ci sont évaluées positivement par les professionnel·le·s, mais surtout pour la tranche d'âge des plus de 12 ans, alors que les possibilités de participation des enfants plus jeunes sont jugées nettement plus faibles. De façon générale, les données – en particulier les réponses textuelles très nombreuses et détaillées – signalent que la « participation » est comprise et interprétée de manière très différente par les professionnel·le·s. Aux conceptualisations en tant que conduite dialogique d'entretiens et aménagement relationnel s'opposent des théories qui assimilent la participation à une seule audition de l'enfant. S'agissant de l'aménagement des possibilités de participation pour les enfants, les professionnel·le·s en charge du dossier bénéficient très souvent d'une large marge d'appréciation. Celle-ci semble certes nécessaire – par analogie avec la transmission d'informations – au vu de la diversité des configurations de cas et des différentes conditions et situations de vie des enfants, afin de trouver des solutions convenables et viables en l'espèce, mais elle porte également le risque que la participation demeure aléatoire ou soit négligée. En outre, la pression du temps est explicitement vue comme entravant la mise en œuvre d'exigences en matière de participation des enfants, tout comme le stress accablant ou les conflits de loyauté chez les enfants.

Bilan

Les données et les résultats de l'enquête auprès des professionnel·le·s se caractérisent par une auto-évaluation plutôt positive, bien que souvent également critique, de leur propre action professionnelle personnelle et organisationnelle et de leurs attitudes dans le contexte de la transmission d'informations et de la participation des enfants et des parents. Il est intéressant de relever à cet égard un hiatus visible dans les données entre les résultats des questions d'évaluation structurées et le contenu des nombreuses et longues réponses textuelles qui se rapportent aussi et surtout à des méthodes concrètes. Ce hiatus apparaît dans le fait qu'il semble incontesté sur le plan professionnel que la participation des enfants et des parents aux procédures est un élément essentiel important à réaliser et que les enfants et les parents doivent être aussi bien informés que possible sur le cadre, les participant·e·s, les objectifs et leurs droits dans la procédure. En revanche, de nombreux facteurs relevant du contexte de l'action professionnelle, des structures d'organisation, du déroulement de la procédure et des dossiers eux-mêmes s'opposent à la mise en œuvre simple de cet objectif. Ils tiennent notamment à l'absence de normes contraignantes, qui entraîne une grande hétérogénéité des méthodes. Par ailleurs, les autorités en tant que telles n'ont pas toutes la même organisation et aménagent différemment les settings des rencontres et des entretiens avec les enfants et les parents. L'organisation différente des évaluations sociales (interne, externe) a en outre une incidence sur la fréquence et probablement aussi sur la qualité des contacts entre les professionnel·le·s habilité·e·s à décider et les familles. L'éventail des pratiques – qui laisse supposer un même éventail de cultures d'organisation et d'attitudes individuelles – se rétrécit en fonction des bagages apportés par les enfants et les parents sur le plan de leur aptitude à comprendre les informations et à participer à la procédure ainsi que sur le plan des conditions concrètes et des interactions avec les professionnel·le·s. Alors que ce dernier point renvoie à l'importance et à la nécessité de marges d'appréciation professionnelle, le tableau qui découle des données et des conclusions est celui d'un certain arbitraire – on peut reconnaître une sorte de « norme minimale » dans le fait même que les enfants et les parents doivent être informés et doivent participer, mais au-delà de cela, il ne semble guère exister de critères quant à la bonne manière de procéder. Même s'il semble excessif de tirer une comparaison directe avec les décisions arbitraires ressortant de l'analyse historique, il convient quand même de se demander si les différences dans les structures de déroulement au sein des diverses organisations et l'hétérogénéité dans l'aménagement des procédures assurent l'égalité devant la loi et les chances de participation des enfants et des parents. Les résultats donnent à penser que l'existence de normes et d'informations professionnelles plus claires serait tout aussi profitable aux enfants et aux parents pour faire valoir leur vision des choses dans la procédure qu'aux professionnel·le·s sur le plan de leur sécurité d'action.

3.3.2.3.2 Perspective des parents

Informations et compréhension des informations : fondements de la participation et de l'autonomie

Selon leur propre évaluation ou selon leur souvenir, les parents ont, en majorité, été informés, au moins partiellement, du motif de la procédure de protection de l'enfant et de leur obligation de coopérer (ill. 8). Plus de la moitié des parents indiquent en revanche ne pas ou pratiquement pas avoir reçu d'informations sur les possibilités qui s'offrent à eux dans le cas où ils ne sont pas d'accord avec les décisions de l'APEA. De même, un tiers seulement des parents a été informé sur ses droits, mis à part le droit d'être entendu (ill. 9). Il s'avère que les parents reçoivent avant tout des informations sur les faits, la procédure et l'obligation de coopérer, mais en reçoivent nettement moins sur leurs droits et leurs marges de manœuvre.

Ce constat recoupe les indications de l'enquête auprès des professionnel·le·s portant sur les informations le plus fréquemment communiquées, mais contredit les résultats de l'enquête auprès des professionnel·le·s dans la mesure où une proportion très élevée de participant·e·s y avait indiqué transmettre les informations correspondantes aux parents. Ces données montrent que de nombreux parents ignorent souvent quand, où et comment ils peuvent exercer une influence sur la procédure.

S'agissant de la *compréhension des informations*, qui s'avère être un facteur d'influence central dans les analyses de corrélation, près de 70 % des parents indiquent avoir compris les informations écrites et orales, 18 % ne les ont comprises qu'en partie, et le reste ne les a relativement pas ou pas du tout comprises. Cela se recoupe à peu près avec les résultats de l'enquête auprès des professionnel·le·s.

Les raisons les plus souvent citées par les parents pour expliquer ce qui s'oppose à la compréhension des informations écrites et orales sont, selon leur perception, que les *lettres/textes étaient trop compliqués ou que les notions et les formulations utilisées n'étaient pas comprises*, notamment les termes juridiques ainsi que le style perçu comme vague et ambigu. Les

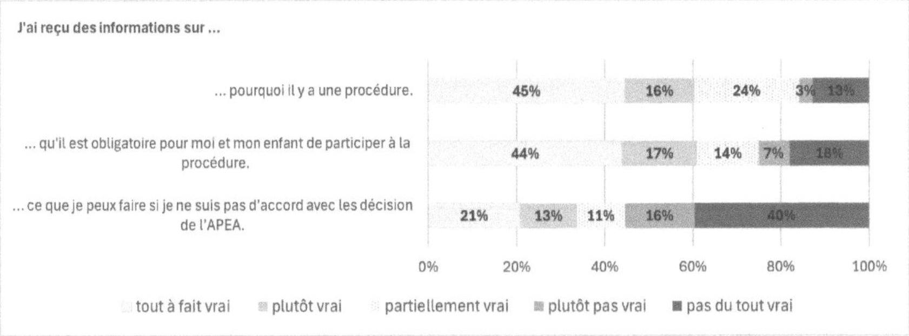

Illustration 8 : Informations reçues par les parents (1) (parents)

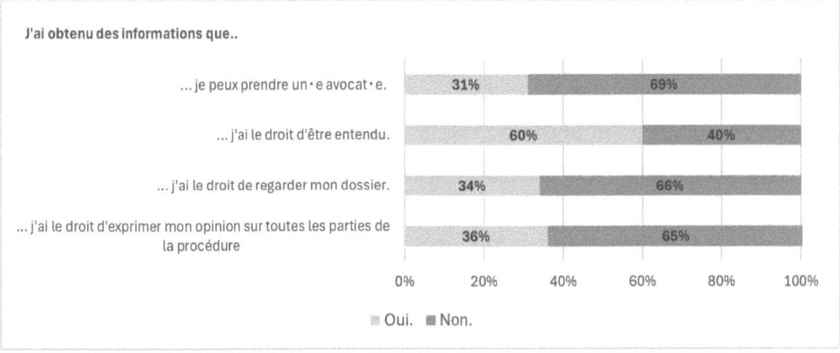

Illustration 9 : Informations reçues par les parents (2) (parents)

parents ne mentionnent pas les connaissances linguistiques insuffisantes comme obstacle à la compréhension des informations, ce qui ne signifie pas que cela ne représente pas un problème dans la pratique, mais qu'en l'occurrence, on a sans doute affaire à un échantillon présentant une composition homogène sur le plan linguistique (voir les indications relatives aux participant·e·s). Une autre raison citée par les parents participant à l'enquête pour expliquer le manque de compréhension est le manque de transparence sur les étapes de la procédure et le manque de prise en compte de leurs points de vue. Du point de vue des parents, cela s'accompagne souvent du sentiment d'être mis sur la touche, d'être trop peu écoutés et pris en considération, ou de l'impression générale qu'ils éprouvent qu'un poids injuste est accordé au « *droit* » plutôt qu'à « l'humanité » ou au « bon sens ».

Il s'avère donc que les parents sont notamment peu informés du déroulement de la procédure et de l'intégralité de leurs droits ou ne comprennent souvent pas les informations correspondantes. Un autre aspect qui semble important, même s'il n'est cité que ponctuellement, est celui du stress et de l'impression de contrainte générés par la procédure et entravant la compréhension des informations – cela ressort également de la partie qualitative de l'étude et de l'enquête auprès des professionnel·le·s.

Dans l'analyse exploratoire des corrélations entre les échelles, il s'avère que les parents qui disposaient d'une personne de confiance durant la procédure possédaient une compréhension nettement meilleure des informations (tableau 12, tableau 13). Il est possible de supposer que les personnes de confiance (ayant un bagage professionnel) aident les parents à se repérer au sein de la procédure de protection de l'enfant et leur apportent des éclaircissements et des explications qui améliorent leur compréhension. La section suivante va aborder plus en détails le rôle des professionnel·le·s ainsi que des « personnes de confiance ».

Interactions avec les professionnel·le·s, confiance et intégrité

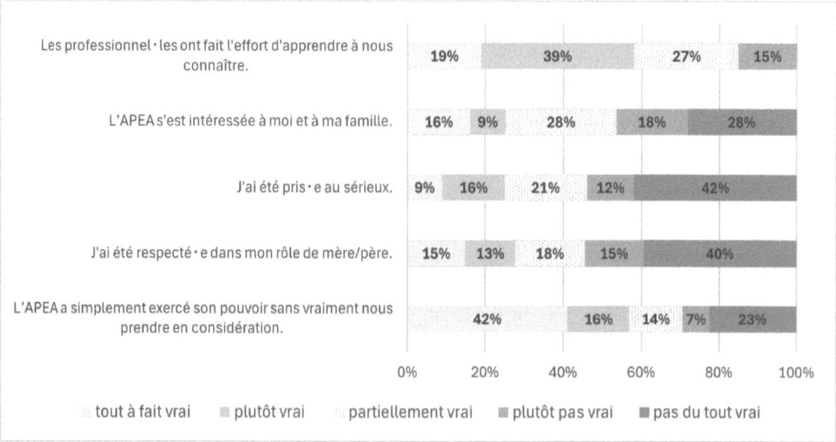

Illustration 10 : Perception de l'intégrité (parents)

Les aspects de l'intégrité ont été opérationnalisés par le biais de questions d'évaluation sur les interactions entre parents et professionnel·le·s (voir chapitre 2). En rapport avec l'intégrité, l'illustration 10 montre comment l'action des APEA et les interactions avec les professionnel·le·s sont perçues par les parents eu égard à divers aspects de l'intégrité. Fondamentalement, les parents interrogés reconnaissent que les professionnel·le·s dans la procédure s'efforcent d'apprendre à connaître la famille. Les réponses aux questions portant sur la manière dont la préservation de l'intégrité personnelle a été vécue, par exemple par l'intérêt pour la famille, la prise au sérieux et le respect des parents dans leur rôle (voir chapitre 2), montrent cependant qu'une majorité de parents perçoivent la procédure ou les relations et les interactions avec les professionnel·le·s comme portant atteinte à l'intégrité, au moins partiellement. Près de 60 % vivent les autorités comme une institution exclusivement axée sur le pouvoir.

S'agissant des interactions avec les professionnel·le·s, les résultats de l'étude qualitative donnent à penser que les parents commencent souvent par se méfier des professionnel·le·s des APEA au début de la procédure, mais finissent parfois par leur faire confiance. Dans ce contexte, le questionnaire pour les parents demandait aux participant·e·s s'ils avaient rencontré pendant la procédure des professionnel·le·s avec qui ils avaient « noué des relations de confiance avec le temps ». Sur ce point, près des deux tiers des parents participants (62 %, tableau 13) ont indiqué *ne pas avoir eu de personne de confiance* pendant la procédure. Les parents qui ont dit avoir eu une personne de confiance ont répondu de la manière suivante à la question de l'institution/organisation dans laquelle celle-ci travaillait : huit personnes venaient des APEA, 14 des services sociaux et 18 d'autres organisations. Les personnes auxquelles les parents pouvaient faire confiance étaient donc probablement les professionnel·le·s chargé·e·s de l'évaluation sociale. Quant aux personnes venant d'« autres organisations », il s'agissait souvent de curateurs ou de curatrices, d'avocat·e·s, de psychologues, de psychiatres et de personnes accompagnant les familles, c'est-à-dire non impliquées directement dans le processus décisionnel. Ainsi, il est tout à fait possible que des personnes de confiance se trouvent au sein des autorités dans le cadre de la procédure, mais cela ne semble pas être la règle. Il ressort en outre des données (tableaux 14 et 15) que plus de 70 % des parents ont été en *conflit* avec des professionnel·le·s durant la procédure et que ces conflits n'ont que rarement pu se résoudre de façon constructive. Ce point a été pris en considération pour la constitution de l'échelle de l'intégrité, car les conflits, notamment irrésolus, ont potentiellement pour effet de porter atteinte à l'intégrité.

L'*analyse des corrélations* montre d'une part que les parents sans personnes de confiance bénéficient de nettement moins d'intégrité, et d'autre part, que les parents qui ont déjà fait l'*expérience d'aides ou de conseils* ressentent leur intégrité comme sensiblement plus forte dans la procédure actuelle (tableau 16). De même, les parents qui ont une *meilleure compréhension de la procédure* éprouvent davantage d'intégrité (tableaux 17 et 18).

Une autre conclusion semble pertinente dans ce contexte : les personnes ayant déjà fait l'expérience d'un soutien professionnel disposaient plus souvent d'une personne de confiance que celles qui n'avaient encore jamais sollicité d'aides (tableau 19). Il est intéressant de relever les corrélations entre la compréhension des informations, les personnes de confiance, l'intégrité et la participation, sur lesquelles nous reviendrons plus en détails ci-après.

Participation

La partie qualitative de l'étude a mis en exergue l'importance des processus de négociation en lien avec la participation des parents. Les données quantitatives montrent à cet égard que les parents estiment fréquemment que leurs questions ne trouvent pas de réponse ou pas de réponse complète (ill. 11). Près de la moitié des participant·e·s indiquent ne pas avoir ou ne pas avoir entièrement exprimé leur avis. En outre, plus de la moitié des parents signalent que leur point de vue n'a pratiquement pas été pris en compte, les deux tiers considèrent que leurs propositions n'ont pas été intégrées et 58 % indiquent que les diverses solutions n'ont pas été discutées avec eux. Cela signifie que, déjà pour des aspects fondamentaux de la participation, tels que le fait de poser des questions, d'obtenir des réponses, d'exprimer des opinions et de faire valoir des points de vue, une proportion considérable de parents perçoit ses possibilités de participation comme faibles. Ces possibilités de participation sont ressenties comme encore plus faibles s'agissant du poids accordé au point de vue des parents et aux processus de négociation (« solutions aux problèmes »). Les réponses sous forme de texte ouvert ne contiennent pratiquement pas d'expériences de participation positives ; les affirmations prédominantes visent à dire que le

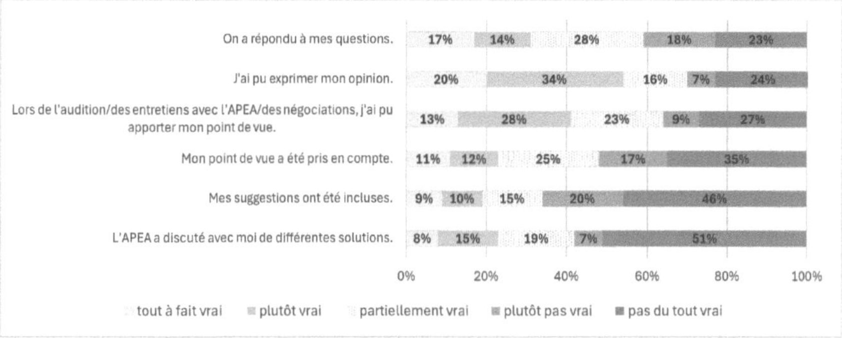

Illustration 11 : Participation à la procédure (parents)

point de vue des parents a été écarté ou ignoré. Les exemples montrent en outre qu'il semble y avoir un rapport étroit entre la participation et l'intégrité perçue, en ce sens que les parents se sont sentis mis en minorité par les professionnel·le·s et ignorés dans leurs intérêts.

Selon la perception des parents (tableau 20), la décision tient le plus souvent davantage compte d'autres personnes que d'eux-mêmes, par exemple de l'autre parent, des professionnel·le·s chargé·e·s de l'évaluation sociale ou d'autres professionnel·le·s, tel·les que médecins, enseignant·e·s, membres de la famille (p.ex. grands-parents) ou curateurs ou curatrices (liste issue des réponses textuelles ouvertes). Il y a lieu de supposer que de nombreux parents vivent comme une expérience ostracisante et portant atteinte à l'intégrité le fait que leur propre perspective ne pèse quasiment d'aucun poids dans le processus décisionnel.

S'agissant des rapports entre les caractéristiques recensées et les échelles, la question de savoir si les parents avaient *déjà participé dans le passé à une procédure de protection de l'enfant* (tableau 21) s'avère pertinente pour la perception de la participation : les parents déjà impliqués dans une procédure ont vécu leur participation comme notablement moindre. Cela pourrait tenir, comme décrit dans l'étude qualitative, à ce qu'en cas de procédures répétées, les professionnel·le·s font moins participer les parents à la négociation de la définition du problème, mettent la protection de l'enfant au-dessus de la participation des parents et permettent moins aux parents d'avoir voix au chapitre pour la détermination de mesures. En outre, ce constat peut aussi être interprété comme voulant

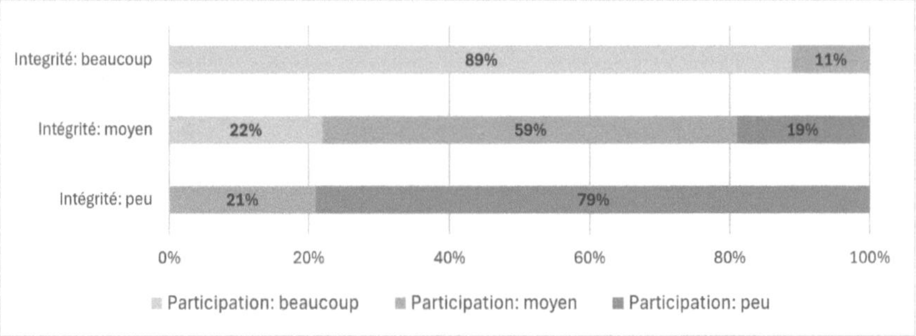

Illustration 12 : Corrélation entre participation perçue et intégrité (parents)

dire que les procédures ont évolué ces dernières années en direction d'une participation plus forte, ce qui n'est cependant pas étayé par des indices issus des données recueillies. De manière concordante avec les résultats de la partie qualitative de l'étude, la *compréhension des informations* par les parents s'avère également importante pour la perception de leurs possibilités de participation. Les parents qui avaient compris les informations ont vécu leur participation comme sensiblement plus marquée (tableau 22). De même, la présence de personnes de confiance s'est avérée pertinente pour la participation (tableau 23), ce qui n'est guère surprenant, vu le rapport entre compréhension des informations et présence de personnes de confiance (voir plus haut).

En outre, une corrélation hautement significative ressort des échelles de la participation et de l'intégrité (ill. 12, tableau 24 en annexe). Les parents qui vivent leur intégrité comme faible perçoivent aussi leurs possibilités de participation comme faibles. À l'inverse, les parents pour lesquels l'intégrité est forte évaluent également leurs possibilités de participation comme bonnes. Cela donne à penser que les phénomènes étudiés sont étroitement liés les uns aux autres, comme présenté dans la conceptualisation théorique du « nexus de l'intégrité de l'autonomie et de la participation » (voir chapitre 2.3).

Stress dans la procédure et acceptation des mesures

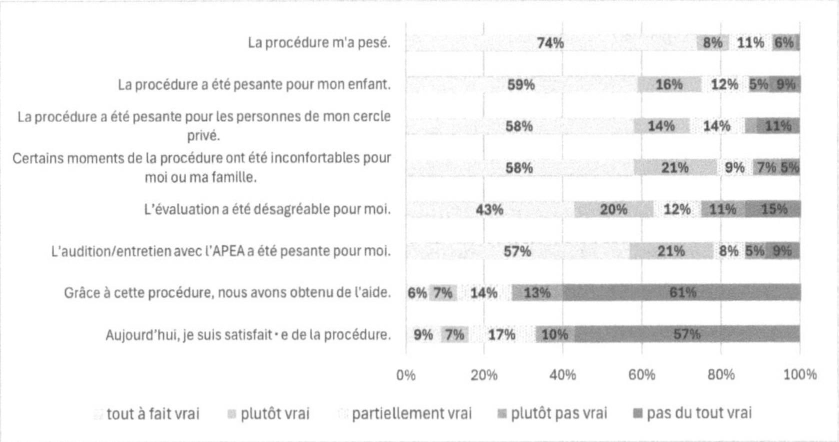

Illustration 13 : Stress dans la procédure et évaluation d'ensemble (parents)

Les données issues de l'enquête auprès des parents montrent que les parents se sentent stressés par la procédure de protection de l'enfant (ill. 13). Rares sont ceux qui ressentent la procédure comme une aide pour leur famille et seulement un tiers des parents indique être satisfait ou au moins partiellement satisfait de la procédure. Vu le manque de possibilités de participation décrit plus haut par les parents, ces évaluations ne sont guère étonnantes. Ce constat est un signe supplémentaire qu'une *proportion considérable de parents perçoit les procédures de protection de l'enfant comme menaçantes et portant atteinte à l'intégrité.* Là aussi, l'évaluation selon laquelle les parents n'ont pratiquement pas été aidés par la procédure de protection de l'enfant (74 %) est particulièrement frappante. En outre, la durée de la procédure est ressentie comme trop longue par plus de 80 % des parents (tableau 25), ce qui peut être interprété comme un stress supplémentaire.

Les procédures de protection de l'enfant dans lesquelles les parents ont été impliqués ont abouti – selon leurs propres indications – à des décisions de mesures civiles de protection de l'enfant dans 61 % des cas (tableau 26) ; dans 34 % des cas, aucune mesure n'a été prononcée et 5 % des parents n'ont pas pu répondre à la question. La moitié des mesures étaient des curatelles (50 %, n=27), suivies par les réglementations du droit de visite (11 %, n=6), les réglementations/suppressions en matière de droit de déterminer le lieu de résidence (7 %, n=4), des aides stationnaires (6 %, n=3) ainsi que des directives (4 %, n=2 ; 12 % n'ont pas répondu ou pas répondu clairement).

Les parents à qui une mesure de droit civil a été ordonnée dans la procédure de protection de l'enfant parviennent à *comprendre et à accepter* la décision, au moins en partie (ill. 14). Mais de nombreux parents ne semblent accepter ni les motifs de la décision de l'APEA ni la mesure. En outre, les mesures s'avèrent au moins partiellement stressantes pour la majorité des parents. Dans les réponses textuelles relatives à la décision et à ses conséquences, les parents décrivent souvent des successions d'événements incluant d'autres efforts en vue de trouver une aide appropriée.

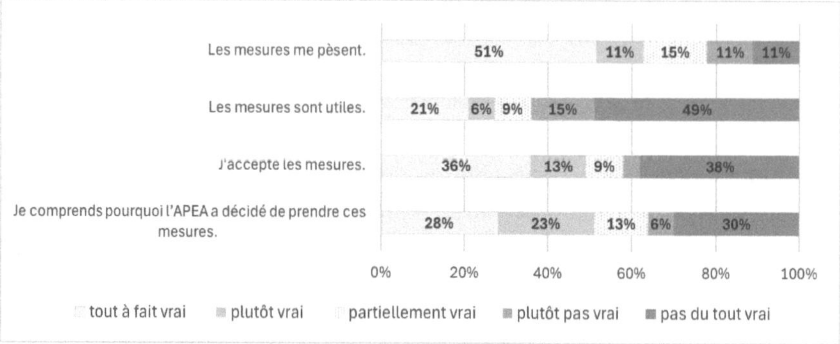

Illustration 14 : Évaluation des mesures de protection de l'enfant (n=53, parents)

De manière peu surprenante, on observe un rapport inverse fortement significatif entre les deux échelles du « stress » et de l'« acceptation des mesures », c'est-à-dire que plus les parents ressentent la procédure comme stressante, moins ils parviennent à accepter les mesures (tableau 27). Les deux échelles présentent en outre un rapport statistiquement significatif, tant *avec la compréhension des informations qu'avec l'existence de personnes de confiance et l'intégrité et la participation* (tableaux 28–35). Même si les effets des variables et les directions causales possibles n'ont pas pu être analysés avec des méthodes statistiques relativement complexes,[28] ces résultats sont importants – y compris dans l'optique de réflexions théoriques et

28 Les plus grands freins à une régression logistique, par exemple, sont en l'occurrence la taille des échantillons ainsi que la multicolinéarité des variables indépendantes.

conceptuelles. En particulier, ils soulignent une fois de plus que les parents sont moins stressés grâce aux moyens de transmission de l'information et à un accompagnement par une personne de confiance, sous quelque forme que ce soit, et que cela leur permet en outre, de leur point de vue, de mieux participer. En outre, ils peuvent mieux accepter les éventuelles mesures et l'effet de celles-ci est donc, selon toute vraisemblance, meilleur.

Discussion

Parents participants

Comme le montrent les indications relatives à la description des participant·e·s et aux caractéristiques de la procédure de protection de l'enfant, l'enquête auprès des parents a atteint un éventail relativement large de parents différents et a donné un *échantillon hétérogène* sur le plan de ces caractéristiques. L'enquête a impliqué des mères et des pères, des parents francophones et germanophones, des parents ayant un enfant, deux ou plus et des parents ayant des enfants d'âges différents.

Un élément central de l'autonomie d'action : l'information et la compréhension des informations

Les résultats quantitatifs confirment que la connaissance de la procédure et des participant·e·s ainsi que de leurs rôles et de leurs responsabilités est importante pour les parents à de nombreux égards. Être informés signifie pour eux pouvoir exploiter leurs marges de manœuvre et reconnaître les domaines sur lesquels ils peuvent exercer une influence. L'enquête montre que les parents sont certes informés sur le motif de la procédure, leur obligation d'y concourir et leur droit d'être entendus, mais que seule une minorité des parents reçoit des informations (sous une forme mémorisable) portant sur d'autres droits tels que les possibilités de recours, le fait de faire appel à un avocat ou le droit de consulter le dossier. Ce point, qui se recoupe avec les résultats de l'enquête auprès des professionnel·le·s, est également important dans la mesure où la connaissance des droits définit et élargit particulièrement la marge de manœuvre autonome des parents. Ces résultats montrent également que l'information et la compréhension des informations ne doivent pas seulement être vues comme un préalable fondamental à la participation, mais aussi comme un aspect de la reconnaissance et du respect propres à préserver l'intégrité, voire à l'encourager.

Ainsi, les données montrent également une corrélation statistiquement significative entre les échelles de l'intégrité et de la participation. Certes, elles ne permettent pas de conclure que les parents ont été privés de certaines informations, mais les résultats de l'étude qualitative et le fait que les parents ne se « sentent » pas informés de leurs droits permettent néanmoins de supposer que les informations ont été transmises, parfois intentionnellement, de manière plutôt superficielle.

Les parents qui disposaient d'une *personne de contact ou de confiance* dans leur entourage pendant la procédure de protection de l'enfant – différent·e·s professionnel·le·s des services sociaux, du secteur thérapeutique, curateurs ou curatrices des enfants – ont été mieux informés que ceux qui n'en disposaient pas. Il est possible de supposer que ces personnes (en plus d'assumer d'autres fonctions) ont aidé les parents à améliorer leur niveau d'information, ont répondu à leurs questions et ont transmis des informations plus poussées.

Les parents interrogés ont indiqué avoir principalement compris les informations qu'ils avaient reçues pendant la procédure. De leur point de vue, les éléments jugés *gênants pour la compréhension des informations* étaient le langage juridique abstrait utilisé dans les lettres et les entretiens, l'absence d'explication des notions utilisées ainsi que le manque de transparence ressenti par les parents dans le contexte de la communication, par exemple en rapport avec le déroulement de la procédure. Dans les autres analyses, la compréhension des informations s'avère être un facteur d'influence pertinent ou statistiquement significatif, notamment en ce qui concerne l'intégrité et la participation. Les données montrent en outre qu'une meilleure compréhension des informations est également corrélée au stress vécu dans la procédure. La transmission et l'explication d'informations est donc une base et un tremplin important pour renforcer l'intégrité des parents dans la procédure de protection de l'enfant et pour encourager leurs possibilités de participation.

Vécu de l'intégrité

Les parents interrogés voient dans les interactions avec les professionnel·le·s des APEA des efforts de la part de ces derniers pour apprendre à connaître la famille. En revanche, de nombreux parents ne se sentent ni pris au sérieux ni respectés dans leur rôle de parents. De même, « l'APEA » est souvent vécue comme une institution de pouvoir qui se préoccupe peu des parents. Là aussi, les résultats se recoupent avec ceux de l'enquête auprès des professionnel·le·s, qui montrent clairement que la participation ne réussit pas toujours de la même manière. En outre, de très nombreux parents indiquent que le cours de la procédure a été émaillé de conflits qui n'ont pas pu être résolus ou ne l'ont pas été de manière satisfaisante, selon leur point de vue. Cela pourrait tenir à une gestion expertocratique des situations de conflit qui déclenche des sentiments d'impuissance chez les parents et, le cas échéant, encourage aussi des tendances au repli sur soi. Dans les procédures vécues souvent comme menaçant l'intégrité, les conflits apparus restent ainsi sans solution – ce qui illustre la vulnérabilité des parents aux atteintes à l'intégrité durant la procédure (voir aussi Dumbrill 2006).

Les autres analyses montrent que le vécu de l'intégrité est influencé par plusieurs facteurs, outre celui de la *compréhension* des informations. Là aussi, il semble que les *personnes de confiance* jouent un rôle important. Les parents qui ont une personne de confiance ressentent davantage d'intégrité, tout comme les parents qui ont déjà fait l'expérience du système d'aide. Bien que ces corrélations multiples n'aient pas pu être testées statistiquement les unes par rapport aux autres en raison de la taille des échantillons et des caractéristiques des données, il est possible d'élaborer des hypothèses à cet égard. Les personnes de confiance des parents dans l'étude viennent dans une faible proportion des APEA, mais majoritairement du système d'aide. Il est donc concevable, par exemple, que les parents qui ont déjà demandé de l'aide aient été appréciés plus positivement dans les procédures, sur le plan de leur vision du problème et de leur volonté de changer, et qu'ils aient été traités différemment (Franzheld 2017, p. 103). D'autre part, il est possible que les parents, dans le contexte d'expériences d'aide antérieures, disposent de meilleurs repères ainsi que de compétences en matière de dialogue avec les professionnel·le·s et ressentent donc moins fortement le déséquilibre de pouvoir. En outre, il est possible que des personnes de confiance soutiennent les parents non seulement sur le plan de la compréhension de la procédure, donc au niveau objectif, mais aussi sur le plan émotionnel, et aient ainsi un certain effet et une certaine fonction de protection vis-à-vis d'interactions et d'événements portant atteinte à l'intégrité.

Possibilités de participation

Les parents qui ont participé à l'enquête font état d'*expériences différentes, mais plutôt négatives* en matière de possibilités de participation. Certes, de nombreux parents disent avoir parfois pu soumettre leurs opinions et leurs points de vue et obtenir réponse à leurs questions. Mais les résultats montrent aussi que beaucoup de parents continuent à ne pas voir clairement quelle influence leur avis a eu sur le processus décisionnel ou estiment qu'à leurs yeux, un poids plus important est accordé à l'avis d'autres participant·e·s (autre parent, professionnel·le·s chargé·e·s de l'évaluation sociale, etc.). S'agissant de leurs propres possibilités de participation, à l'instar du vécu de l'intégrité, la compréhension des informations joue un rôle important, ce qui souligne une fois encore la pertinence d'informations compréhensibles.

Alors qu'en ce qui concerne le vécu de l'intégrité, on enregistre une corrélation positive avec la sollicitation antérieure d'*aide* ou de conseils, c'est exactement l'inverse pour la *participation et les précédentes procédures de protection de l'enfant.* Les parents qui étaient déjà précédemment impliqués dans une procédure de protection de l'enfant ont vécu leurs possibilités de participation comme nettement moindres. Plusieurs explications semblent plausibles à cet égard. D'une part, il est concevable qu'en cas de procédures répétées, l'action des autorités s'appuie davantage sur la prémisse de la protection du bien de l'enfant et que la participation des parents et la prise en compte de leurs points de vue soient moins prioritaires. D'autre part, des procédures répétées pourraient également faire ressortir l'échec (répété) de la relation entre les parents et les professionnel·le·s, entraînant le sentiment d'impuissance et de détresse – de nombreux indices dans ce sens figurent dans les réponses textuelles des parents. Cela est également compatible avec le constat selon lequel les individus dépourvus de personnes de confiance vivent leurs possibilités de participation comme nettement moins grandes. Également dans l'optique de la participation, il semble donc que les personnes qui prêtent main-forte aux parents pendant la procédure jouent un rôle central.

Enfin, les analyses montrent également un rapport positif significatif entre intégrité et participation. Cela peut s'expliquer d'une part par les items du questionnaire sous-tendant les échelles. Ceux-ci se rapportent à l'évaluation des interactions et de la communication entre les parents et les professionnel·le·s, notamment au fait de savoir si les professionnel·le·s respectent les parents dans leur rôle, ou s'ils intègrent les points de vue des parents et en tiennent compte. Les *interactions constituent ainsi le véhicule* et le cadre où le vécu de l'intégrité et la participation se réalisent. Les entretiens et les auditions, qui sont formalisées de différentes manières, comme le montre l'analyse qualitative, constituent ainsi pour les parents une partie centrale et importante de la procédure. D'autre part, le constat confirme la proposition formulée dans le cadre théorique selon laquelle ces deux concepts doivent être vus comme étroitement reliés l'un à l'autre.

Vécu des procédures et des mesures

L'écrasante majorité des parents vit les procédures de protection de l'enfant comme stressantes, voire dans un cas comme très stressantes, ce qui n'est pas surprenant vu la menace qu'elles représentent pour l'intégrité. En conséquence, les questions de savoir si, rétrospectivement, elles ont aidé la famille et si les parents interrogés en sont satisfaits trouvent presque systématiquement une réponse négative. Tant pour le stress ressenti du fait de la procédure que pour l'acceptation et l'évaluation des mesures de protection de l'enfant, les expériences préalables en matière d'aide et de conseils ainsi que le degré d'information et la disponibilité de personnes de confiance s'avèrent à nouveau pertinents. Ces facteurs semblent atténuer le stress, par exemple en offrant aux parents de meilleurs repères dans la procédure et en leur permettant de saisir ce qui se passe. En outre, les personnes de confiance offrent un soutien émotionnel en tant qu'interlocutrices et que personnes qui sont « du côté » des parents. De même, le vécu de l'intégrité et de la participation joue un rôle central pour le sentiment de stress et l'évaluation des mesures. La procédure pèse tout particulièrement sur les parents qui vivent leur intégrité et leurs possibilités de participation comme très faibles.

Bilan

Les résultats de l'enquête auprès des parents montrent que ceux-ci se sentent souvent marginalisés, menacés et atteints dans leur intégrité lors de procédures de protection de l'enfant. Leurs possibilités de participer à la procédure sont souvent vécues comme très limitées. Le contexte de contrainte de la procédure civile, la procédure elle-même, qui remet en question la capacité des parents à bien assumer leur rôle, et les asymétries de pouvoir expliquent sans doute le sentiment d'impuissance ressenti par de nombreux parents dès le début de la procédure. Les résultats montrent également que certains facteurs accroissent pour les parents le « risque » de se sentir ostracisés dans la procédure et atteints dans leur intégrité, de se considérer comme peu capables d'agir, de ressentir leurs propres possibilités de participation comme faibles, ainsi que d'être fortement stressés par la procédure. Parmi ces facteurs figure notamment l'absence de *compréhension des informations* données dans la procédure, qui s'avère extrêmement pertinente eu égard à une série de variables et de concepts étudiés. La compréhension des informations s'avère être le *pivot et le point crucial de la participation* des parents aux procédures, de leur sentiment d'intégrité et de leur vécu du stress. Ce point est important dans la mesure où il s'agit d'un facteur qui peut être influencé par des mesures concrètes. Le matériel de données contient de nombreux indices montrant qu'une communication des APEA plus adaptée aux destinataires, des réactions communicatives sur la compréhension des informations transmises ainsi que des informations répétées et données oralement contribuent à ce que les parents éprouvent davantage d'intégrité et de participation, car ces éléments présentent *un rapport étroit avec l'action communicative (interaction) des professionnel·le·s* et avec la perception de cette interaction par les parents.

Le deuxième facteur central influant sur le vécu de l'intégrité et de la participation et véritable « facteur de protection » contre le stress s'avère être la *disponibilité d'une personne de confiance.* Il y a lieu de considérer que les aspects de la procédure qui menacent l'intégrité sont atténués par un soutien social, mais aussi émotionnel des personnes de référence ; le cas échéant, les « personnes de confiance » (venant du système d'aide) offrent aussi un soutien instrumental (informations plus nombreuses ou complémentaires, réactions, aide à cerner les événements) afin que les parents puissent agir de manière plus autonome. Eu égard à la participation, les personnes de confiance pourraient avoir un effet stimulant afin que les parents puissent mieux se repérer et s'investir. Cela rappelle le concept ou la fonction des « *parent representatives* », les personnes qui assurent notamment un accompagnement dans les procédures devant les tribunaux aux affaires familiales et ont elles-mêmes fait personnellement l'expérience du système de protection de l'enfance (Lalayants 2015).

Les résultats montrent que l'intégrité, la participation et la compréhension des informations (comprises comme base d'actions autonomes) sont reliées les unes aux autres par de nombreuses contingences et des facteurs d'influence mutuels. Ainsi, ces trois concepts et leurs opérationnalisations sélectionnées pour l'étude s'avèrent statistiquement connectés les uns avec les autres ainsi qu'avec des variables tierces partiellement identiques. Comme il n'existe pratiquement pas d'études quantitatives sur ce sujet à ce jour et que l'accès au terrain est très difficile, l'analyse a été menée de manière plutôt exploratoire. La taille des échantillons et la qualité des données ne permettent pas de méthodes statistiques plus complexes telles que les régressions logistiques ordinales (même avec un faible effet et une puissance faible), et de surcroît, les variables de prédiction sont multicolinéaires. Néanmoins, les résultats offrent d'importants indices sur les corrélations, y compris du point de vue théorique, car ils confirment le « nexus » postulé entre intégrité, autonomie et participation.

3.3.2.3.3 Perspective des enfants et des jeunes

Base de la participation : l'information et la compréhension des informations

Non seulement dans la recherche sur la protection de l'enfance (Bouma et al. 2018 ; Duncan 2019), mais aussi dans les analyses des données INTAPART (en détail : chapitre 3.3.1), on constate que le fait de disposer d'informations sur la procédure et les personnes qui y participent est un préalable important à la participation des enfants (mais pas le seul, loin de là), car il ouvre des espaces permettant une action autonome.

Nos données montrent que les enfants et les jeunes ont généralement été informé·e·s par les autorités des raisons pour lesquelles une procédure était engagée devant l'APEA (ill. 15, tableau 36 en annexe). Un peu moins d'enfants et des jeunes ont été informé·e·s des points sur lesquels l'autorité décide, et on relève que seule une petite proportion d'enfants dit avoir été informée sur ses droits. Comme il s'agit de données d'auto-évaluation, cela ne peut pas être interprété comme voulant dire que ces enfants n'ont pas reçu ces informations ; le cas échéant, ils ont été informés par les autorités de leurs « droits » (p.ex. à être entendus) sans que le terme lui-même ait été

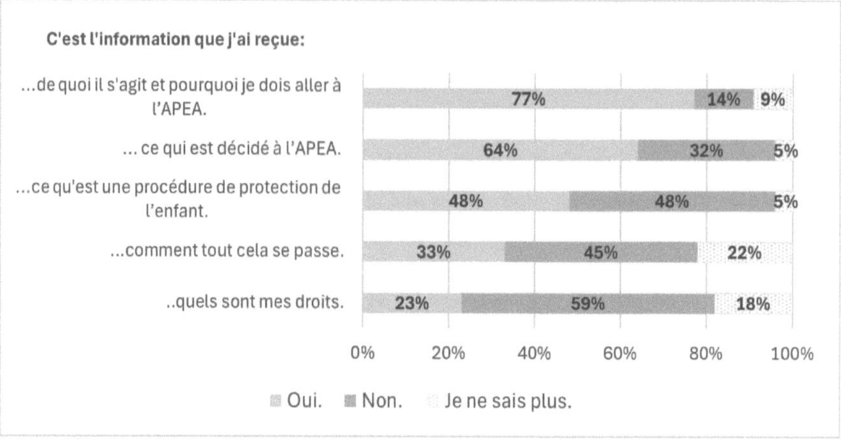

Illustration 15 : Informations sur la procédure (enfants)

employé. Mais les résultats donnent à penser que les droits des enfants leur ont été à peine explicités ou expliqués. Un tiers des enfants et des jeunes (32 %, n=7) ayant participé à l'enquête indique avoir compris les informations, un peu plus de la moitié (54 %, n=12) ont compris au moins « en partie » les informations qui leur ont été données. Trois participant·e·s ont dit ne pas avoir compris les informations ou ne pas être sûr·e·s de les avoir comprises.

Interactions avec les professionnel·le·s, confiance et intégrité

Bon nombre des enfants et des jeunes interrogé·e·s ont rencontré dans les procédures des professionnel·le·s à qui ils ont pu s'adresser pour poser des questions (ill. 16, tableau 37 en annexe), et en règle générale, ils les ont trouvé·e·s sympathiques. Néanmoins, seule une minorité d'enfants interrogés dit faire confiance aux professionnel·le·s, un autre quart leur fait confiance « en partie ». Environ la moitié des enfants et des jeunes a le sentiment de pouvoir parler jusqu'à un certain point des problèmes familiaux avec les professionnel·le·s, étant précisé que la proportion d'enfants et de jeunes qui ont répondu à cette question par « oui » est inférieure à un tiers.

Les principales raisons pour ne pas parler des problèmes sont, à hauteur d'environ 80 %, l'hypothèse que le point de vue des enfants

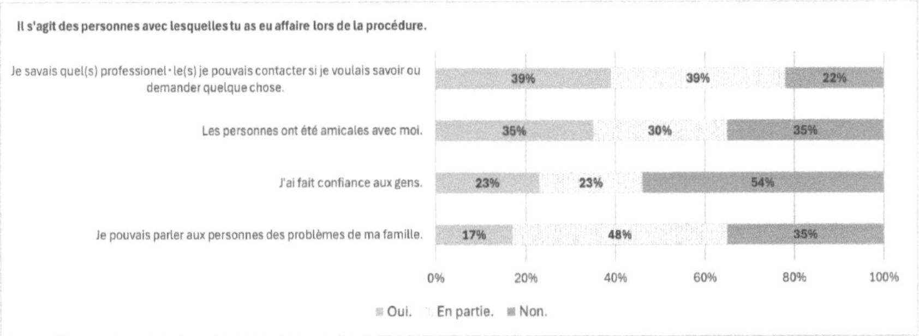

Illustration 16 : Perception des professionnel·le·s dans la procédure (enfants)

n'intéresse pas l'APEA (tableau 38). De même, de nombreux enfants et jeunes (deux tiers à trois quarts) disent préférer discuter des problèmes avec d'autres personnes (membres de la famille, ami·e·s, autres professionnel·le·s). Parmi les autres raisons de ne pas parler ou de ne pas pouvoir parler de leurs sentiments, les enfants et les jeunes indiquent leur préférence à s'entretenir avec des personnes à qui ils font confiance et qui les connaissent bien.

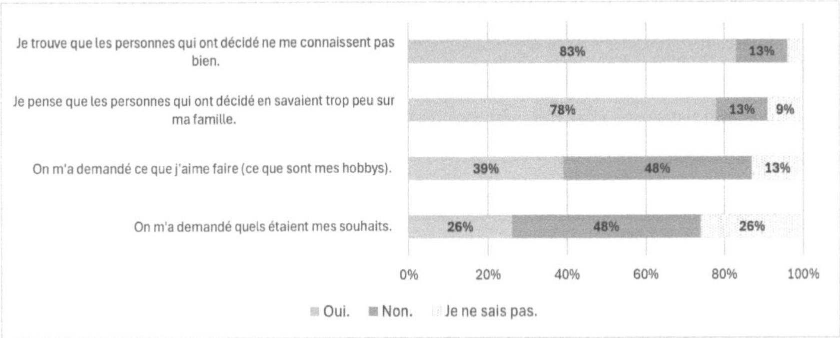

Illustration 17 : Aspects de l'intégrité dans les procédures de protection de l'enfant (enfants)

Dans le questionnaire soumis aux enfants, les aspects de l'*intégrité* ont surtout été recensés par des questions visant à savoir dans quelle mesure ceux-ci avaient le sentiment d'être perçus comme des personnes autonomes ayant leurs propres points forts, leurs propres souhaits et leurs propres intérêts. Sur ce point, il s'avère que plus des trois quarts des enfants et des jeunes estiment (ill. 17, tableau 39 en annexe) que les personnes qui prennent les décisions définitives ne les connaissent pas assez bien, eux et leurs familles. En outre, ils ont vécu les interactions avec les professionnel·le·s comme leur donnant le sentiment de ne pas être perçus et reconnus comme des personnes autonomes.

Participation

Près des deux tiers des enfants participants ont été invités à des entretiens individuels (ou à des auditions) devant l'APEA ou dans le cadre de l'évaluation sociale. On ignore s'ils font la différence entre les deux, le questionnaire ne posant pas de questions sur cette différence (ill. 18, tableau 40 en annexe). Cependant, seule une partie des enfants a été interrogée sur leur évaluation et leur vision de la situation familiale ou sur les solutions ou les aides possibles. Cela montre, une fois encore, que, du point de vue des enfants, les procédures ne discutent guère des aspects qui les concernent en tant que personnes autonomes (qui ils sont, ce qu'ils savent faire et ce qu'ils aiment faire). Cela contredit les résultats de l'enquête auprès des professionnel·le·s, où les personnes interrogées souscrivent massivement à l'affirmation selon laquelle la participation vise à faire connaissance avec les enfants en tant que personnes. On relèvera également qu'à peine 3 enfants sur 23 indiquent que leurs déclarations ont eu une influence sur la décision de l'autorité. Ces résultats montrent que de nombreux enfants, dans ce cas, n'ont vécu leurs possibilités de participation et leur influence que comme très marginales.

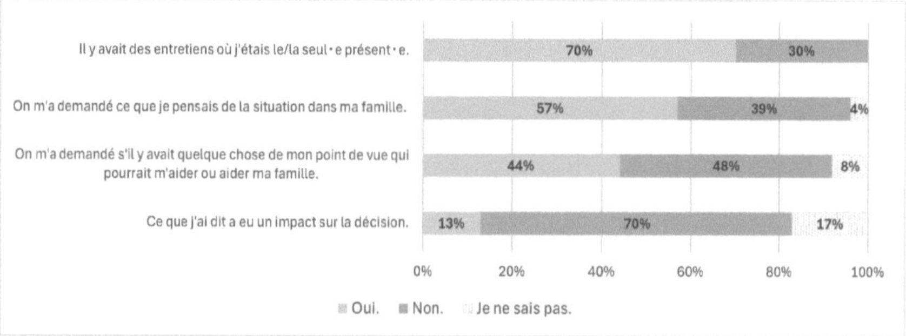

Illustration 18 : Aspects de la participation dans les procédures de protection de l'enfant (enfants)

La procédure, une source de stress

Plusieurs questions portant sur la perception de la procédure de protection de l'enfant en général étudient plus spécifiquement la manière dont les enfants vivent la procédure et le stress qu'ils en éprouvent. Il s'avère qu'en majorité, les enfants ressentent la procédure comme stressante, désagréable et anxiogène, tant pour eux-mêmes que, presque plus encore, pour leur famille (ill. 19, tableau 41 en annexe). Moins de la moitié des enfants ressent rétrospectivement la procédure comme « ok », et près des deux tiers indiquent ne pas se sentir mieux aujourd'hui qu'avant la procédure. Ces résultats montrent que la procédure elle-même a potentiellement un effet d'atteinte à l'intégrité et de désécurisation, et a des retombées à peine positives sur le bien-être subjectif des enfants, même après la décision.

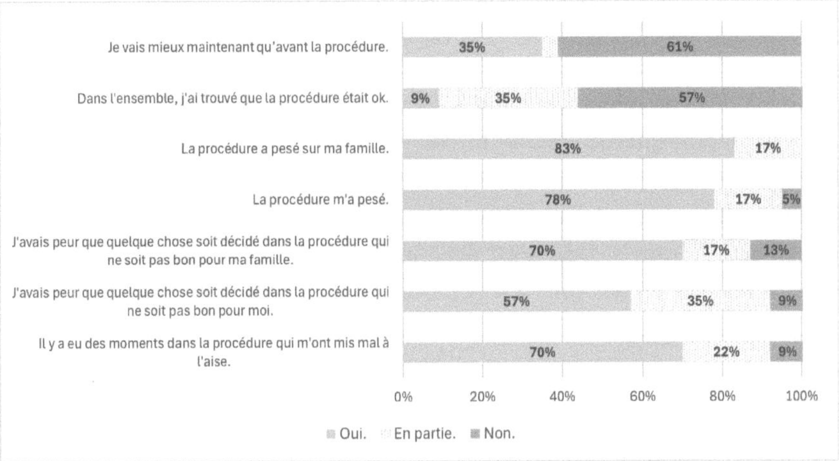

Illustration 19 : Stress dans la procédure et évaluation d'ensemble (enfants)

Discussion

Les données et les résultats de l'enquête auprès des enfants et des jeunes montrent que ceux-ci ou celles-ci ressentent une grande impuissance dans les procédures de protection de l'enfant et ne se sentent sans doute perçu·e·s, reconnu·e·s et traité·e·s par les professionnel·le·s que de manière limitée dans leur rôle de sujets autonomes. Seule une minorité d'enfants et de jeunes se souvient d'avoir reçu des informations explicites sur ses droits et donc aussi sur ses marges de manœuvre. Les informations transmises aux enfants et aux jeunes dans la procédure sont généralement comprises, et les enfants et les jeunes ont pu s'investir dans la procédure au moins dans la mesure où on leur a demandé leur vision du problème. Ils se sont également exprimés lorsqu'ils n'étaient pas d'accord avec quelque chose. Mais on relèvera avec étonnement qu'ils estiment que leur point de vue n'a pratiquement pas eu d'influence sur l'issue de la procédure et sur les décisions des professionnel·le·s, ou que celles-ci leur sont restées obscures – une expérience que font souvent les enfants et les jeunes dans la protection de l'enfance (chapitre 3.3.1).

Les professionnel·le·s rencontré·e·s par les enfants et les jeunes dans la procédure de protection de l'enfant sont certes perçu·e·s comme sympathiques, mais les enfants et les jeunes leur témoignent peu de confiance et ont majoritairement le sentiment que les personnes habilitées à décider ne savent que peu de choses sur eux-mêmes et sur leur famille. Seule une minorité des enfants et des jeunes interrogé·e·s indiquent avoir été interrogés sur leurs intérêts, leurs forces et leurs souhaits, ce qui renforce l'impression d'être des sujets de la procédure d'importance plutôt secondaire, contrairement à l'enquête auprès des professionnel·le·s, où cet aspect de la participation se voit accorder une grande importance. De même, les enfants et les jeunes ont l'impression que l'APEA ne s'intéresse pas vraiment à leur avis et à leur point de vue, ce qui peut expliquer leur absence de confiance. En outre, il y a lieu de supposer que le stress, les angoisses et les craintes éprouvés dans une mesure considérable par la majorité des enfants et des jeunes de l'échantillon portent atteinte à leur sentiment d'intégrité et restreignent encore davantage leur capacité d'action. Cela est préoccupant dans la mesure où la confiance peut être considérée comme l'aspect clé du succès des interactions entre enfants et professionnel·le·s dans la protection de l'enfance (Cossar et al. 2016), surtout que les qualités fortement valorisées par les enfants chez les professionnel·le·s sont l'empathie, la capacité d'écoute, l'honnêteté, l'accueil, l'engagement et la volonté d'agir (ibid. ; Mainey et al. 2009).

Par analogie avec l'enquête auprès des parents, les résultats révèlent la grande importance de la transmission de l'information et de la compréhension des informations pour le vécu de l'autonomie, de l'intégrité et de la participation. Il n'y a rien d'étonnant, par exemple, à ce que justement les informations relatives aux droits des enfants – transmises de manière claire et compréhensible pour eux – soient l'exception plutôt que la règle : ce constat ressort de l'hétérogénéité des informations que les enfants et les jeunes reçoivent dans la procédure, du moment et des modalités de leur transmission, comme le montre l'enquête auprès des professionnel·le·s. Certes, cette hétérogénéité peut être vue comme un « potentiel » de bonne pratique « encore inexploité », à condition de la rendre visible et utilisable, mais aussi de la problématiser, parce que tout porte à croire que les enfants qui sont insuffisamment informés ou qui ne comprennent pas suffisamment les informations ne connaissent pas leurs marges d'action et ne peuvent pas en tirer parti, ne peuvent pas participer et risquent de subir des atteintes à leur intégrité. En outre, les résultats sur la question de savoir comment les enfants vivent les interactions et la communication avec les professionnel·le·s font supposer que, dans la procédure, ils sont plutôt confinés à la fonction de « sources d'informations » et sont donc marginalisés dans le rôle de « spectatrices ou spectateurs » (Woolfson et al. 2010), au lieu d'être considérés comme des sujets concourant activement à l'action, avec leurs propres souhaits et leurs propres points de vue dans le cadre des possibilités et dans la préservation de leur intégrité, au lieu d'être impliqués, et donc de participer effectivement.

Les obstacles apparus sur les plans des relations, de la communication et de la confiance se traduisent notamment par l'absence de confiance dans les professionnel·le·s et dans la réticence à leur parler ouvertement. Cela n'a rien de surprenant, vu l'organisation des procédures qui ne prévoient généralement que peu de contacts. Cela compromet cependant une participation véritable des enfants et des jeunes et crée le risque que les enfants et les jeunes ne signalent pas les situations et les vécus qui leur pèsent et qui menacent leur bien (Barnes 2012 ; Jobe & Gorin 2013). On voit ici que les expériences d'interaction positives et les interactions où les enfants sont traités comme des personnes à part entière ou comme des sujets de la procédure réussissent à atténuer globalement le stress, pratiquement inévitable dans un contexte de contrainte, ainsi que les expériences susceptibles de porter atteinte à l'intégrité dans les procédures, et finissent par aboutir à la cohérence et à l'intégration des expériences faites dans le vécu biographique (Vis et al. 2011).

3.3.3 Focus groupes[29]

Aline Schoch & Gaëlle Aeby

Les focus groupes avaient pour but de permettre de discuter et de commenter les points de vue des parents, des professionnel·le·s et des expert·e·s de l'enfant en s'appuyant sur des résultats empiriques qualitatifs et quantitatifs. L'idée était de débattre de ces résultats et de les soumettre à un regard extérieur critique et axé sur la pratique, en mettant prioritairement l'accent sur les observations reflétant la perspective des personnes concernées (enfants et parents). Dans ce sens, les focus groupes ont servi de boucles de validation des résultats qualitatifs et quantitatifs. Par ailleurs, la focalisation sur le vécu des enfants et des parents devait également permettre de réfléchir aux moyens de garantir et d'encourager la participation aux procédures de protection de l'enfant – en partant de l'hypothèse que se pencher sur les expériences des parents et des enfants reflétées dans les résultats incite à discuter ensemble de solutions possibles aux problèmes (Flick 2000, p. 132s). C'est pourquoi cette dernière étape de collecte des données a été réalisée, dans le processus, peu avant la fin du projet de recherche (entre juin et novembre 2022).

3.3.3.1 Données et méthodes

Les focus groupes ont été menés séparément avec différents groupes : deux avec des professionnel·le·s des APEA, un avec des parents impliqués actuellement ou dans le passé dans une procédure de protection de l'enfant et un avec des expert·e·s de l'enfant (voir tableau 5). Pour la perspective des enfants, trois expert·e·s venant d'une association œuvrant pour la participation et la représentation des enfants dans les procédures judiciaires ont été interrogé·e·s. Cette démarche pragmatique a été retenue au vu de l'expérience sur le terrain de l'étude empirique qui avait montré que le recrutement d'enfants était très chronophage et soulevait des réserves d'ordre

29 Traduit de l'allemand par Benoît Kremer.

éthique.[30] Sept personnes travaillant dans des APEA de cinq cantons différents de Suisse alémanique et du Tessin ont participé à l'un des deux focus groupes réunissant les professionnel·le·s des APEA. Cinq membres d'APEA venant de trois cantons de Suisse romande ont participé à l'autre focus groupe des professionnel·le·s des APEA.

Trois mères et le frère d'une mère se trouvant actuellement dans une procédure de protection de l'enfant ou qui s'y étaient trouvés dans le passé ont participé au focus groupe réunissant les parents. Ces participant·e·s venaient de deux cantons de Suisse alémanique et avaient été recruté·e·s sur recommandation d'un·e professionnel·le en protection de l'enfant intervenant dans plusieurs cantons. Un appel initial lancé par le biais des réseaux sociaux n'avait rien donné.

Tableau 5 : Synthèse des données pour les focus groupes

Groupe d'expert·e·s	*Région*	*Nombre de personnes participantes*
Professionnel·le·s des APEA	Suisse romande (3 cantons)	5
Professionnel·le·s des APEA	Suisse alémanique et Tessin (5 cantons)	7
Parents	Suisse alémanique (2 cantons)	3 mères et le frère d'une mère (3 cas)
Expert·e·s de l'enfant	Suisse	3

30 Le motif venait de l'expérience faite lors du focus groupe avec les parents concernés, qui avait fait remonter de vives émotions et retracer des expériences traumatiques. Outre les réserves d'ordre éthique, l'étude par le focus groupe a mis l'accent sur la validation des données déjà recueillies ainsi que sur des aspects concrets liés à la mise en œuvre. Bien qu'une intégration plus forte de la perspective des enfants et des jeunes dans la recherche soit fondamentalement souhaitable, les deux raisons méthodologiques citées ainsi que le processus de recrutement très ardu et chronophage, encore aggravé par la pandémie de COVID-19, militaient en faveur d'une solution pragmatique. C'est pourquoi la perspective des enfants a été apportée par trois professionnel·le·s ayant de longues années d'expérience professionnelle ainsi qu'en matière de conseils et disposant de connaissances accumulées sur le vécu et la détresse des enfants et des jeunes dans le cadre de procédures de protection de l'enfant.

Pour les trois focus groupes, trois guides d'entretien ont été élaborés. Lors des focus groupes avec le personnel des APEA et les expert·e·s de l'enfant, des graphiques contenant les résultats de l'étude quantitative sur l'expérience vécue par les enfants et les parents dans la procédure de protection de l'enfant ont été présentés, commentés et discutés par les professionnel·le·s. Pour le focus groupe avec les expert·e·s de l'enfant, seuls les résultats de l'enquête auprès des enfants ont été présentés et discutés. Le guide d'entretien pour le focus groupe avec les parents, quant à lui, ne contenait pas de graphiques de résultats, mais seulement une sélection de résultats exposés oralement.

3.3.3.2 Perspective des professionnel·le·s des APEA : entre surprise, tensions insolubles et propositions d'améliorations

Les focus groupes avec les professionnel·le·s des APEA ont été marqués par la discussion entre les professionnel·le·s qui ont commenté les résultats présentés, en avançant de nombreuses thèses et des explications possibles pour les réponses données par les enfants et les parents, mais aussi en évoquant des commentaires complémentaires, des expériences personnelles et des pratiques actuelles.

Les personnes participant aux deux focus groupes s'attendaient *a priori* à ce que les appréciations et les expériences des enfants et des parents soient critiques, mais ont tout de même été surprises par l'ampleur des constats parfois négatifs, notamment parce que les professionnel·le·s des APEA, de par leur propre pratique, faisaient état de leurs nombreux efforts pour impliquer les personnes concernées, les informer et coopérer avec elles. C'est pourquoi les explications avancées pour ces résultats évoquent régulièrement les tensions impossibles à dissiper car intrinsèques à la protection de l'enfant en droit civil. Citons par exemple la tension relative à l'intégrité vécue par les parents, qui indiquent souvent ne pas se sentir respectés dans leur rôle parental au cours de la procédure (chapitres 3.3.1 et 3.3.2). Selon les professionnel·le·s, cela tient à ce que la protection de l'enfant est orientée sur le bien de l'enfant : comme elle n'est pas axée sur les besoins des parents et qu'elle est parfois susceptible d'aller à l'encontre des souhaits des parents, la protection de l'enfant en droit civil n'échappe pas à des phénomènes d'atteinte à l'intégrité. De l'avis des personnes interrogées, les tensions relatives au vécu de l'intégrité par les enfants, qui ont souvent l'impression que l'on accorde peu de poids à leur voix, viennent de la propension des enfants à assimiler leur influence avec la satisfaction de leur volonté dans la procédure de protection de l'enfant. Selon elles, les souhaits et la volonté des enfants s'opposent en partie aux possibilités d'action des APEA et à l'appréciation des professionnel·le·s.

L'analyse des données fait également ressortir l'existence d'un consensus parmi les professionnel·le·s participant·e·s autour des améliorations possibles et nécessaires : les deux focus groupes soulignent qu'il convient d'améliorer la manière dont l'information est comprise par les personnes concernées. Leur compréhension lacunaire ou leur capacité d'assimilation limitée s'explique notamment par la forte charge émotionnelle et le stress ressenti pendant la situation de l'audition. Pour y parer concrètement, il conviendrait d'assurer davantage l'ouverture de la procédure sous forme orale, de prévoir la possibilité d'auditions multiples, de s'assurer régulièrement de la compréhension des personnes concernées, ainsi que de donner une explication orale de la décision. De l'avis des personnes participant aux focus groupes, cela pourrait accroître la transparence et l'acceptation du processus décisionnel et contribuer à ce que les décisions soient ressenties comme plus justes par les enfants, même si elles ne correspondent pas à leur volonté initiale. Des explications supplémentaires données par une personne neutre ou le cas échéant par le ou la représentant·e de l'enfant pourraient également s'avérer bénéfiques. En outre, le recours accru à du matériel de soutien tel que des brochures et des vidéos d'information est réclamé. De façon générale, un langage plus adapté aux destinataires tant sur le plan de la formulation des décisions que sur celui de la communication orale est considéré comme un aspect essentiel permettant d'améliorer l'information (cela se recoupe avec les indications venant des données qualitatives (chapitre 3.3.1 ; Schoch et al. 2023). Les participant·e·s aux focus groupes ajoutent cependant qu'il est difficile de garder des formulations adaptées aux destinataires tout en répondant aux exigences de précision et de détail des jugements et des décisions, qui doivent résister même devant des instances judiciaires de recours.

S'agissant de l'écoute insuffisante de la voix des enfants, les déclarations indiquent qu'une participation plus active, notamment des enfants relativement jeunes, serait possible et nécessaire. En outre, l'accès aux membres des autorités ainsi qu'aux curateurs ou curatrices par le biais de moyens de communication adaptés aux enfants et aux jeunes, tels que WhatsApp ou Messenger, devrait être amélioré et la fréquence des contacts devrait être augmentée.[31] Cela encouragerait une relation davantage marquée par la confiance et pourrait ainsi renforcer l'intégrité et l'autonomie vécues par les enfants.

Les personnes interrogées en Suisse alémanique défendent l'uniformisation et le renforcement de la réglementation relative à la procédure de protection de l'enfant, alors que les participant·e·s au focus groupe de Suisse romande soulignent plutôt la nécessité d'un traitement au cas par cas ainsi que l'ouverture, la flexibilité et les marges de manœuvre que cela implique. Un droit unifié dans ce sens ainsi que des recommandations d'action pourraient simplifier la tâche des autorités de protection de l'enfant.

Les résultats font également ressortir un certain consensus sur le fait que la procédure de protection de l'enfant doit être améliorée pour mieux prendre en compte les personnes concernées et les intégrer, même si certaines tensions sont impossibles à dissiper. Les participant·e·s soulignent cependant que ces améliorations nécessitent des conditions-cadres. Il convient notamment d'évoquer dans ce contexte le manque de ressources, mentionné dans les deux focus groupes tant par les membres des autorités qu'en lien avec les professionnel·le·s chargé·e·s de la réalisation de l'évaluation sociale et de l'exécution du mandat. En outre, de l'avis des personnes ayant participé aux focus groupes, la pénurie de curateurs ou curatrices qualifié·e·s et/ou le changement fréquent de curateurs ou curatrices ainsi que le peu de temps disponible de la part des professionnel·le·s des APEA entravent la mise en place d'une relation marquée par la confiance entre les professionnel·le·s et les enfants et donc la possibilité de se pencher sur les besoins individuels des personnes concernées et de dégager une décision participative et dûment informée.

31 Il convient de relever de manière critique la problématique de la protection des données dans le cas de l'utilisation de ces moyens de communication.

3.3.3.3 Perspective des parents : sentiment d'impuissance et désespoir – coup d'œil sur l'éventail des expériences négatives

Les expériences avec les APEA et la procédure de protection de l'enfant communiquées par les personnes ayant participé au focus groupe correspondant sont invariablement négatives. Même si des expériences graves au point de porter atteinte à l'intégrité ne sont sans doute pas la règle (chapitre 3.3.2), elles font partie de l'éventail des expériences vécus par les parents dans les procédures de protection de l'enfant. Les personnes participant au focus groupe sont trois mères seules ou séparées élevant leurs enfants, au nombre d'un à trois. Elles font toutes état de litiges portant sur le droit de visite ou de conflits de couple avec le père de l'enfant ayant entraîné l'intervention de l'APEA et s'étendant parfois sur plusieurs années. Dans un cas, l'implication de l'APEA a abouti à un placement extrafamilial de l'enfant ; dans deux cas, les mères évoquent également des séjours stationnaires des enfants dans des cliniques psychiatriques. Le récit du déroulement des événements lors des procédures de protection de l'enfant qui durent déjà depuis plusieurs années (ou qui se répètent, les déclarations ne permettent pas de le reconstituer) donne des exemples flagrants de difficultés de communication récurrentes et d'une perte de confiance croissante des mères dans les autorités.

Ces récits des mères, très personnels et parfois accompagnés de larmes, mettent régulièrement en lumière leurs sentiments d'impuissance vis-à-vis de l'APEA ainsi qu'un stress et un épuisement intenses dus à la procédure de protection de l'enfant, ce qui se répercute souvent aussi sur les enfants. Ils mentionnent également des fausses accusations émanant de tiers et exerçant une influence sur les procédures, que les mères ne parviennent quasiment pas à désamorcer ou à réfuter. Toutes les personnes impliquées évoquent des moments où elles se sont senties à la merci des membres du personnel de l'APEA et où elles n'ont pas réussi à se faire entendre. Les mères dénoncent le manque de contrôle ou de surveillance sur les activités des membres de l'APEA et évoquent parfois des abus de pouvoir de la part de certains membres de l'autorité. Par ailleurs, elles signalent que leurs déclarations ont parfois été mal retranscrites par l'APEA, voire niées ; de même, de nombreuses personnes perçoivent les activités de l'APEA comme peu utiles, mais dirigées contre elles et de nature à délégitimer leurs points de vue et leurs besoins. Précisons cependant aussi que les participant·e·s savent que les diverses APEA n'ont pas des pratiques homogènes, car ils évoquent également des exemples positifs rencontrés dans d'autres APEA.

Les participant·e·s signalent que dans de nombreux cas, les procès-verbaux des entretiens n'ont pas été dressés ou l'ont été de manière très rudimentaire ou incomplète, ce qui, selon les mères, alimente le sentiment d'impuissance. Sans procès-verbal, ils disent se sentir totalement démunis et privés de la capacité d'agir. En revanche, les entretiens faisant l'objet d'un procès-verbal instaurent une plus grande fiabilité et donc plus de sécurité juridique pour eux. Ces affirmations correspondent aux déclarations positives concernant les procès-verbaux, relevées dans les résultats de l'analyse qualitative des données (chapitre 3.3.1).

Par ailleurs, les mères interrogées dans le focus groupe signalent que d'importantes relations de confiance peuvent se nouer entre les enfants et les curateurs ou curatrices, mais critiquent le fait que tous les curateurs ou toutes les curatrices ne fournissent pas un travail de même qualité et ne dispensent pas le même soutien. En outre, elles déplorent que le déroulement de l'audition des enfants ait manqué de sensibilité, par exemple qu'un accompagnement par une personne de confiance (psychothérapeute) ait été refusé aux enfants et que l'enfant ait été mis sous pression, voire manipulé durant l'entretien.

Par ailleurs, les mères indiquent dans le focus groupe ne pas avoir reçu d'informations sur leurs droits au début de la procédure. De même, les autres données empiriques signalent que de nombreux parents, à tout le moins, ne se rappellent pas activement s'ils ont été informés sur leurs droits et leurs devoirs, ni de quelle manière (chapitre 3.3.2). À la question de savoir si les mères se sont fait représenter par un·e avocat·e et ont utilisé leurs possibilités de recours, les personnes interrogées ont généralement répondu qu'elles n'avaient pas les moyens ou les connaissances nécessaires, ni surtout l'énergie requise, car elles avaient déjà ressenti la procédure de protection de l'enfant comme longue et épuisante. Une des participantes s'est fait systématiquement représenter par un·e avocat·e malgré le coût élevé.

3.3.3.4 Perspective des expert·e·s de l'enfant : pas de surprise et consensus fort sur des propositions d'amélioration concrètes

Dans l'entretien avec les expert·e·s de l'enfant, les seuls résultats présentés ont été ceux relatifs au point de vue des enfants. Les participant·e·s au focus groupe ont souvent comparé les résultats présentés avec leurs expériences de conseils auprès des enfants, qui se recoupaient presque entièrement avec les résultats présentés. Au contraire des professionnel·le·s des APEA, qui se sont montrés surpris par l'ampleur des expériences négatives, les résultats présentés n'ont guère surpris les expert·e·s de l'enfant. Les participant·e·s se sont penché·e·s de manière répétée sur des propositions d'amélioration concrètes, et le focus groupe leur a offert avant tout une occasion d'en discuter. Un large consensus s'est dégagé sur les possibilités d'améliorations présentées.

De même, les expert·e·s de l'enfant soulignent de manière répétée la nécessité d'améliorer la compréhension des informations sur la procédure reçues par les enfants. Ils sont d'avis que les matériaux d'information existants tels que la brochure relative à l'audition, par exemple de l'UNICEF et de l'Institut Marie Meierhofer pour l'enfant (2023), devraient être utilisés davantage. Ainsi, ils critiquent par exemple le fait que la lettre d'invitation contienne trop peu d'informations, ce qui pourrait expliquer l'incertitude et la crainte des enfants face à l'audition et à la procédure de protection de l'enfant en général. Par ailleurs, ils critiquent l'absence d'entretiens d'éclaircissement avec les enfants et le fait que les auditions des enfants et les éclaircissements fournis ne soient souvent pas adaptés aux enfants. Sur ces deux points, les propositions d'amélioration se recoupent avec celles du focus groupe des professionnel·le·s des APEA. Dans le même temps, les participant·e·s au focus groupe relèvent un besoin de perfectionnement de la part des professionnel·le·s des APEA, par exemple eu égard à l'aménagement de la communication avec les enfants. En outre, les enfants ne savent pas assez dans quelle mesure leurs déclarations vont alimenter la prise de décision, ce qui rejoint également les résultats d'autres analyses opérées dans le cadre de l'étude (chapitre 3.3.1 et 3.3.2 ; Schoch et al. 2023). Les expert·e·s regrettent aussi que la volonté des enfants soit trop peu prise en compte dans la décision et que la décision soit trop rarement motivée, alors qu'elle devrait l'être systématiquement. En lien avec le manque de prise en compte de la volonté de l'enfant, les participant·e·s regrettent que les APEA accordent parfois trop de poids aux intérêts des parents. Ces raisons sont invoquées pour expliquer le manque de possibilités de participation des enfants constaté par le focus groupe.

Les participant·e·s relèvent que la représentation juridique de l'enfant intervient souvent à un moment (trop) tardif de la procédure. Sur ce point aussi, il existe déjà du matériel de soutien, par exemple la checklist pour la mise en place d'une représentation juridique, de l'association Avocat·e·s de l'enfant Suisse, qui pourrait être davantage utilisée. Dans ce contexte, le focus groupe réclame une réglementation plus forte visant à faire intervenir une représentation juridique de l'enfant de manière contraignante et systématique. Il estime ce point impérativement nécessaire, en particulier lorsqu'un placement extrafamilial est en cause, ce qui est d'ailleurs déjà mis en œuvre de manière exemplaire dans certains cantons. Dans les cas de placements extrafamiliaux, le législateur ne devrait pas seulement recommander l'examen d'une représentation juridique de l'enfant (art. 314*a*^{bis} CC), mais même prescrire celle-ci à titre obligatoire : les avis des participant·e·s au focus groupe concordent sur ce point. Ils plaident pour une adaptation de la loi prévoyant l'obligation fondamentale pour l'APEA d'indiquer les motifs pour lesquels aucune représentation juridique n'est mise en place pour les enfants (le potentiel présenté par la représentation juridique est également mentionné par les professionnel·le·s des APEA). Une formulation plus explicite du droit de la procédure relatif à la protection de l'enfant, contenant les points mentionnés et les réglant de façon plus stricte, est donc favorablement accueillie pour parvenir à un renforcement général et systématique de la prise en compte des points de vue et des avis des enfants (vécu de l'intégrité et de l'autonomie) ainsi que de leur participation. De surcroît, les expert·e·s de l'enfant estiment nécessaire de recueillir d'autres données empiriques du point de vue des enfants afin d'évaluer les innovations.

3.3.3.5 Discussion

Les focus groupes confirment globalement la validité des constats de l'étude qualitative (chapitre 3.3.1) et de l'enquête quantitative (chapitre 3.3.2), tout en approfondissant leur interprétation. Dans les trois focus groupes – avec le personnel des APEA, avec les parents et avec les expert·e·s de l'enfant – on voit à nouveau se cristalliser, dans l'optique d'améliorations possibles, des aspects centraux qui, de l'avis des participant·e·s, pourraient contribuer à accroître l'intégrité, l'autonomie et la participation vécues par les enfants et les parents dans les procédures de protection de l'enfant.

Il convient de citer en premier lieu les efforts nécessaires et accrus pour améliorer la compréhension de la procédure, de son déroulement, des mesures possibles et du processus décisionnel par les parents et par les enfants. Le but devrait être d'accroître la transparence des processus et d'étendre les possibilités de participation et les marges de manœuvre. Les approches allant dans ce sens passent par une communication orale plus fréquente entre les professionnel·le·s et les personnes concernées, offrant davantage d'occasions d'éclaircissements, d'échanges et de questions et améliorant ainsi la compréhension des diverses étapes de la procédure par les enfants et les parents. La réussite de cette communication est conditionnée à une langue adaptée aux destinataires ainsi que, de façon générale, à la diversification des moyens et des voies de communication pour faciliter l'accès aux professionnel·le·s et créer par ce biais de nouveaux espaces et de nouvelles possibilités de délibération.

Une autre priorité porte sur les efforts visant à accroître les possibilités de participation, notamment pour les enfants relativement jeunes. Cela inclut une plus grande prise en considération des points de vue et des avis des enfants et une plus grande transparence des processus décisionnels. Des efforts accrus devraient être entrepris pour accompagner les enfants sur cette voie et encourager leur participation durant toute la procédure, par exemple en faisant plus souvent appel à la représentation juridique des enfants. Dans ce contexte, il semble essentiel, non seulement pour les enfants, mais aussi pour leurs parents, que les motifs des décisions soient expliqués en détail, de préférence oralement et dans une langue adaptée aux destinataires. Au vu des discussions par focus groupes et des résultats tirés des autres données récoltées dans le projet, il semble également important d'introduire l'obligation de dresser un procès-verbal des auditions ainsi que de le faire relire et corriger par les personnes concernées aussitôt après l'audition et en présence de toutes les personnes participantes. Cela offre une plus grande sécurité juridique et pourrait contribuer à réduire les atteintes à l'intégrité dans les communications et dans les situations ainsi qu'à accorder davantage de pouvoir d'action aux personnes concernées.

3.3.4 Synthèse et discussion de l'étude empirique[32]

Brigitte Müller, Aline Schoch & Gaëlle Aeby

3.3.4.1. Questions étudiées, accès méthodologiques et échantillons

La partie empirique de l'étude INTAPART visait d'une part à répondre à des questions relatives aux expériences des enfants et des parents dans les procédures de protection de l'enfant, notamment celles de savoir comment les enfants et les parents vivaient les procédures et l'action des professionnel·le·s et quelles caractéristiques des interactions ils percevaient comme favorables ou néfastes sur le plan de leur autonomie, de leur intégrité et de leur participation. En outre, la partie empirique visait à déterminer par quels moyens les autorités et les professionnel·le·s impliquaient les enfants et les parents et dans quelle mesure ils tenaient compte de leurs points de vue.

L'étude empirique se composait (1) d'observations participantes d'interactions et d'études de cas multi-perspectives, (2) de trois enquêtes quantitatives en ligne indépendantes auprès de professionnel·le·s, de parents et d'enfants et (3) de focus groupes destinés à valider les résultats des deux premières parties. L'accès au terrain et le recrutement des participant·e·s tant pour la partie qualitative que pour la partie quantitative de l'étude se sont avérés difficiles pour des raisons tenant à l'accès aux groupes cibles des enfants et des parents, à la forte charge de travail dans les organisations de protection de l'enfant ainsi qu'à la pandémie de Covid-19 en cours au moment de la collecte des données. Des stratégies de recrutement adaptées et la prolongation de la phase de collecte des données sur le terrain ont abouti, dans la partie qualitative de l'étude, à 24 observations de 19 cas et à 28 entretiens portant sur un total de 10 cas venant de quatre autorités de protection de l'enfant et de l'adulte.

32 Traduit de l'allemand par Benoît Kremer.

Les échantillons de l'enquête en ligne se composaient de 23 participant·e·s à l'enquête auprès des enfants et des jeunes, 89 participant·e·s à l'enquête auprès des parents et 112 participant·e·s à l'enquête auprès des professionnel·le·s. Ces chiffres ne sont que moyennement satisfaisants vu la complexité des analyses statistiques de données, mais peuvent être considérés comme suffisants, étant donné la difficulté à contacter les participant·e·s. La triangulation avec des données qualitatives a permis une validation réfléchie des résultats de l'enquête auprès des enfants et a fait apparaître une série de concordances intéressantes. C'est pourquoi les résultats de cette étude empirique peuvent être considérés comme représentatifs des expériences d'au moins une partie significative des enfants et des jeunes dans la procédure de protection de l'enfant.

Pour conclure l'étude empirique, quatre focus groupes réunissant des expert·e·s de l'enfance, des parents et des professionnel·le·s des APEA (un en Suisse alémanique et un en Suisse romande) ont été réalisées afin de mener une discussion critique des résultats.

Les différents accès méthodologiques ont permis d'une part d'éclairer les questions prioritaires sous *divers angles dans des settings différents et avec des méthodes d'enquête et des données différentes.* Cela brosse un tableau différencié de résultats et de constats distincts et qui se recoupent, tout en rassemblant un corpus de données présentant un fort degré de complexité eu égard aux nombreux niveaux et aux nombreuses facettes des objets sur lesquels l'étude peut se concentrer. Ainsi, des triangulations de méthodes ou de résultats ont déjà été opérées *à l'intérieur* de la partie qualitative et de la partie quantitative.

Un avantage de cette manière de faire tient à ce qu'*une telle approche multi-perspective compense* les difficultés de l'accès au terrain et les nombres de cas et de participant·e·s relativement faibles qui en découlent et à ce qu'*elle permet de mettre les différentes conclusions dans une relation mutuelle complémentaire.* En outre, les résultats permettent de supposer logiquement que d'éventuels effets de sélection ont été neutralisés grâce aux accès multiples sélectionnés, voire n'ont pu être rendus visibles que par cette approche. Il y a lieu de supposer que le choix et le recrutement des personnes pour les entretiens de la partie qualitative ainsi que l'accord des enfants et des parents à l'observation participative lors de leurs auditions par les quatre autorités ont donné lieu à une sélection plutôt positive en ce sens que l'équipe de recherche a ainsi eu accès à des procédures et à des cas de coopération et de relation avec les enfants et les parents plutôt réussis. D'un autre côté, les données quantitatives issues des questions posées aux enfants et aux parents ainsi que les focus groupes font ressortir des tendances à des évaluations fortement teintées de négativité envers la procédure, le vécu de chacun·e ou les résultats de l'étude. La possibilité de triangulation et de confrontation des résultats représente ici une *compensation validante.*

3.3.4.2 Discussion et conclusion

La discussion ci-après retrace de manière synthétique les constats et les conclusions découlant des résultats triangulés de la partie qualitative et de la partie quantitative de l'étude empirique. Ces résultats révèlent d'une part le *rôle central joué par les informations, les connaissances et la compréhension de la procédure* et de ses différents aspects pour le vécu de l'intégrité, de l'autonomie et de la participation des enfants et des parents dans les procédures de protection de l'enfant. Il ressort que tant les enfants que les parents comprennent souvent mal ce qu'est une procédure de protection de l'enfant, quel rôle chacun·e y joue, quelles en sont les phases et de quelle manière ils peuvent y participer. L'ouverture de la procédure, les auditions ou les autres rencontres ne semblent pas suffire ou ne conviennent que dans une mesure limitée pour garantir de la part des enfants et des parents *une compréhension adaptée eu égard à la perception de leurs propres marges de manœuvre et des moyens de se repérer dans la procédure.* En outre, il est difficile de ramener la complexité de la procédure juridique à un *degré de concrétisation linguistique* qui permette à des enfants, à des profanes et à des personnes possédant des compétences d'expression ou de lecture limitées de se repérer dans la procédure. Les professionnel·le·s évitent également parfois de transmettre des informations détaillées, par exemple lorsqu'ils supposent que les enfants subissent des stress très forts ou des conflits de loyauté, ou face à certains actes tels que des abus commis par les parents. Il en résulte, comme le montrent les observations, que *les enfants et les parents possèdent un degré d'information souvent insuffisant,* qui favorise les peurs et la méfiance et ouvre la porte à des malentendus dans la communication entre les autorités, les professionnel·le·s et les familles.

Étant donné que la partie empirique de l'étude révèle que la connaissance de la procédure et la compréhension de celle-ci sont des préalables essentiels à la capacité d'action et à l'autonomie des enfants et des parents dans les diverses phases de la procédure ainsi qu'à leurs possibilités de participation, cet aspect doit recevoir une grande importance dans l'évolution pratique de la protection de l'enfant. Les données montrent que de nombreux progrès ont déjà été faits et qu'il existe de nombreuses approches et de nombreux efforts pour aménager les settings et la communication de manière à améliorer la compréhension des enfants et des parents ; ainsi, des brochures et du matériel d'information sont largement utilisés et il existe souvent des consignes sur la manière de travailler avec les enfants et les parents. Cependant, il n'existe ni normes contraignantes ni posture professionnelle uniforme sur le point de savoir qui doit informer les enfants et les parents, à quel moment, de quelle manière et à propos de quoi. En outre, on relève que la communication des décisions ne revêt qu'une importance marginale dans le contexte de l'information des enfants et des parents. Les résultats montrent à cet égard que les enfants et les parents restent souvent dans le flou quant au rôle que leurs points de vue ont pu jouer dans la procédure ainsi qu'à la mesure dans laquelle ils ont été pris en compte ou non et aux motifs pour lesquels cela a été le cas. Or, il est important pour les enfants et pour les parents de comprendre pourquoi l'autorité de protection de l'enfant et de l'adulte a pris une décision donnée, pourquoi une mesure particulière a été prise et pas une autre, pour pouvoir situer et gérer la procédure et donc aussi pour leur vécu de l'intégrité ; de même, l'incompréhensibilité des processus décisionnels provoque un stress subjectif et diminue l'acceptation des mesures.

En outre, des expériences d'interaction et des rencontres avec des professionnel·le·s ont été d'une grande importance pour le vécu des procédures de protection de l'enfant par les enfants et par les parents, en ce qui concerne la perception de l'intégrité autant que les possibilités de participation. Les données étayent la conceptualisation de la participation comme un processus interactionnel et relationnel (Husby et al. 2018 ; Tisdall 2017). Les interactions peuvent être comprises, au vu des résultats, comme le support et le cadre non seulement de la participation, mais aussi du vécu de l'intégrité et de l'autonomie. Être accepté·e, respecté·e et entendu·e, vivre la communication comme inclusive et d'égal·e à égal·e et se sentir perçu·e comme personne entière et non pas, par exemple, comme « informateur ou informatrice » s'avèrent ici être des caractéristiques essentielles des interactions encourageant la participation et préservant l'intégrité. Les données montrent cependant que de nombreux enfants et parents font d'autres expériences d'interactions ou perçoivent différemment les interactions avec les professionnel·le·s. Cela concerne notamment leur expérience à avoir voix au chapitre.

Souvent, ils se sentent mis en minorité et sur la touche, et ont l'impression que leurs points de vue ne pèsent pas très lourd dans la procédure. Ainsi, les procédures ont un effet d'ostracisme sur les enfants et les parents, menacent leur intégrité ou y portent atteinte, surtout, comme cela a été constaté, lorsque les décisions sont incompréhensibles et que les mesures sont vécues comme un stress supplémentaire. De telles dynamiques peuvent dissimuler des résistances, des peurs et de la méfiance de la part des enfants et des parents, phénomènes qui peuvent être dissipés, comme l'a montré la partie qualitative de l'étude, essentiellement par l'instauration de la confiance et par des contacts répétés au cours de la procédure. Il est vrai que d'un autre côté, les données quantitatives révèlent que les attitudes des professionnel·le·s accordent une place importante et positive à la participation des enfants et des parents. Les données qualitatives à leur tour indiquent que les autorités, surtout dans la collaboration avec les parents, sont fortement tournées vers le succès de la coopération et aspirent avant tout à trouver une solution commune. Toutefois, là aussi, on voit parfois apparaître des modèles d'aménagement des interactions qui laissent supposer que, dans la pratique, celles-ci se déroulent sans permettre, ou en ne permettant pas toujours ou pas suffisamment, la participation des enfants et des parents, par manque de temps et, le cas échéant, en raison d'attitudes expertocratiques (Duncan 2019).

S'agissant de leur participation, les enfants ont souvent le sentiment de pouvoir s'exprimer, mais sans que leur avis soit toujours pris en compte, ce qui réduit donc leur participation à un volet purement formel de la procédure (voir Schoch et al. 2023). Les résultats montrent aussi que le degré de participation augmente avec l'âge et que les adolescent·e·s sont nettement plus impliqué·e·s que les enfants plus jeunes. Les enfants ont souvent des difficultés à faire confiance aux professionnel·le·s et à s'exprimer, sont stressés par la procédure et ont peur des conséquences négatives éventuelles pour leur famille. À l'inverse, les professionnel·le·s estiment également qu'il est difficile d'informer et de faire participer les enfants de manière appropriée.

Les résultats montrent clairement qu'un aménagement des interactions capable de préserver l'intégrité des enfants et des parents, d'encourager leur autonomie (d'action) et de stimuler leur participation n'est pas toujours garanti en raison de la structure hétérogène des autorités de protection de l'enfant, de leur organisation et des procédures elles-mêmes, et n'a pas toujours les mêmes perspectives de succès. L'étude fait une nouvelle fois (voir Schnurr 2016) apparaître des différences considérables entre régions, cantons et autorités individuelles. Ainsi, il existe des procédures et des endroits où les auditions et parfois aussi l'ouverture de la procédure sont les seuls moments où les enfants et les parents sont activement impliqués. Les personnes habilitées à prendre la décision se fient alors aux résultats et aux recommandations des évaluations sociales et ne vérifient quasiment pas si le point de vue des enfants et des parents a été pris en considération, de quelle manière il l'a été le cas échéant, et si cela reflète toujours la situation actuelle. Ces rencontres formalisées entre enfants, parents et professionnel·le·s des autorités ne contribuent cependant que dans une mesure limitée à la participation, même si les résultats montrent que dans d'autres autorités, une réflexion professionnelle est menée sur la participation (des enfants) et les manières de faire qui ont vu le jour sont méthodologiquement fondées et axées sur des entretiens menés sur un pied d'égalité, sur l'intégration et sur l'instauration de la confiance. Les résultats montrent en outre que des différences considérables dans la compréhension et la définition de la participation et de sa mise en œuvre existent entre membres des autorités, juges et travailleuses ou travailleurs sociaux, ce qui contribue largement au caractère hétérogène de la pratique et de l'aménagement de la procédure.

Les observations faites jusqu'ici font apparaître un autre pivot essentiel du vécu de la procédure par les enfants et les parents, à savoir le rôle de la confiance et de l'instauration de celle-ci (voir à cet égard Mörsberger 2021). Ainsi, les enfants et les jeunes sont rarement prêts à s'ouvrir et à faire état des difficultés familiales lorsqu'ils ne perçoivent pas les professionnel·le·s qui s'occupent d'eux comme bienveillant·e·s et attentionné·e·s, que ces personnes ne sont pas accessibles et présentes, même en dehors de leur rôle et de leur fonction dans la procédure, et que les enfants ne se sentent pas perçus comme des individus autonomes. Chez les parents, le sentiment que leurs propres points de vue, interprétations du problème et propositions de solutions ont été entendus et surtout sérieusement discutés avec eux contribue à renforcer la confiance au fur et à mesure de l'avancement de la procédure. D'autre part, les parents qui disposent d'un·e professionnel·le comme personne de confiance à l'intérieur de la procédure ou en dehors se sentent plus en sécurité dans la procédure, peuvent mieux s'y repérer et la vivent comme moins stressante. Cela confirme une conclusion de Leuthold et Rufflin (2019).

Il est manifeste que l'organisation – et le fonctionnement – des procédures de protection de l'enfant n'est pas axé en priorité sur l'instauration de la confiance, ou plus précisément que l'instauration de la confiance entre des personnes qui prennent des décisions ayant de lourdes conséquences sur la vie d'autrui et celles qui sont concernées par ces décisions ne semble réalisable que dans une mesure limitée, même sur la durée usuelle de la procédure. Pour prendre au sérieux et concrétiser le désir de faire participer les personnes concernées, il faut cependant – surtout compte tenu du manque de confiance constaté des personnes concernées envers les autorités et la procédure – agir sur les formes de la procédure et des interactions qui permettent aux enfants et aux parents de se repérer dans la procédure, de se sentir reconnus dans leur vécu et leurs points de vue et d'utiliser les marges de manœuvre dont ils disposent dans les processus de négociation avec les professionnel·le·s. Or, il s'avère que l'hétérogénéité des structures et des manières de faire dans le cadre des procédures, jointe à la grande diversité des attentes, des préalables et du ressenti des enfants et des parents n'entraînent pas encore une pratique d'utilisation ciblée des marges de manœuvre professionnelles appuyée sur une norme professionnelle – suffisamment – définie et définissante, mais aboutit à un certain arbitraire dans lequel non seulement l'égalité en droit et l'égalité de traitement des enfants et des parents dans la protection de l'enfant pose question, et où leurs possibilités de participation sont aménagées de manières très différentes. Les résultats de l'étude empirique montrent que pour les enfants et les parents, les expériences positives ou la perception de l'autonomie d'action et de l'intégrité dans les procédures de protection de l'enfant sont inéluctablement associées à une participation vécue comme importante. Les défis actuels afin de faire des procédures de protection de l'enfant des expériences préservant la participation, l'intégrité et l'autonomie pour davantage de personnes concernées, malgré un contexte contraignant, consistent à réduire l'hétérogénéité constatée.

4. Synthèse interdisciplinaire et réflexion[1]

Kay Biesel, Brigitte Müller, Michelle Cottier & Stefan Schnurr

4.1 Introduction

Comment les enfants et les parents vivent-ils les actions des autorités de protection de l'enfant (chapitre 2) ? Telle est la question à la base du projet de recherche INTAPART. Une étude historique, une analyse juridique et une étude empirique (chapitre 3) y répondent. Ces trois études complémentaires empruntent une diversité d'approches méthodologiques pour étudier l'expérience vécue par les enfants et les parents concernés par une procédure de protection de l'enfant en Suisse, menée jusqu'en 2012 par l'autorité tutélaire, puis, depuis 2013, par l'autorité de protection de l'enfant. Le projet de recherche avait pour but premier d'établir en quoi l'action des autorités restreignait ou favorisait l'intégrité, l'autonomie et la participation des enfants et des parents. Elle visait à étudier les possibilités qui existaient et qui existent au présent pour les enfants et les parents concernés par une procédure de protection de l'enfant, afin qu'ils puissent *exercer leurs droits, articuler leur point de vue et influencer de façon significative les décisions prises à leur encontre.* Le projet partait de l'hypothèse et du constat, corroboré par de nombreux travaux de recherche, que l'intégrité, l'autonomie et la participation des enfants et des parents sont fondamentalement remises en cause par le contexte de contrainte propre à la procédure de protection de l'enfant, et qu'il faut des dispositions légales spécifiques, des conditions organisationnelles et des approches méthodologiques pour les protéger (chapitre 2).

Nous présenterons dans ce qui suit la quintessence des résultats auxquels parviennent les trois études complémentaires, en suivant les questions de recherche qui les guidaient. Ces résultats seront ensuite mis en rapport et discutés d'un point de vue interdisciplinaire.

1 Traduit de l'allemand par Irène Kruse.

4.2 Principaux résultats du projet de recherche INTAPART

4.2.1 Principaux résultats de l'étude juridique

L'étude juridique porte sur l'évolution des droits des enfants et des parents dans la procédure de protection de l'enfant en droit civil depuis 1912 jusqu'à nos jours (chapitre 3.1). La question centrale consistait à savoir comment les *droits procéduraux ont évolué et ont contribué à favoriser ou à restreindre l'intégrité, l'autonomie et la participation des enfants et des parents.* L'étude interroge en outre les approches novatrices développées dans d'autres pays afin de renforcer les droits des enfants et des parents à s'impliquer dans les procédures de protection de l'enfant.

L'analyse montre que le système suisse se distingue, dès l'introduction du Code civil en 1912, par des dispositions légales formulées de manière vague, qui laissaient une importante marge de manœuvre aux cantons et aux autorités, par une formation des professionnel·le·s dont nous reconnaissons aujourd'hui l'insuffisance ainsi que par l'inexistence de garanties procédurales. Il en a résulté un manque d'homogénéité des pratiques du côté des autorités, ainsi que des *atteintes aux droits fondamentaux des citoyen·ne·s et des inégalités de traitement.* La possibilité, pour les cantons, de prévoir, à côté du placement extrafamilial sur la base du Code civil, aussi l'« internement administratif » de jeunes, était également problématique. L'internement poursuivait en premier lieu des buts de protection de l'ordre publique (lutter contre la pauvreté, imposer une vision de la morale) ; là encore, les personnes concernées étaient privées de droits de recours.

De premières améliorations ont été introduites avec l'entrée en vigueur, en 1978, de la révision du droit de la filiation. Le droit de la protection de l'enfant y était réglé de façon plus précise et plus complète, avec pour considération centrale le bien de l'enfant. Les cantons conservaient en revanche la compétence pour le droit de procédure, exception faite de quelques dispositions isolées ancrées dans le Code civil, garantissant notamment l'accès à un tribunal en cas de retrait de l'autorité parentale. Ces premiers changements ont entraîné dans leur sillage l'introduction de la surveillance des conditions de placement des enfants, puis, dans le même contexte, l'adoption de l'ordonnance sur le placement d'enfants (OPE).

La réforme de 1981 qui a suivi la ratification de la Convention européenne des droits de l'homme (CEDH) a mis un terme à la compétence cantonale dans le domaine de l'internement administratif aussi bien des mineur·e·s que des adultes. Le droit de protection de l'enfant renforçait les droits de recours des parents et des enfants (droit à un examen judiciaire de la décision, droit d'être entendu), mais ce seulement dans le cas du placement d'un enfant dans un « établissement ».

Il a fallu attendre 2000, par suite de la ratification de la Convention des Nations Unies relative aux droits de l'enfant (CDE), pour que les *enfants soient considérés comme des sujets de droit.* Pour les procédures matrimoniales de la protection de l'enfant, des dispositions expresses ont été introduites sur l'audition de l'enfant ainsi que, du moins dans le cadre des procédures matrimoniales, sur la curatelle de procédure pour l'enfant.

La réforme du droit de protection de l'enfant et de l'adulte de 2013 comportait la garantie de droits procéduraux supplémentaires pour les enfants et les parents, avec notamment l'introduction de la possibilité de la *représentation de l'enfant également dans le cadre de la procédure de protection de l'enfant.* Néanmoins de nombreux problèmes persistent : beaucoup de réglementations applicables à la protection de l'adulte s'appliquent par analogie à celle de l'enfant ; les normes ne sont donc pas spécifiquement conçues pour les conditions particulières de la protection de l'enfant, qui a ses exigences propres. Le droit de protection de l'enfant applicable à l'échelon national ménage une liberté considérable aux cantons dans le domaine du droit procédural et renvoie également au code de procédure civile fédéral. On se retrouve avec un *patchwork de normes juridiques* difficile à interpréter pour les professionnel·le·s, et à plus forte raison pour les parents et les enfants concernés. Enfin, en Suisse, à la différence de l'étranger, la loi ne règle pas de façon suffisamment détaillée la participation de l'enfant dans le cadre de la procédure de protection de l'enfant.

L'analyse de solutions adoptées à l'étranger montre que de nombreux pays optent pour une approche nettement plus proactive, notamment dans le domaine des droits de participation de l'enfant. Certains États pratiquent une approche holistique et considèrent la participation de l'enfant comme faisant partie intégrante du bien de l'enfant. En Irlande, par exemple, non seulement le droit fait obligation aux institutions de protection de l'enfant d'entendre l'enfant dans le cadre de la procédure, mais il les oblige à prendre en considération le point de vue de l'enfant et à en tenir dûment compte dans la prise de décision (Child and Family Service Act 2013, Section 9). De la même façon, l'autorité étatique irlandaise *Child and Family Agency* (Tusla) applique un modèle de participation qui reprend une interprétation très remarquée de l'article 12 de la CDE (Lundy 2007). Selon celle-ci, quatre facteurs doivent être réunis pour favoriser la participation de l'enfant : l'espace (*space*), la voix (*voice*), l'audience (*audience*) et l'influence (*influence*). Il convient en premier lieu de donner de l'« espace » à l'enfant afin que celui-ci puisse exprimer son opinion. Le facteur de la « voix » signale que l'enfant a besoin d'être soutenu pour exprimer son opinion. Le facteur de l'« audience » garantit à l'enfant que son avis sera entendu. Quant à l'« influence », elle vise à ce que son opinion suscite une réaction appropriée.

Cette analyse du droit suisse et la comparaison avec le droit d'autres pays mettent en lumière la nécessité de procéder à des réformes supplémentaires. Il en ressort notamment le besoin d'une procédure uniforme et détaillée en matière de protection de l'enfant mieux à même de garantir, notamment, que les enfants puissent participer dans un sens large aux procédures les concernant, conformément aux exigences internationales.

4.2.2 Principaux résultats de l'analyse historique

L'analyse historique nous a amené·e·s à examiner comment les enfants et les parents ont vécu leurs rencontres avec les autorités de l'assistance aux pauvres, les autorités tutélaires et autres autorités de placement *avant 1981, puis entre 1981 et 2012* (chapitre 3.2). Nous nous sommes concentré·e·s sur l'expérience vécue par les enfants et les parents lors des procédures, des processus de négociation et de décision, pendant et après le placement extrafamilial, ainsi que sur les modifications éventuellement intervenues à cet égard au fil du temps. Par ailleurs, nous avons analysé la manière dont les enfants et les parents ont vécu le contact avec les représentant·e·s des autorités, de même que l'impact de la position sociale de celles-ci et de leurs jugements de valeur sur l'issue de la procédure de protection de l'enfant et sur les décisions de placement qui en découlaient.

Les résultats de l'analyse historique nous amènent à constater, en résumé, que jusque dans les années 1970, les mineur·e·s en placement extrafamilial ignoraient souvent le motif de leur placement, et n'étaient *pas impliqué·e·s dans les processus de décision aboutissant au placement.* Le manque d'information quant aux motifs, aux objectifs et à la durée du placement aggravait encore le stress provoqué par un placement potentiellement traumatisant, ou à tout le moins vécu comme une césure existentielle radicale. Lorsque les enfants ou les jeunes se voyaient communiquer des motifs, ceux-ci étaient souvent *empreints d'appréciations négatives, dévalorisantes et stigmatisantes.* Une étiquette leur était collée qui retentissait sur leur vie ultérieure. Plus tard durant la période étudiée, et notamment après le tournant du millénaire, les placements étaient mieux préparés et l'occasion était donnée aux enfants de visiter le lieu de leur placement futur ; mais dans l'expérience vécue, le sentiment d'être le jouet de décisions prises par des tiers, le manque d'informations à propos du processus et le sentiment d'abandon continuaient de dominer.

Le placement extrafamilial lui-même était souvent vécu par les mineur·e·s concerné·e·s comme une *grave atteinte à leur intégrité* et produisait un sentiment de déni de droits. Et de fait, pendant le placement, et notamment avant 1981, les enfants et les jeunes étaient souvent privé·e·s de contacts avec leurs parents, ou n'avaient le droit de les voir que de façon sporadique, et on ne leur demandait pratiquement jamais leur avis à propos de leur formation scolaire ou professionnelle. En outre, la fin du séjour dans l'institution ou la famille d'accueil intervenait souvent d'un jour à l'autre, sans préparation émotionnelle ou matérielle aucune. Cette expérience du déni d'une voix, les enfants la faisaient également à d'autres égards. Les observations empiriques pour la période d'avant 1981 font état d'innombrables cas individuels d'*atteinte à l'intégrité sous forme de maltraitance psychique ou émotionnelle, ainsi que de violence physique ou sexuelle* infligées pendant la période de placement par les parents nourriciers, le personnel du foyer ou des enseignant·e·s, les autorités compétentes, elles, restant en retrait et tolérant les abus. Les assignations stigmatisantes énoncées en amont du placement, l'absence de droits d'être consulté·e·s à propos de leur formation scolaire et professionnelle ainsi que l'expérience répétée et traumatisante d'actes de violence et les césures biographiques expliquent les difficultés considérables que beaucoup de personnes concernées rencontraient lors de la transition vers une vie autonome. L'expérience du placement *portait souvent à conséquence dans le long terme. Ces conséquences prenaient la forme d'une marginalisation sociale, de piètres perspectives professionnelles et d'une dérive vers des milieux et activités déviantes*, qui, plus d'une fois, aboutissaient à de nouveaux placements. Qui plus est, les vécus traumatiques entraînaient aussi des séquelles psychiques encore sensibles des décennies plus tard, voire susceptibles de retentir sur la génération suivante.

Si l'intégrité des enfants était si mal protégée, cela tenait aussi à une surveillance défaillante. Celle-ci s'exerçait dans le meilleur des cas comme un acte purement administratif. Lors de leurs visites, les représentant·e·s des autorités se bornaient à vérifier les conditions de logement, d'alimentation, d'hygiène ou les aspects financiers. Quand bien même les acteurs et actrices se targuaient d'agir pour le bien des enfants et des jeunes concerné·e·s, elles ou ils n'accordaient aucune importance – c'est du moins ainsi que le vivaient les enfants – à ce que les enfants se sentent pris en compte, entendus et entourés de soins. Les enfants parlaient souvent d'un pur exercice alibi. Ce n'est qu'avec l'introduction de l'ordonnance sur le placement d'enfants (OPE) en 1978 que les *mécanismes de la surveillance se sont trouvés peu à peu renforcés* dans le cas du placement en institution ou auprès de familles nourricières. Cependant les instances d'exécution et de contrôle n'étaient souvent toujours pas clairement séparées. Il résulte de l'étude historique, tout comme de l'étude juridique, qu'à la différence des décennies antérieures à la *réforme du CC de 1981, des progrès ont peu à peu été faits sur le plan formel dans la participation aux décisions quant aux conditions de placement et dans les discussions menées sur place au moment du placement* ; cependant la participation concernait davantage les parents que les mineur·e·s. Les enfants et les jeunes n'étaient souvent pas informé·e·s du but de ces discussions. Les parents étaient, en règle générale, mieux renseignés. Comme le montre l'étude historique, non seulement la situation juridique des enfants et des jeunes concerné·e·s par le placement extrafamilial était précaire, mais le processus, puis l'expérience du placement vécu par les enfants concernés étaient marqués par une vision bourgeoise, paternaliste et autoritaire de ce qu'est la famille et de sa fonction dans la société. Les enfants et les jeunes étaient de toute façon considéré·e·s comme immatures et vulnérables ; qui plus est, les autorités considéraient celles et ceux qu'elles prenaient dans leur collimateur comme inférieur·e·s du fait des assignations péjoratives pesant sur leur milieu d'origine. Les parents eux-aussi se trouvaient dans une situation précaire sur le plan juridique et étaient en butte aux mêmes visions moralisatrices dominantes dans la société d'alors. C'est ainsi que, faute de voies de recours à leur disposition, ils n'avaient pratiquement aucun moyen de se défendre contre les décisions des autorités, autrement que de ne pas obéir aux injonctions, ou de déménager dans une autre commune ou un autre canton.

Ce n'est qu'avec la ratification par la Suisse de la Convention des Nations Unies relative aux droits de l'enfant (CDE) en 1997, avec laquelle les *droits de participation devenaient contraignants*, que le débat dans les milieux professionnels à propos des défaillances de leur mise en œuvre dans la pratique a pris une certaine ampleur. Entre 1981 et l'entrée en vigueur du droit de la protection de l'enfant et de l'adulte début 2013, l'implication des parents et des enfants dans la prise de décision a connu un premier essor ; cependant les services et autorités compétentes conservaient de vastes marges d'appréciation et de manœuvre, et dans l'ensemble, la pratique dans le contexte des procédures de protection de l'enfant (et plus généralement des décisions de placement) restait en-deçà d'une mise en œuvre vaste et systématique de l'article 12 de la CDE. La parcellisation des compétences liée au fédéralisme ainsi que le retard pris dans la professionnalisation ont entravé jusque dans le XXIe siècle l'émergence d'une vision capable de consensus, sur le plan sociétal, politique et professionnel, à propos des seuils pour une intervention et des réponses appropriées aux problèmes de l'adolescence.

Les résultats de l'analyse historique confirment ceux de l'analyse juridique, selon lesquels l'importance de la marge d'appréciation et de manœuvre juridique a donné lieu à un traitement inégal et arbitraire. Les interventions des instances étatiques dans les familles, en l'occurrence presque toujours à des fins de placement extrafamilial, avaient lieu sur la base d'un *droit peu institutionnalisé et/ou peu homogène nourri par des préjugés et des jugements de valeur stigmatisants.* Leur action avait pour finalité de faire prévaloir une discipline sociale et manquait souvent, comme on le reconnaît aujourd'hui, de professionnalisme. Dans ces conditions, il n'était pas prévu - ni jugé nécessaire - d'informer et d'impliquer les enfants (et les parents), si bien que les enfants vivaient la césure biographique due au placement extrafamilial comme un traumatisme. Ils n'en voyaient pas le sens, et avaient souvent le sentiment d'être le jouet de la volonté d'autrui, impuissants et marginalisés. Les enfants placés étaient par ailleurs exposés à différentes formes de violence et n'avaient pas leur mot à dire lors de décisions déterminantes pour leur avenir portant par exemple sur leur formation scolaire et professionnelle, le choix d'une profession ou encore la fin du placement. La réforme de 1981 dans le sillage de la ratification de la Convention européenne des droits de l'homme et la ratification de la Convention des Nations Unies relative aux droits de l'enfant (chapitre 2.2) a entraîné de nombreuses améliorations, mais il n'est toujours pas certain, dans une perspective historique, que ces améliorations se soient répercutées dans le vécu des enfants et des parents.

4.2.3 Principaux résultats de l'étude empirique

L'étude empirique avait pour but de mettre en évidence les aspects de la procédure de protection de l'enfant qui favorisent ou qui compromettent, dans la situation actuelle, un vécu d'intégrité, d'autonomie et de participation chez les enfants et chez les parents (chapitre 3.3). Elle portait également sur les pratiques mises en place par les APEA pour intégrer les enfants et les parents aux procédures. Des observations participantes, des entrevues qualitatives et trois enquêtes quantitatives en ligne ont été menées pour établir *comment la procédure de protection de l'enfant était vécue par les enfants et les parents ainsi que par les professionnel·le·s responsables de la procédure.* Par ailleurs, les conclusions empiriques obtenues et mises en rapport les unes avec les autres ont été validées par des entretiens dans quatre focus groupes afin d'identifier les moments et les aspects du vécu de l'intégration, de l'autonomie et de la participation, et de les intégrer dans un contexte d'ensemble.

Les résultats qualitatifs de l'étude empirique montrent que *ce qui importe aux professionnel·le·s des autorités* est *d'apporter un soutien, une aide et une protection.* Elles ou·ils cherchent à arriver à des solutions aussi consensuelles que possible avec les enfants et les parents. Toutefois, lors de l'interaction avec les enfants et les parents, cela reste un défi d'expliquer les situations problématiques et de mise en danger, les objectifs, les contenus et le déroulement de la procédure de protection de l'enfant de telle façon que ceux-ci puissent s'impliquer efficacement. Les conclusions montrent que les professionnel·le·s des autorités ne sont souvent pas suffisamment à même d'expliquer la structure, le déroulement et le fonctionnement du système de la protection de l'enfant, même en s'aidant de supports écrits. Tout d'abord, elles ou·ils ne se rendent pas compte que les enfants et les parents se trouvent souvent dans une situation de stress telle qu'ils ne sont que partiellement capables d'assimiler l'information reçue. Au début de la procédure notamment, beaucoup de personnes concernées, tant parmi les enfants que les parents, sont trop dépassées par les multiples sollicitations liées à la situation pour absorber et évaluer les informations reçues. Il leur faut assimiler et contextualiser les informations pour trouver un sens à la situation, prendre leurs marques dans une situation nouvelle et dans un parcours défini à l'avance, faire la connaissance avec des inconnu·e·s et les situer, se faire une opinion, opérer des considérations stratégiques, prendre position, voire défendre leur position. Tout ceci se passe souvent alors que les enfants et les parents sont d'ores et déjà tendus par une situation familiale problématique existant en amont, qu'ils sont angoissés et désécurisés. De plus, les professionnel·le·s croient souvent à tort qu'il suffit de communiquer l'information à un moment donné pour qu'elle soit également comprise. De plus, si d'autres professionnel·le·s interviennent dans des fonctions différentes, comme les professionnel·le·s des services sociaux chargé·e·s de procéder à une évaluation sociale, il n'est pas clair à qui échoit la responsabilité de veiller à ce que les enfants et les parents aient suffisamment bien compris l'information pour se repérer dans la procédure et s'y impliquer.

Pour surmonter la faille qui s'ouvre ainsi entre professionnel·le·s des autorités et enfants et parents, les professionnel·le·s recourent à diverses stratégies. Elles ou ils mettent par exemple en place un cadre spatial propice, ou essaient de susciter la confiance dans la relation avec leurs interlocuteur·ice·s et une coopération qui fonctionne. Pour ce faire, elles ou ils entament les entretiens et auditions sur un ton détendu et se présentent comme des êtres humains et pas seulement comme les émissaires d'une autorité (notamment face aux enfants et aux jeunes), avant d'aborder les questions relatives à la protection de l'enfant à proprement parler (*établir une relation de confiance / convaincre plutôt qu'imposer*). Leur but est souvent d'obtenir que les enfants et les parents s'ouvrent à des prestations de soutien et de les convaincre du bien-fondé de certaines solutions, en évitant de recourir à la contrainte ; toutefois les professionnel·le·s sont conscient·e·s que le cas échéant, la contrainte peut être nécessaire pour protéger le bien de l'enfant, lorsque la volonté de coopérer fait défaut. Les professionnel·le·s des autorités doivent jongler en permanence entre la coopération, qui est préférable, et l'exercice de la contrainte, qui n'est pas souhaitable. Quant aux parents, la remise en question de leur compétence parentale est pour eux source de stress, surtout en début de procédure. Ils sont tiraillés entre *la méfiance et la honte,* et *le soulagement et l'espoir,* sans connaître l'issue de la procédure. Cet état d'insécurité équivaut à une perte de contrôle, doublée de l'atteinte à l'intégrité et de la restriction de l'autonomie familiale qui vont de pair avec une procédure de protection de l'enfant. En réaction, les parents recourent à diverses stratégies pour rétablir leur intégrité et autonomie parentales (protection de soi moyennant des stratégies de différenciation et stratégie de la transformation narrative). Ils présentent par exemple leur situation comme beaucoup moins problématique qu'il n'y paraît en la comparant à celles, bien plus graves, vécues par d'autres familles. Ils entretiennent une représentation d'eux-mêmes comme de parents compétents que l'APEA aurait pris dans son collimateur injustement ou par erreur. Les parents arguent aussi de l'intérêt prépondérant de l'enfant pour se distancer de leur propre responsabilité parentale et confronter l'APEA à sa raison d'être, qui est d'agir pour le bien de l'enfant. Lorsque les parents sont en désaccord avec les professionnel·le·s des autorités, une autre stratégie à laquelle ils recourent est de faire mine de se conformer et de coopérer. En cas de conflit, les parents ne sont souvent pas capables d'articuler leur opinion ou n'osent pas le faire par crainte de voir leurs propos retournés contre eux. C'est pourquoi ils ont tendance à acquiescer à des évaluations ou à des préconisations des professionnel·le·s des autorités, alors même qu'ils ne se sont pas encore fait une opinion ou qu'ils sont d'un avis manifestement différent. On peut voir là le signe d'un sentiment d'impuissance à l'encontre de l'APEA et de la difficulté que les parents ont à comprendre correctement les règles du jeu de la procédure et les normes auxquelles se réfère l'autorité.

Ce n'est donc pas une surprise si les résultats qualitatifs font état de trois aspects dont les parents soulignent l'importance pour le respect de leur intégrité, de leur autonomie et de leur participation (établissement de la confiance par l'implication). Premièrement, ils *prennent confiance dans les professionnel·le·s des autorités* lorsque celles ou·ceux-ci mettent en place un soutien adéquat, au besoin avant même la conclusion de la procédure. Deuxièmement, ils se sentent renforcés dans leur autonomie s'ils ont le sentiment, *à une étape donnée de la procédure, de la comprendre et de pouvoir l'influencer* (p.ex. le déroulement dans le temps et les échéances, la possibilité d'obtenir des entretiens supplémentaires pour poser des questions et mieux se faire comprendre). Troisièmement, le risque d'atteinte à l'intégrité est moindre lorsque les parents ont le sentiment d'avoir *pu discuter et négocier avec les professionnel·le·s des autorités et arriver à des décisions ensemble.* Les parents ont moins l'impression de voir leur autonomie compromise et leur intégrité violée lorsqu'ils obtiennent déjà un soutien alors que la procédure est encore en cours ; ils ont alors le sentiment que leurs besoins sont reconnus et pris au sérieux, que l'autorité leur concède une certaine autonomie, qu'elle reconnaît leur compétence en tant que parents et qu'elle est prête à discuter de leurs souhaits et de leurs opinions et à en tenir compte dans la prise de la décision.

Les résultats de l'étude qualitative montrent également qu'*à la différence de leurs parents, les enfants ont beaucoup moins le sentiment d'être impliqués.* Du récit qu'ils font de leur expérience, il ressort que leur façon de voir pesait moins lourd dans la procédure de protection de l'enfant que celle des adultes, notamment lorsqu'il s'agit de peser sur l'issue de la procédure. Des possibilités de participation plus nombreuses s'ouvrent à eux au fur et à mesure qu'ils progressent en âge. Les jeunes plus particulièrement rapportent qu'elles ou·ils sont mieux capables de comprendre la teneur et l'objectif de la procédure et de faire prévaloir leur intérêt et leurs demandes grâce à une certaine ténacité. Pour arriver à leurs fins, elles ou ils empruntent aussi des stratégies consistant à simuler la coopération ou la résistance. Quant à comprendre le rôle et les tâches de l'APEA ainsi que les avantages et les inconvénients des mesures de protection de l'enfant en droit civil, ainsi que des prestations y relatives, les enfants et les jeunes sont confronté·e·s aux mêmes défis que les parents. Il semble que les aspects clés pour le vécu de l'intégrité, de l'autonomie et de la participation dans les procédures de protection de l'enfant *pour les parents comme pour les enfants et les jeunes soient une approche reconnaissante et respectueuse, un rapport de travail avec les représentant·e·s des autorités ou d'autres professionnel·le·s basé sur la confiance* ainsi qu'un *processus de négociation et de décision discursif.*

Le tableau qui se dégage des conclusions de l'étude quantitative n'est pas différent de ce que montrent les études qualitatives. Les enquêtes menées auprès de professionnel·le·s montrent que les efforts consentis par les professionnel·le·s des autorités pour communiquer aux enfants et aux parents les informations essentielles relatives à la procédure de protection de l'enfant, p.ex. concernant les circonstances qui ont déclenché la procédure, les fonctions et les tâches de l'autorité, le droit d'être entendu et le droit de recours sont la norme. Il existe cependant des réalités qui font obstacle à une bonne compréhension de l'information. Pour les parents, ce peuvent être les barrières linguistiques, ou une situation plus générale de stress existentiel, ou encore la procédure elle-même qui peut susciter du stress et des résistances. Pour surmonter ces obstacles, les professionnel·le·s font état de stratégies visant à aider les parents à mieux comprendre l'information, telles qu'une communication ou information en boucle fermée consistant à répéter l'information ou à vérifier sa bonne compréhension au moyen de questions répétées. Quant aux efforts déployés pour obtenir l'implication des parents et des enfants dans la procédure de protection de l'enfant, il s'avère que *l'établissement d'un rapport de travail empreint de confiance, indispensable,* reste un défi pour la plupart des professionnel·le·s, dans la mesure où cela présuppose des conditions tant du côté des parents (connaissances, motivation, énergie) et des enfants (degré de maturité et âge) que des professionnel·le·s (temps, compétences) qui ne sont pas toujours réunies. S'ajoute à cela la diversité des problèmes et des types de mises en danger, qui nécessite à chaque fois une approche sur mesure. Les professionnel·le·s des APEA voient bien l'importance qu'il y a à impliquer les enfants et les jeunes dans les procédures de protection de l'enfant. Pour y parvenir, certain·e·s empruntent du reste des approches réfléchies et méthodologiquement fondées afin d'être sûr·e·s que les enfants et les jeunes comprennent l'enjeu de la procédure, leurs droits et la mesure dans laquelle leur façon de voir est prise en compte. Cependant, dans le cas individuel, les professionnel·le·s arrivent régulièrement à leurs limites, ne serait-ce que parce que les interprétations de ce que recouvre la participation ne sont pas partout les mêmes et qu'il n'existe pas de normes contraignantes pour sa mise en œuvre. Qui plus est, le temps fait souvent défaut (ainsi qu'éventuellement la compétence méthodologique) ; ou encore, les professionnel·le·s craignent de trop solliciter les enfants ou de les exposer à des conflits de loyauté. Il n'est donc pas surprenant qu'à les entendre, la participation peut être obtenue des enfants plus âgé e·s ou des jeunes, *mais que chez les enfants plus jeunes, la participation obtenue est minimale, voire inexistante.*

Du côté des parents, on n'est pas davantage surpris qu'une majorité indique, dans le cadre de l'enquête, avoir été informée du motif pour la procédure, de leur devoir de coopérer et de leur droit à être entendus, mais que seule une minorité rapporte avoir aussi été informée d'autres droits, comme des possibilités de recours, de la possibilité de se faire représenter par un·e avocat·e ou de consulter leur dossier. Les doléances des parents portent aussi sur le langage utilisé par les professionnel·le·s des autorités, que ce soit dans la correspondance ou dans la communication orale, pour expliquer la raison pour laquelle la procédure de protection de l'enfant a été engagée et sa finalité. L'abstraction ou le caractère excessivement juridique du langage utilisé restreint de leur point de vue leur capacité de participer à la procédure en tant que parents, faute de bien en comprendre les enjeux. Le risque d'une participation restreinte est particulièrement élevé chez les parents manquant de personnes de contact ou de confiance dans leur entourage immédiat, habituées au langage administratif et informées de la tâche et la fonction de l'APEA. Le *facteur capital* pour réduire le stress auquel la procédure soumet les parents et pour les protéger d'une atteinte à leur intégrité est bien *la bonne compréhension de l'information.* Comme dans l'étude qualitative, il s'avère que de nombreux parents ont le sentiment d'avoir affaire à une institution au pouvoir démesuré dont les professionnel·le·s recherchent peut-être un contact ouvert et une relation marquée par la confiance, mais sont le plus souvent incapables, dans des situations conflictuelles, de remporter leur adhésion et de coopérer avec eux à la recherche de solutions consensuelles. Il semble que les relations de travail deviennent précaires ou menacent d'échouer à chaque fois que les parents apportent leur grain de sel, sont en désaccord avec les professionnel·le·s et qu'il n'y a pas moyen de s'entendre sur une solution au problème, ou lorsque les parents sont visés par des procédures de protection de l'enfant à répétition et que la protection de l'enfant doit l'emporter sur l'apport d'un soutien et d'une aide. Une grande majorité des *parents vit les procédures de protection de l'enfant comme stressantes*, voire très stressantes.

Des expériences du même ordre ressortent également de l'enquête menée auprès des enfants et des jeunes. Elles ou eux aussi vivent la procédure de protection de l'enfant comme stressante, désagréable et angoissante, tant pour elles·ou eux-mêmes que pour leur famille. Ils ressentent leur capacité d'action comme réduite, et dans leurs relations avec les professionnel·le·s, elles ou ils ne se sentent guère perçu·e·s, reconnu·e·s et traité·e·s dans un rôle de sujet autonome. Seule une minorité des enfants et des jeunes se souvient par exemple d'avoir reçu une information explicite à propos de leurs droits et donc de leur marge de manœuvre. S'agissant de la prise en compte de leurs préoccupations et de leurs intérêts, les enfants et les jeunes relatent, tout comme dans l'étude qualitative, avoir certes été écouté·e·s avec bienveillance, mais avoir constaté que leur avis n'avait pratiquement aucun impact sur l'issue de la procédure. En outre, seule une minorité des enfants interrogés indique avoir eu confiance dans les professionnel·le·s auxquel·le·s ils avaient eu affaire pendant la procédure.

Dans les focus groupes réunissant parents, membres des APEA et expert·e·s des droits de l'enfant, les résultats de l'étude empirique se sont trouvés confirmés. Ces résultats paraissaient parfaitement plausibles aux professionnel·le·s, qui expliquaient surtout les appréciations et vécus négatifs des enfants et des parents essentiellement par l'existence de contradictions insolubles. Selon les professionnel·le·s participant au focus groupe, la *protection de l'enfant en droit civil place le bien de l'enfant au-dessus du bien des parents*, et les intérêts des enfants et des jeunes ne coïncident pas toujours avec les possibilités d'action et les appréciations des membres des APEA. Toutefois les focus groupes ont aussi été l'occasion de discuter d'améliorations possibles dans le domaine de la procédure de protection de l'enfant, par exemple du principe d'une communication adaptée au destinataire et d'une intégration plus active des enfants, notamment des plus jeunes. De l'avis général, la procédure elle-même pourrait être améliorée, mais seulement pour autant que les conditions le permettent, notamment qu'il y ait une meilleure dotation en ressources. Les parents qui participaient aux focus groupes confirmaient eux aussi les résultats de l'étude empirique et soulignaient notamment qu'eux aussi ont éprouvé des sentiments d'impuissance et que dans certaines situations, ils avaient l'impression d'être à la merci de l'APEA et de ne pas être traités, eux et leurs enfants, avec la sensibilité et le respect voulus. Ils signalaient en outre qu'étant donné le stress provoqué par les expériences antérieures liées à la procédure de protection de l'enfant, *ils n'avaient ni la force ni, qui plus est, les moyens financiers pour se plaindre ou se faire représenter par un·e avocat·e.* Les expert·e·s en matière de droit de l'enfant n'étaient pas davantage surpris·e·s par les résultats de l'étude empirique. Elles ou ils regrettaient surtout l'absence d'une conception de la procédure de protection de l'enfant qui réponde aux besoins de l'enfant, depuis le matériel d'information nécessaire jusqu'à la mise en place de settings pour les entretiens plus favorables à la prise en considération du point de vue des enfants et accordant moins de poids aux intérêts des parents. De même, ils regrettent qu'il soit si rare qu'une représentation de procédure indépendante donne du poids à la voix des enfants. Il pourrait être opportun de réfléchir à rendre *obligatoire et systématique le recours à un·e représentant·e de procédure pour les enfants,* et à refondre par la même occasion le droit de la procédure dans le domaine de la protection de l'enfant.

Les résultats de l'étude empirique montrent que même après la réorganisation de la protection de l'enfant avec la création d'autorités professionnelles, il continue de se présenter des situations dans lesquelles l'intégrité et l'autonomie des enfants et des parents est mise à mal et où leur possibilité de participer est limitée. La participation paraît surtout menacée lorsque les enfants et les parents sont d'un autre avis que les autorités et qu'il n'est pas possible d'obtenir que les uns et les autres s'entendent, ne serait-ce que partiellement, sur leur vision du problème. Il est particulièrement rare que des enfants plus jeunes soient impliqués dans la procédure de protection de l'enfant. Les enfants et les parents continuent de vivre les procédures devant les APEA comme sources de stress et peu utiles. L'APEA est perçue comme une institution investie d'un pouvoir démesuré, dont les membres ne sont pas toujours capables d'expliquer le but et la finalité de la procédure. Souvent il n'est pas possible de mettre en place des relations de travail basées sur la confiance et de trouver, dans la coopération avec les enfants et les parents, des solutions pour éviter la mise en danger du bien de l'enfant, faute des conditions, des ressources et des compétences voulues.

4.3 Discussion interdisciplinaire des résultats

Lorsqu'on rapproche les résultats de l'analyse comparative juridique et de l'analyse historique, on voit mieux comment les bases juridiques (ou leur absence) et la manière dont elles ont été mises en œuvre par les administrations déterminent les conditions dans lesquelles enfants et parents vivent les interventions de celles-ci au titre de la protection de l'enfant. Dans la confrontation entre structures juridiques et pratique du droit d'une part et l'expérience évoquée par les enfants et les parents de l'autre pour la période à compter de 1912 jusqu'à l'entrée en vigueur de la réforme du droit de la protection de l'adulte et de l'enfant en 2013, une conclusion avant tout saute aux yeux : la marge d'appréciation et de manœuvre dont bénéficiaient les autorités était en règle générale interprétée et utilisée au détriment des enfants et des parents et donnait lieu à des interventions parfois massives de nature à restreindre l'autonomie d'action et de décision de ceux-ci, au point d'entraîner des atteintes à l'intégrité retentissant sur toute une vie. Le placement et d'autres mesures d'assistance reposaient sur des bases juridiques peu claires et, de nombreuses décennies durant, les droits procéduraux garantis par un État de droit faisaient défaut. Le statut social des familles concernées par les mesures d'assistance et le fait qu'elles soient considérées comme inférieures selon les stéréotypes ambiants s'opposaient à ce que les enfants, et parfois aussi les parents, soient intégrés dans la procédure et que leur point de vue soit pris en considération lors de la planification et de la mise en œuvre des mesures. Ces mesures, majoritairement de placement extrafamilial, n'étaient ni annoncées à l'avance ni motivées, et les enfants directement concernés restaient presque toujours dans l'ignorance de l'autorité qui avait décidé de leur sort, des bases et des critères pour la mesure prise à leur encontre, ainsi que de sa durée. L'absence d'une possibilité d'avoir voix au chapitre, que ce soit avant, pendant ou après le placement, ainsi que l'absence de tout droit procédural donnait lieu, chez les enfants et les parents, à des expériences *d'impuissance, de désarroi, d'humiliation et de violation profonde de leur intégrité.* Comme le montre l'étude historique, le traumatisme lié à ce vécu était à l'égal de celui engendré par la déprivation et la violence physique, psychique et sexuelle auxquelles les personnes concernées étaient presque systématiquement exposées dans les foyers et les familles nourricières à la suite des décisions de placement.

Depuis l'entrée en vigueur du Code civil en 1912, *les droits procéduraux des enfants et des parents ont certes été peu à peu renforcés, notamment pendant la deuxième moitié du XX*^e^ *siècle.* L'analyse juridique montre toutefois que les nouvelles dispositions, réformes et adaptations ont été mises en œuvre avec peu d'empressement, et *qu'il a fallu attendre la ratification par la Suisse de conventions internationales telles que la Convention européenne des droits de l'homme et la Convention des Nations Unies relative aux droits de l'enfant* pour que des *modifications* vraiment *substantielles* aient lieu, sous la pression des garanties liées à la protection internationale des droits humains. Les mutations sociales et l'état de la discussion internationale sur les droits humains ont par ailleurs contribué à ce que les assignations stigmatisantes et attentant à l'intégrité soulèvent de plus en plus de critiques et jouent un rôle moins éminent (en tous cas moins explicitement) pour justifier des mesures de droit civil. Dans le vécu des enfants, les mesures ont depuis lors été ressenties comme moins arbitraires et plus cohérentes ; les placements étaient mieux préparés, et avec les progrès accomplis dans l'intégration des enfants aux procédures juridiques les concernant, leurs possibilités d'avoir voix au chapitre se sont trouvées améliorées.

La réforme du Code civil de 2013 introduisait des adaptations dans le droit de protection de l'adulte et aussi, dans une moindre mesure, de l'enfant. L'obligation d'entendre l'enfant dans la procédure s'est trouvée renforcée, et une disposition était introduite ouvrant l'option d'une curatelle de procédure pour l'enfant. La nouvelle législation a également entraîné des modifications importantes dans l'organisation et la structure des autorités décidantes. Les autorités qui relevaient jusque-là des communes et étaient composées de non-professionnel·le·s, étaient désormais remplacées par des autorités spécialisées suprarégionales à composition multiprofessionnelle (« interdisciplinaires »). Dès alors, les décisions en matière de protection de l'enfant et de l'adulte étaient en principe prises par un collège composé d'au moins trois personnes réunissant l'expertise requise. Comme le soulignait le message du Conseil fédéral relatif au projet de loi, « dans tous les cas, l'autorité doit comprendre un juriste afin de garantir une application correcte du droit » (Conseil fédéral 2006a, p. 6706). Suivant les recommandations de la Conférence des autorités cantonales de tutelle de l'époque, ses membres devaient réunir des connaissances spécialisées dans les domaines du droit et du travail social, ainsi que, selon sa composition, en pédagogie, en psychologie, en santé publique ou en matière fiduciaire. Les lois cantonales d'introduction comportaient une réglementation spécifique du rôle des juristes appelé·e·s à présider ces collèges des APEA. La professionnalisation des autorités décidantes devait garantir que les décisions prises dans le domaine de la protection de l'enfant et de l'adulte, qui ont souvent un impact majeur sur la vie des personnes concernées, s'appuient sur l'expertise conjointe de plusieurs professions qui se complètent et, avant toute chose, satisfassent les exigences applicables aux procédures conforme à l'État de droit.

Les résultats de l'étude INTAPART le montrent d'emblée : malgré les améliorations obtenues dans la qualité des décisions par suite de la réforme de 2013, des développements supplémentaires restent nécessaires. Sur le plan juridique, comme l'indiquent les résultats de l'étude juridique, on continue d'avoir affaire à un *patchwork inextricable de normes et de réglementations fédérales et cantonales*, tant dans le domaine de la procédure elle-même que dans celui de l'organisation des autorités. Dans le droit fédéral, les droits concrets des enfants et des parents relatifs aux voies de droit et à leur implication ne sont pas suffisamment précisés. L'étude empirique apporte à cet égard des éléments nouveaux et plus spécifiques quant aux répercussions de la situation actuelle sur les pratiques des autorités de protection de l'enfant et de l'adulte dans la mise en place des procédures et sur le vécu des enfants et des parents.

Des progrès sont également nécessaires *sur le plan de la communication et de la méthodologie de l'aménagement des procédures*. L'étude empirique montre qu'on rencontre parfois, dans la pratique de la protection de l'enfant, des démarches novatrices et différenciées sur le plan méthodologique dans la façon d'informer les enfants et les parents, de les impliquer et d'introduire une part de délibération dans certaines étapes de la procédure. Mais les autorités n'accordent pas toutes la même importance à une communication centrée sur le ou la destinataire et à sa participation à la procédure, ou encore ne sont pas (suffisamment) attentives à sa mise en œuvre. Certaines mènent les procédures de façon plus formaliste et les décisions sont prises de façon expertocratique. Aussi l'étude arrive à une conclusion importante : *le consensus sur les maximes fondamentales qui guident l'action des autorités laisse à désirer et il existe une grande diversité d'attitudes et de pratiques* qui, à leur tour, influencent l'aménagement des procédures. La diversité des expériences faites par les enfants et par les parents concernés par une procédure de protection de l'enfant est l'expression de cette diversité de principes et de façons de procéder concrètes. Alors que certain·e·s destinataires considèrent avoir été en capacité d'agir et que leurs opinions et points de vue ont été entendus et discutés sérieusement, d'autres se sont senti·e·s exclu·e·s et impuissant·e·s.

L'étude empirique a montré que la *bonne compréhension de la procédure*, le fait de savoir qui y intervient, la connaissance du motif de la procédure, de ses buts et des droits (procéduraux) des personnes concernées sont un ressort capital pour l'autonomie (d'action), pour le vécu de l'intégrité, et pour une participation significative du côté des enfants et des parents. Il est apparu que les professionnel·le·s ne parviennent souvent pas à garantir, pendant la procédure, que les enfants et les parents disposent des informations pertinentes pour eux et qu'ils les comprennent suffisamment bien pour les utiliser afin de s'impliquer. En outre, les enfants et les parents considèrent que *la manière dont se passe la rencontre avec les professionnel·le·s et le comportement de ceux-ci dans la communication* sont déterminants pour leur vécu et leur compréhension de la procédure. Il s'est avéré à cet égard que le respect avec lequel les professionnel·le·s abordent la situation et l'état d'esprit des enfants et des parents, vécu par ceux-ci comme de l'« humanité » et un « abord facile », est décisive pour le vécu de l'intégrité. Il s'est avéré également que de bons rapports de travail jouent un rôle important et déterminent dans une large mesure la facilité avec laquelle les enfants et les parents se repèrent dans la procédure et le degré de stress et de menace pour l'intégrité qu'ils ressentent au contact des professionnel·le·s. L'absence de relations de travail basées sur la confiance est un obstacle à l'implication des enfants et des parents ; il est alors d'autant plus important qu'ils disposent du soutien de tierces personnes dans lesquelles ils ont confiance.

Quant à la façon dont les enfants et les parents perçoivent leurs possibilités de participation, l'introduction d'une dimension délibérative dans la procédure et notamment dans les processus de négociation entourant l'identification et la définition du problème ainsi que l'élaboration de

« solutions » que les différentes personnes concernées jugent appropriées et utiles sont capitales (aspect processuel de la participation). Globalement, il existe, concernant les possibilités de participation vécues, une grande diversité d'expériences du succès et de l'échec, tant du côté des professionnel·le·s que des enfants et des jeunes. Il s'est avéré à cet égard que les *conditions pour la participation tant des enfants et des parents (p.ex. connaissances, bonne volonté, énergie) que des professionnel·le·s (p.ex. temps et méthodes à leur disposition) sont très variables* (aspect relationnel de la participation), ce qui est un défi significatif. Ces conditions ne sont pas seulement influencées par les expériences et les capacités jamais identiques des enfants, des parents et des professionnel·le·s, mais, qui plus est, par le niveau de danger et par la manière dont le problème se présente, qui sont également très divers et évolutifs.

4.4 Conclusion

Pour améliorer la qualité des procédures de protection de l'enfant, des efforts supplémentaires doivent être consentis, notamment en donnant un cadre structurel clair aux façons de procéder, afin de réunir des conditions propices à une meilleure coopération des enfants et des parents. Cela présuppose d'une part de *formaliser davantage le droit de procédure*, afin de réunir des conditions plus propices à la mise en place d'une « justice adaptée aux enfants » (*child-friendly justice*) (Conseil de l'Europe 2012) et afin d'offrir aux enfants (et aux parents) des possibilités de participation identifiables et calculables. D'autre part, il faut des normes professionnelles contraignantes établies sur une base transdisciplinaire (cf. p.ex. Leuthold et al. 2023), et notamment une *instruction systématique des professionnel·le·s afin que la mise en œuvre des procédures de protection de l'enfant soit adaptée aux besoins des enfants et des parents.* Ces normes devraient définir la manière dont les professionnel·le·s doivent s'y prendre pour informer les enfants et les parents, dans un langage adapté au groupe cible et compréhensible, moyennant des méthodes et instruments appropriés, à propos des voies de procédure, des aides envisageables et des processus de négociation et de décision, et comment elles ou ils doivent les accompagner et soutenir pendant la procédure. Par ailleurs, il s'agira de mettre au point ou de perfectionner des formats pour la communication et la négociation dans le cadre de la procédure de protection de l'enfant propres à renforcer les possibilités de participation de l'enfant et des parents. Enfin, les professionnel·le·s des autorités devront soumettre leur propre attitude, leurs jugements de valeur et les effets produits par ceux-ci à une réflexion critique. Il importe en effet qu'elles ou ils sachent utiliser leur marge de manœuvre de façon à réduire au minimum le stress occasionné pour les enfants et les parents pendant la procédure de protection de l'enfant, à éviter dans la mesure de possible de porter atteinte à leur intégrité, à renforcer leur autonomie et à favoriser leur participation.

5. Éléments clés assurant la qualité des procédures de protection de l'enfant[1]

Stefan Schnurr[2]

5.1 Introduction

Les procédures de protection de l'enfant sont considérées comme difficiles à aménager dans de nombreux pays. Le débat scientifique se concentre sur la manière de mettre concrètement en œuvre la participation des enfants et de mieux l'encourager (Stössel & Jenni 2012 ; van Bijleveld et al. 2015 ; Bouma et al. 2018 ; Bodmer et al. 2020 ; Lätsch et al. 2023 ; Schoch et al. 2023). Il porte aussi sur des questions relatives au rôle et à l'implication des parents (Smithson & Gibson 2017 ; Korpinen & Pösö 2020), à la nécessité d'un encadrement plus solide de la prise de décisions par le biais de checklists (Stein Helland 2021a) ainsi qu'à la qualité de la motivation des décisions et à l'égalité juridique des décisions (Stein Helland 2021b). Les résultats empiriques de la présente étude montrent eux aussi qu'il est nécessaire de perfectionner les procédures de protection de l'enfant. Ils révèlent que l'intégrité des enfants et des parents concernés par une procédure est précaire. Ils indiquent également *que les enfants et les parents, selon leur propre perception, sont souvent insuffisamment informés, ne se sentent souvent pas respectés en tant que personnes, ne sont pas écoutés, ne sont pas appelés à participer et n'ont que peu d'influence sur les décisions de l'autorité de protection de l'enfant.*

Ces constats doivent être pris extrêmement au sérieux pour deux raisons. D'une part, les conclusions empiriques émanant de la recherche sur l'efficacité des prestations pour les enfants, les jeunes et les familles s'appuient sur l'enseignement que la reconnaissance et la participation au

---

1 Traduit de l'allemand par Benoît Kremer.

2 Le présent chapitre reprend d'importantes suggestions, propositions d'améliorations et observations critiques émanant de Kay Biesel, Michelle Cottier, Brigitte Müller et Aline Schoch.

processus décisionnel sont des préalables importants à l'efficacité des prestations sous la forme de mesures de protection de l'enfant découlant du processus décisionnel, et dont les personnes concernées par la décision sont censées faire usage (Gabriel et al. 2007 ; Hamberger 2008 ; Albus et al. 2009 ; Macsenaere 2017). D'autre part, les exigences imposées à la sécurité de la procédure de protection de l'enfant doivent être renforcées en raison des faits qui y sont traités et de la gravité des restrictions des droits fondamentaux qui peuvent découler des décisions des autorités compétentes (Conseil fédéral 2006, p. 7021). Ainsi, la protection de l'enfant peut être considérée comme un domaine particulièrement sensible pour l'action de l'État en termes de droits fondamentaux (Gerber 2021, p. 73). Des questions de dignité humaine (art. 7 Cst.), d'égalité devant la loi (art. 8 Cst.), de protection contre l'arbitraire (art. 9 Cst.), de liberté personnelle (art. 10 Cst.), de protection de la sphère privée (art. 13 Cst.), de droit à la famille (art. 14 Cst.) et de protection et d'encouragement des enfants et des jeunes (art. 11 Cst.) sont de la plus haute pertinence dans toutes les procédures de protection de l'enfant. Les tensions entre les droits fondamentaux et le droit de la protection de l'enfant sont consubstantiels à la protection de l'enfant dans les États de droit démocratiques, et la littérature spécialisée internationale montre que les modalités historiques de la gestion de ces tensions sont perçues dans de nombreux pays comme insatisfaisantes et méritant d'être développées. Le défi consiste à aménager les procédures de protection de l'enfant de manière à ce que les enfants et les parents se perçoivent dans la procédure comme des détenteurs de ces droits fondamentaux et puissent les exercer dans les faits durant la procédure, tandis que le pouvoir décisionnel qui prévoit systématiquement l'option d'une ingérence motivée dans les droits fondamentaux réside auprès de l'État sous la forme de l'autorité de protection de l'enfant.

Comment atteindre cet objectif ambitieux ? Nous supposerons ci-après qu'il est possible de s'en rapprocher si l'on réussit à aménager les procédures de protection de l'enfant de manière à préserver l'intégrité des enfants et des parents qui y sont parties, à permettre la participation, c'est-à-dire une véritable possibilité de peser sur la prise de décisions, ressentie subjectivement comme importante par les personnes concernées, et à encourager l'autonomie des enfants et des parents. Au vu de la diversité et de la complexité des cas traités dans les procédures de protection de l'enfant, il serait dangereux, voire contreproductif, de vouloir fixer un cadre trop étroit aux méthodes de travail. C'est pourquoi nous élaborerons ci-après quatre éléments essentiels pour la qualité des procédures de protection de l'enfant. Ceux-ci reposent sur les résultats de l'étude INTAPART (chapitre 3) en intégrant le résultat d'autres études. Par ailleurs, ils s'appuient sur les paramètres et les principes directeurs d'une procédure équitable et conforme à l'État de droit (Röhl 1994) et sur les normes de qualité actuelles (Leuthold et al. 2023). Ces quatre éléments ont pour but de réduire le stress et les menaces pesant sur l'intégrité des enfants et des parents dans les procédures de protection de l'enfant, de renforcer leur participation et d'encourager leur autonomie. Leur point de référence réside avant tout dans l'aménagement de la dimension sociale des procédures de protection de l'enfant ; ils se rapportent donc principalement à la sphère de l'interaction et de la communication entre professionnel·le·s des autorités de protection de l'enfant, enfants, parents et autres acteurs impliqués. Dans cette mesure, ils complètent le projet de nouvelle loi fédérale uniforme sur la procédure devant les autorités de protection de l'enfant présenté dans le présent ouvrage (chapitre 6). Ils sont étroitement liés à la dimension de l'action méthodologique résumée dans le discours spécialisé sous la notion de professionnalisme. C'est dans une large mesure dans la sphère de la communication et des pratiques sociales que se décide si l'intégrité est garantie, la participation permise et l'autonomie encouragée : « *Human rights in child protection are, after all, materialized in social practices* » (Pösö 2018, p. 123 ; chapitre 3.3.4).

5.2 Quatre éléments clés de procédures de protection de l'enfant de qualité

5.2.1 Information : il incombe aux autorités de protection de l'enfant de veiller à ce que les enfants et les parents comprennent parfaitement la procédure

Les procédures de protection de l'enfant touchent toujours à la coexistence au sein des communautés de vie familiales. Ainsi, cela thématise les relations de couple, les relations entre parents et enfants, les pratiques de soins et les styles d'éducation (Bomert et al. à paraître). Une caractéristique des procédures de protection de l'enfant est qu'elles font apparaître, dans le discours, des interventions dans des situations limites ainsi que des expériences d'échecs se rapportant à ces aspects, et que, dans la procédure, les événements, vécus, sentiments et positions communiqués peuvent en même temps avoir des conséquences sur l'issue de la procédure. Comme les procédures de protection de l'enfant abordent nécessairement des thèmes très personnels, il existe un risque accru pour les participant·e·s de subir des atteintes à leur intégrité. Les résultats de la présente étude illustrent le fait que la majorité des parents et un très grand nombre d'enfants pressentent ces risques et perçoivent donc une grande incertitude en lien avec la procédure. À l'inverse, la réussite d'une procédure dépend dans une mesure significative du fait que les enfants et les parents assument ces risques. Par conséquent, lorsque les parents et les enfants font preuve de confiance envers la procédure et envers les personnes qui la conduisent, les chances augmentent que cette procédure se déroule de manière à atteindre les objectifs suprêmes consistant à encourager durablement le bien de l'enfant en écartant les dangers qui planent sur lui.

Sur le plan pratique, il en découle que les tâches des autorités compétentes incluent le devoir d'informer de manière exhaustive et répétée sur les procédures de protection de l'enfant pour les rendre prévisibles du point de vue des enfants et des parents participant à la procédure et de mettre ceux-ci à même de faire valoir leurs points de vue et leurs objectifs dans la procédure. Il n'est possible de défendre ses intérêts et ses préférences et d'exercer une influence sur le déroulement et sur le résultat d'une procédure que si l'on sait ce qui est en jeu, à quoi ressemble l'éventail des décisions possibles, selon quels critères la décision sera prise, comment les compétences décisionnelles sont réparties et quelles sont les règles applicables à la procédure. Un résultat central de cette étude est que la compréhension de la procédure par les enfants et les parents impliqués constitue un point clé et un pivot pour le stress qu'ils ressentent, leur sentiment d'intégrité et leur participation (chapitre 3.3.2).

Une asymétrie de pouvoir sous-tend les procédures de protection de l'enfant : l'autorité compétente décide seule d'ouvrir ou de suspendre une procédure de protection de l'enfant, de la manière de la gérer et des mesures éventuelles qui seront ordonnées pour garantir le bien de l'enfant. Cette asymétrie de pouvoir est ancrée dans l'institutionnalisation de la protection de l'enfant elle-même, dans l'engagement de l'État à protéger les enfants contre tout ce qui menace leur bien. Elle trouve son expression dans le droit. Les études empiriques montrent qu'en règle générale, dans la pratique des procédures, cette asymétrie de pouvoir ne s'arrête pas au *plan de la logique des institutions et du droit* (nécessaire selon l'état de la judiciarisation de la protection de l'enfant) (chapitre 3.3.1 ; Schoch et al. 2023). Le modèle d'une distribution inégale du pouvoir dans la procédure selon lequel plus de pouvoir est concentré du côté de l'autorité que du côté des parents et des enfants (étant précisé qu'il se concentre relativement plus de pouvoir du côté des parents que du côté des enfants) est renforcé par des phénomènes extra-juridiques tenant à des formes de désavantages sociaux subis par les familles impliquées. Il existe une grande probabilité que de tels désavantages sociaux se reproduisent dans la procédure. L'asymétrie de l'information agit à cet égard comme une forte courroie de transmission.

De nombreux parents et enfants qui entrent en contact avec le système de protection de l'enfant sont touchés par des désavantages sociaux et/ou ont vécu une discrimination sociale sur la base de leur origine, de la couleur de leur peau, de leur style de vie ou de leurs compétences linguistiques (Département fédéral de l'intérieur 2023 ; Lätsch et al. 2023). De nombreuses familles impliquées dans des procédures de protection de l'enfant ont une histoire de migration, ce qui reflète notamment la composition de la population résidante : « La majorité des enfants de moins de six ans habitant en Suisse vivent dans une famille issue de la migration (54,4 %) » (Bachmann et al. 2020, p. 39). Une part considérable n'est sans doute pas, ou est peu familiarisée avec la langue de la procédure et, au sens figuré, avec la langue juridique et administrative. Les résultats de la présente étude illustrent de multiples manières à quel point les parents et les enfants en général connaissent mal le système, les autorités, les mesures et les procédures de protection de l'enfant. À la question de savoir ce qui empêche les parents de comprendre les informations sur la procédure, les professionnel·le·s citent le plus souvent « les barrières culturelles et linguistiques » ainsi que les « compétences cognitives » du côté des parents (chapitre 3.3.2). De telles formes d'inégalité sociale, qui, selon les résultats de la présente étude, sont ressenties par les professionnel·le·s aussi bien que par les parents et les enfants, renforcent l'asymétrie de pouvoir inscrite dans le droit et l'élargissent au-delà de la mesure justifiée par le mandat de protection. Elles sapent non seulement les possibilités d'action des enfants et des parents, mais créent également de nombreuses occasions où les interactions de la part de l'autorité de protection de l'enfant ou des professionnel·le·s du système de la protection de l'enfant sont vécues comme des expressions d'absence de reconnaissance et/ou de dénigrement ainsi que comme des atteintes à l'intégrité.

Les informations relatives aux procédures sont indispensables pour limiter et atténuer les aspects de l'asymétrie de pouvoir entre l'autorité d'une part et les enfants et les parents d'autre part qui ne sont pas fondées sur l'institutionnalisation de la protection de l'enfant en tant que telle. Il incombe donc aux autorités de protection de l'enfant, qui sont attachées à l'objectif consistant à protéger et à encourager l'intégrité des enfants et des parents et à garantir qu'une procédure de protection de l'enfant ne crée pas d'atteintes inutiles et involontaires à l'intégrité, de permettre aux enfants et aux parents de se faire une compréhension suffisante de la procédure. Pour permettre une telle compréhension, il est essentiel que les enfants et les parents comprennent

- les motifs pour lesquels la procédure a été engagée
- qui participe à la procédure et quelles sont les fonctions assumées par quelles personnes
- quelles sont les tâches, les responsabilités et les compétences décisionnelles des acteurs et actrices impliqué·e·s qui assument des rôles spécifiques (membre de l'autorité dirigeant la procédure, autres membres de l'autorité, curateur·ice·s, professionnel·le chargé·e de l'évaluation sociale, professionnel·le réalisant une audition sur mandat de l'autorité, parents, enfants, représentant·e·s des parents ou des enfants dans la procédure, autres participant·e·s le cas échéant)
- comment se déroule en règle générale une procédure
- quelles sont les étapes formelles qui relèvent de la procédure de protection de l'enfant, comment elles sont mises en œuvre et à quels moments elles sont prévues
- comment se déroule le processus décisionnel, de quel manière et à quel moment une décision voit le jour et quand cette décision est (ou a été) rendue

- dans quelle étape de la procédure ils se trouvent à un moment donné
- combien de temps dure une procédure et à quelle date la décision devrait être rendue et la procédure conclue
- ce que l'autorité de protection de l'enfant qui applique le droit entend par le bien de l'enfant et la mise en danger du bien de l'enfant et quelles sont les normes juridiques qui s'appliquent dans la procédure
- quelles peuvent être les issues d'une procédure de protection de l'enfant, quelles sont les mesures envisageables et ce que signifierait concrètement une mesure (ou prestation) pour l'enfant et pour les parents
- quels sont les droits de l'enfant, notamment le droit à une représentation dans la procédure
- quels sont les droits des parents, notamment le droit à une représentation dans la procédure
- comment les parents peuvent réexaminer une décision de l'autorité et faire recours contre celle-ci

Les résultats de la présente étude montrent que les professionnel·le·s du système de protection de l'enfant donnent normalement des informations sur la procédure aux parents ainsi qu'aux enfants à partir de six ans, mais que ces informations sont souvent mal comprises. Cela peut tenir à plusieurs raisons. Souvent, les informations sont données au début de la procédure et dans des situations où les enfants et les parents subissent des stress émotionnels, des incertitudes et des peurs déclenchées déjà par l'introduction d'une procédure et pouvant largement compromettre le traitement des informations. De nombreuses expériences indiquent en outre qu'il s'agit d'informations très complexes qui ne peuvent être traitées et comprises que si elles sont données à différents moments et à plusieurs reprises (voir chapitre 3.3.1).

En vue de perfectionner les méthodes permettant d'améliorer le niveau d'information des enfants et des parents dans les procédures de protection de l'enfant, il est recommandé de distinguer entre les formes de communication générale, qui s'adressent généralement aux destinataires des procédures de protection de l'enfant (parents et enfants de différentes tranches d'âge), et les formes de communication spécifiques dans le cadre du déroulement de la procédure.

S'agissant de la communication générale, un progrès serait réalisé si les responsables des autorités compétentes accordaient l'attention voulue à la question des informations relatives à la procédure de protection de l'enfant et, si cela n'est pas déjà le cas, élargissaient l'éventail des formes sous lesquelles ces informations sont transmises. Citons notamment à cet égard :

- des informations écrites aisément compréhensibles et adaptées à l'âge (brochures, etc.) et des films d'information dans différentes langues, y compris le langage simplifié
- le contrôle de la clarté des lettres et autres messages écrits et la vérification que ces envois anticipent les questions et les réactions possibles, notamment lorsqu'il faut s'attendre à ce que les prises de contact et la correspondance écrite soient perçus comme des menaces.

S'agissant de la communication spécifique avec les enfants et les parents, des progrès pourraient être obtenus si les professionnel·le·s de la protection de l'enfant modifiaient et élargissaient leur notion du moment où ils ont satisfait à l'obligation d'informer. Dans une approche axée sur les indications ci-dessus, il ne suffirait pas, pour satisfaire à l'obligation d'informer, que les informations aient été *données* ; encore faudrait-il que les professionnel·le·s de la protection de l'enfant disposent d'indications suffisantes qu'elles ont été *comprises* par les enfants et par les parents. L'introduction d'un tel critère inciterait les professionnel·le·s à se pencher activement sur la compréhension de la procédure par les parents et par les enfants, en posant des questions complémentaires, en comparant, en corrigeant éventuellement les erreurs et en apportant des éclaircissements. Une telle manière de faire renforcerait en outre l'impression des enfants et des parents que les professionnel·le·s se soucient de savoir s'ils se repèrent correctement dans la procédure et s'ils en comprennent le déroulement et les contenus. Une conséquence possible pourrait être que les enfants et les parents, sensibles à un tel intérêt, finissent par avoir confiance dans la procédure et dans les professionnel·le·s impliqué·e·s et par se montrer coopératifs.

5.2.2 Espaces de clarification : il incombe aux autorités de protection de l'enfant de permettre aux enfants et aux parents de clarifier leur perception du problème, leurs idées de solutions et leurs intérêts respectifs

Pour pouvoir participer activement à une procédure, il faut non seulement comprendre ce qui s'y passe, quelles sont les personnes impliquées, leurs rôles et les fonctions respectives qui la caractérisent. Il faut aussi tirer au clair ses propres besoins, préférences et intérêts. Sinon, il ne sera guère possible de les faire valoir dans la procédure. Si une personne ne parvient pas au moins à exprimer dans la procédure ses propres opinions et ses propres intérêts et donc à en faire l'objet de la discussion, la probabilité diminue qu'elle juge la procédure utile et qu'elle en accepte l'issue. Ce principe s'applique habituellement à toutes les procédures juridiques qui aboutissent à des décisions à la fois contraignantes et lourdes de conséquences pour les personnes impliquées. Il s'applique fondamentalement aussi aux procédures de protection de l'enfant. L'étude INTAPART montre un rapport significatif entre, d'une part, l'acceptation des mesures décidées, le stress vécu par les parents en raison de la procédure, leur compréhension des informations, leur intégrité perçue et leur participation et, d'autre part, l'accès à une personne de confiance (chapitre 3.3.2). Les procédures de protection de l'enfant mettent en jeu des dynamiques particulières qui portent en elles le potentiel de rendre plus difficiles les processus permettant de tirer au clair la vision du problème, les propositions de solutions et les intérêts des personnes concernées par la décision.

Rappelons ici une nouvelle fois les thèmes et les objets spécifiques qui sont traités dans les procédures de protection de l'enfant. Il est impossible de déterminer si le bien d'un enfant est compromis et, si oui, dans quelle mesure (en langage juridique : l'état de fait pertinent pour la décision) et comment lutter efficacement contre cette mise en danger, si l'on n'aborde pas la pratique des parents en matière de soins et d'éducation, leur vécu, les points de vue et les attitudes de l'enfant à l'égard de sa famille (ainsi que les autres conditions pertinentes du contexte). Comme ces éléments ne peuvent pas être dissociés des relations et des émotions qui existent entre l'enfant et ses parents (et les autres personnes de référence), celles-ci font également partie des thématiques à traiter. L'examen critique du rôle de la mère ou du père, de leur pratique en matière de soins et d'éducation et des formes spécifiques de vie commune déclenche souvent des sentiments de culpabilité et de honte (Schoch & Aeby 2022 ; chapitre 3.3.1). Ainsi, il existe de fortes incitations à éviter cela. De plus, les parents ou les personnes prenant en charge l'enfant participent souvent de manières différentes à la pratique en matière de soins et d'éducation, perçoivent et évaluent différemment les événements et les pratiques, et ont des points de vue, des besoins et des représentations idéales différentes de la vie de famille, de l'éducation et des relations avec l'enfant. De même, tout porte à croire que les enfants perçoivent et évaluent les événements et les pratiques à leur propre manière et ont leurs propres points de vue, besoins et intérêts concernant la vie de famille et la relation avec leurs parents ou les adultes chargés de tâches éducatives. À cela s'ajoute que les configurations des couples et des familles sont marquées par des rapports de force et des dépendances mutuelles qui peuvent avoir de lourdes conséquences sur le plan social comme sur le plan émotionnel et matériel. Les enfants sont donc exposés à un risque de dépendance accru, notamment en raison de leur position sociale et juridique dans l'ordre générationnel (Alanen 2009).

Le plus souvent, les procédures de protection de l'enfant sont engagées lorsque des crises se sont solidifiées ou les dynamiques ressenties comme problématiques se sont autonomisées. Les autorités de protection de l'enfant sont donc souvent confrontées à des configurations familiales où les problèmes de santé, matériels et sociaux s'accumulent et où les ressources pour surmonter ces contraintes multiples sont insuffisantes ou impossibles à mobiliser. De tels ensembles de problèmes peuvent également favoriser l'escalade des conflits et de la violence dans les relations de couple ou entre les générations et accroître la probabilité que le bien de l'enfant soit manifestement mis en danger. De même, les enfants et les jeunes qui sont impliqué·e·s dans des procédures de protection de l'enfant se retrouvent souvent dans des situations de stress multiples et sont exposés à des conflits et à des violences, par exemple dans la famille, mais aussi à l'école et avec leurs pairs. Dans de telles situations de stress et de crise, il est courant que les personnes concernées perdent le sens de leur propre situation, des facteurs de stress en jeu et de leur interaction, mais aussi de leurs préférences quant à la manière de mener leur vie et à leurs objectifs, alors que dans le même temps, les stratégies pratiquées jusqu'alors pour y remédier échouent de plus en plus.

Le stress dû à des événements critiques, à des situations d'urgence et à des crises qui touchent très souvent les enfants et les parents impliqués dans une procédure de protection de l'enfant est donc un autre facteur qui rend plus difficile la participation active à une telle procédure. La participation active à des situations de négociation présuppose que les enfants et les parents aient une compréhension subjective et cohérente pour eux-mêmes de leur situation, de leurs besoins et de leurs intérêts, incluant aussi, dans le meilleur des cas, des idées de solutions adéquates possibles. À défaut d'appréhender le problème et de voir clair dans ses propres intérêts en vue de dégager des pistes de solutions acceptables, l'influence qu'il est possible d'exercer sur les thématiques et l'issue qui peut être apportée à la procédure restent très étroitement limitées. De telles circonstances diminuent considérablement les chances que la procédure soit perçue comme utile et propre à faire avancer les choses, tout en accroissant la probabilité que les parents et les enfants ressentent l'autorité de protection de l'enfant et de l'adulte comme une instance autocratique qui définit unilatéralement le problème et les solutions appropriées pour le résoudre. Rappelons que la majorité des parents interrogés dans le cadre de la présente étude ont vécu l'autorité comme une institution exerçant le pouvoir sans être suffisamment et convenablement à l'écoute de leur personne et de leurs objectifs (chapitre 3.3).

La participation des enfants et des parents aux procédures de protection de l'enfant peut être encouragée si on leur propose des espaces et des settings qui les aident à explorer et à tirer au clair pour eux-mêmes leurs propres points de vue relatifs à la mise en danger du bien de l'enfant en jeu, ses arrière-plans, ses déclencheurs et ses effets. Dans le contexte des interactions entre participation, autonomie et protection de l'intégrité, dont la présente étude a apporté de fortes preuves empiriques (chapitre 3.3), il est possible de considérer que la mise à disposition d'espaces de clarification sécurisés a également des effets positifs sur la garantie de l'autonomie et de l'intégrité des participant·e·s à la procédure. Au regard des conditions préalables à la participation des enfants aux procédures de protection de l'enfant et à d'autres procédures, cette hypothèse trouve un appui dans des argumentations évoquées dans de nombreuses contributions pertinentes à la discussion (Shier 2001 ; Lundy 2007 ; Tisdall 2016 ; Michail et al. 2023). Sur le plan des effets positifs de telles approches, il est possible, à titre d'exemple, de renvoyer au processus de conversation (« *Samtaleprosess* ») qui est mise à l'essai depuis quelques années avec succès en tant que projet modèle dans le système de protection de l'enfant en Norvège.[3]

L'intégration régulière d'espaces de clarification ouverts dans les procédures de protection de l'enfant offre sans le moindre doute de grandes chances, mais s'accompagne aussi de difficultés. Un défi particulier tient à ce que chaque membre d'une configuration familiale donnée doit tirer au clair sa propre vision du problème, ses propres besoins et les pistes de solutions qui ont sa préférence tout en les mettant en relation avec les visions, les besoins et les pistes de solutions préférées *des autres.* Or, la compréhension du point de vue d'autrui ouvre de précieuses opportunités pour dégager des prises de conscience, des perspectives et des possibilités d'action nouvelles. Il s'agit là de processus très exigeants qui ne peuvent réussir que si les participant·e·s se sentent en sécurité. Si l'on y ajoute le fait que cela doit être mis en œuvre dans des configurations marquées par des crises, des conflits ainsi que des structures et des événements qui menacent le bien de l'enfant, il semble impératif que la sécurité subjective soit garantie pour tout·e·s les participant·e·s par des professionnel·le·s externes. Les espaces et settings évoqués ici nécessitent une modération professionnelle compétente et un accompagnement par un·e professionnel·le, *a fortiori* lorsqu'il s'agit de garantir des espaces correspondants pour les enfants participant à la procédure.

La garantie d'espaces destinés à l'exploration et à la clarification des manières de voir le problème et des propositions de solutions personnelles des enfants et des parents est un volet indispensable des procédures de protection de l'enfant, dont la mise en place vise à ne pas créer plus de charges que celles qui sont inévitablement inhérentes à une telle procédure, de permettre la participation, et d'améliorer les chances de développement des solutions solides et largement soutenues. Sur le plan de la mise en place concrète, les particularités de chaque cas d'espèce doivent être prises en compte. Nous ne pouvons citer ici que quelques paramètres principaux et caractéristiques essentielles de tels settings.

3 https://www.regjeringen.no/no/dokumenter/prop.-84-l-20192020/id2698870/?ch=4

- La garantie d'espaces de clarification nécessite en règle générale de consacrer du temps à l'enfant seul (en l'absence des parents), aux parents seuls ou aux personnes prenant en charge l'enfant seules ainsi qu'aux personnes pertinentes au sein de la configuration familiale concernée.
- Les settings sont préparés et modérés par des professionnel·le·s compétent·e·s.
- Les professionnel·le·s veillent à ce que les participant·e·s puissent être perçu·e·s dans leur vulnérabilité propre et se sentent subjectivement en sécurité et respecté·e·s en tant que personnes.
- Les professionnel·le·s veillent à ce que l'enfant ou les parents puissent parler librement et franchement de leurs expériences, de leurs besoins, de leurs problèmes et de leurs souhaits.
- Les professionnel·le·s veillent à ce que l'enfant ou les parents puissent déterminer pour eux-mêmes ce qu'ils jugent bon et digne d'être préservé dans leur vie commune, ce qu'ils perçoivent comme menaçant et nécessitant un changement et ce qui, de leur point de vue, devrait advenir pour que la situation s'améliore (Munro & Turnell 2018, p. 92).
- Les settings se basent sur les possibilités et préférences d'expression de l'enfant et des parents et tiennent compte du fait que les situations de jeu et les images offrent souvent de bonnes possibilités de transmettre un vécu subjectif et d'exprimer des besoins et des prises de conscience sur des liens de cause à effet, et que le langage verbal ne doit pas impérativement intervenir au début, mais éventuellement seulement au moment de consigner les résultats (intermédiaires) d'un processus de clarification.
- Les settings offrent aux participant·e·s l'occasion de se pencher sur leurs propres ambivalences (en rapport avec des sentiments positifs et négatifs ; en rapport avec des souhaits de modification et de préservation ; en rapport avec des améliorations possibles de la situation et les effets anticipés à cet égard, etc.) et les aident à dégager leurs propres préférences en matière de solution des problèmes au vu des ambivalences existantes et dans le cadre des restrictions applicables. Soulignons que dans ce contexte, les restrictions pertinentes à prendre en compte sont non seulement les conditions de

vie matérielles et sociales concernées, mais aussi les normes du bien de l'enfant, qui représentent le point de référence de l'action et des décisions de l'autorité de protection de l'enfant.
- L'organisation spatiale typique des autorités et des services n'est généralement pas idéale pour ces settings. Il est nécessaire de créer ou de rechercher des environnements spatiaux appropriés, précisément si l'on veut réaliser de tels settings de clarification avec des enfants.[4]

Pour pouvoir mettre à profit les chances offertes par de tels espaces de clarification, il est recommandé que les professionnel·le·s qui les animent ne soient pas les mêmes que les professionnel·le·s qui dirigent la procédure de protection de l'enfant en tant que membres de l'autorité compétente et qui décident des éventuelles mesures de protection de l'enfant. Cela pourrait porter considérablement préjudice au caractère exploratoire nécessaire sur le plan fonctionnel pour dégager les propres préférences au vu des ambivalences et des restrictions existantes. La question se pose donc de savoir comment il serait possible de réaliser sur le plan conceptuel et pratique les espaces nécessaires aux clarifications dans le cadre d'une procédure de protection de l'enfant. De nombreux éléments concordent pour considérer la phase de l'évaluation sociale comme la plus appropriée pour cela, parmi les divers formats qui se sont établis en tant que composantes régulières des procédures de protection de l'enfant. Les présents travaux pour l'aménagement des évaluations du bien de l'enfant offrent à cet égard d'autres propositions différenciées et des recommandations méthodologiques (Biesel et al. 2017, p. 137 ss et *passim*).

Cela signifierait que les professionnel·le·s chargé·e·s de l'évaluation sociale devraient créer des occasions pour que les enfants et les parents bénéficient d'une aide et d'un accompagnement pour clarifier leur vision

4 « *A child cannot be heard effectively where the environment is intimidating, hostile, insensitive or inappropriate for her or his age. Proceedings must be both accessible and child-appropriate. Particular attention needs to be paid to the provision and delivery of child-friendly information, adequate support for self-advocacy, appropriately trained staff, design of court rooms, clothing of judges and lawyers, sight screens, and separate waiting rooms.* » (CRC General Comment No. 12, The right of the child to be heard [2009], par. 34).

subjective du problème et leurs propositions de solutions dans le cadre d'un processus ouvert et accompagné. Le processus peut être qualifié d'ouvert lorsque les enfants et les parents sont encouragés à exprimer leurs ambivalences quant à l'interprétation des problèmes et aux réponses possibles. Pour permettre aux enfants et aux parents de rechercher leurs propres positions et préférences dans un esprit ouvert et exploratoire, il conviendrait dans ce cas de veiller à ce que les entretiens de l'évaluation sociale ne soient pas réalisés par la/les même(s) personne(s) que celle(s) qui prend/prennent ensuite la décision. Par ailleurs, il semble impératif que l'enfant et les parents soient informés de manière transparente du cadre et des objectifs et que l'on vérifie qu'ils ont bien compris l'importance éventuelle que leurs déclarations peuvent occuper dans la prise de décision.

5.2.3 Négociation : il incombe aux autorités de protection de l'enfant de permettre aux enfants et aux parents d'exposer dans la procédure leur vision du problème et leurs idées de solutions

Les résultats de l'enquête réalisée auprès des parents dans le cadre de la présente étude montrent que près de la moitié des personnes interrogées disent ne pas ou ne pas totalement avoir exprimé leur avis ; plus de la moitié affirment que leur point de vue n'a pratiquement pas été pris en compte ; les deux tiers considèrent que leurs propositions n'ont pas été retenues et près des deux tiers indiquent qu'aucune autre solution n'a été discutée avec elles (chapitre 3.3.2). D'après les résultats de l'enquête réalisée auprès des enfants, les enfants confirment en majorité que l'autorité n'a pas mené d'entretien individuel avec eux ; ils indiquent également en majorité ne pas avoir été invités à donner leur avis sur la situation dans leur famille ni sur ce qui, à leur avis, pourrait les aider ou aider leur famille. Seule une petite minorité d'enfants interrogés souscrit à l'affirmation selon laquelle leurs déclarations ont eu une influence sur la décision de l'autorité, alors qu'une grande majorité des enfants interrogés considère que les personnes qui ont pris la décision savaient peu de choses sur eux et sur leur famille (ibid.). Ces constats révèlent que les procédures de protection de l'enfant sont en grande partie menées d'une manière qui donne à de très nombreux parents et enfants l'impression que leurs points de vue n'ont été ni entendus ni pris au sérieux ou en compte dans la prise de décision. De nombreux enfants et parents ne voient pas clairement quelle influence leurs points de vue ont eue sur la décision, ou parviennent à la conclusion qu'ils n'en ont eu aucune.

En outre, les parents et les enfants semblent souvent ne pas pouvoir appréhender le rapport entre les décisions de l'autorité de protection de l'enfant et eux-mêmes en tant que personnes, dans leur rôle de parents ou d'enfants et avec leur pratique familiale. Souvent, ils perçoivent l'autorité de protection de l'enfant comme une force étrangère qui statue sur leur sort. Les méthodes, les communications et les documents de l'autorité leur restent tout aussi opaques que les critères selon lesquels celle-ci rend sa décision. Plus les parents et les enfants impliqués dans la procédure perçoivent ainsi la situation, moins ils ont de chances de considérer la procédure comme équitable et utile. D'après les traditions de recherche largement reconnues en sociologie du droit et en psychologie sociale, l'expérience subjective de l'équité procédurale est importante pour l'acceptation des résultats des procédures, alors que la participation au sens de possibilité d'avoir voix au chapitre est un élément central de l'équité (Lind & Tyler 1988 ; Röhl 1994 ; Hauri 2020 ; chapitre 3.3.2 ; voir ci-dessus). Cependant, il ne suffit pas que les personnes participant à la procédure se soient exprimées à l'occasion de celle-ci pour que le critère de participation au sens d'avoir voix au chapitre soit rempli. Avoir voix au chapitre dans le sens utilisé ici (en tant qu'étape incontournable d'une procédure équitable) présuppose de comprendre la procédure, ses objectifs et ses fonctions ainsi que les normes appliquées pendant la procédure. À défaut, les personnes concernées par la décision ne peuvent même pas commencer à se former un jugement sur les normes qui ont été appliquées à leur cas, à dire si ces normes ont été appliquées avec cohérence, si la décision répond à ces normes et si elle a été motivée de manière appropriée. En rapport avec les procédures de protection de l'enfant, cela signifie par exemple que les parents ne peuvent exprimer ni accord conscient (complet ou partiel) ni rejet conscient (complet ou partiel) d'une mesure favorisée par l'autorité pour assurer le bien de l'enfant.

Pour compenser l'absence de compréhension des normes juridiques sous-tendant la procédure et renforcer la position des personnes concernées par la procédure, le droit écrit prévoit l'institution de la curatelle ou de la représentation de l'enfant dans la procédure. Toutefois, la partie qualitative de l'étude révèle que seuls très peu de parents et d'enfants disposent d'une représentation dans la procédure de protection de l'enfant (chapitre 3.3.1). Une bonne procédure de protection de l'enfant garantit le concours d'une assistance juridique dans le processus de négociation.

Pour que les décisions de l'autorité compétente atteignent leur but consistant à protéger et à sécuriser les enfants, les normes juridiques sous-tendant la décision doivent être transmises de manière communicative et être associées à la pratique en matière de soins et d'éducation ainsi qu'aux relations entre les générations, de manière à pouvoir être comprises par les personnes concernées par la décision. Une compréhension au moins partielle de la définition des problèmes qui mettent en danger le bien de l'enfant du point de vue de l'autorité ainsi que des stratégies de traitement ou pistes de solutions appropriées est un préalable essentiel à l'acceptation des mesures ou des prestations ainsi qu'à leur efficacité (chapitre 3.3.1 ; Doelmann et al. 2024). Une explication visant à la compréhension des normes pertinentes semble nécessaire, ne serait-ce que parce que les cas de protection de l'enfant nécessitent, en règle générale, de respecter plusieurs normes jugées équivalentes et de les communiquer conjointement. La responsabilité de cette compréhension ne saurait incomber aux parents et aux enfants. Elle relève de l'autorité qui applique les normes juridiques et défend l'intérêt socialement reconnu de la protection des enfants. Les autorités de protection de l'enfant peuvent assumer cette responsabilité en créant des settings propices aux échanges délibératifs entre autorité, parents et enfants au sujet de leurs visions respectives du problème, de leurs idées de solutions et de leurs préférences. Il est décisif à cet égard qu'il s'agisse d'échanges sans parti pris, c'est-à-dire d'échanges dont le résultat n'est pas fixé d'entrée de jeu.

Nous exposerons ci-après quelques paramètres et quelques caractéristiques essentielles de tels settings. L'ordre des divers éléments de l'énumération qui suit ne reflète aucune succession chronologique pour la mise en œuvre.

- L'autorité de protection de l'enfant veille à ce que l'enfant bénéficie d'occasions adaptées à son âge pour exposer, compte tenu de son contexte de vie et d'expérience, ce qui compte pour lui et ce qu'il veut conserver, ce qui doit changer pour son bien et comment il pense que cela pourrait se réaliser concrètement. Il convient donc de donner à l'enfant l'occasion d'alimenter la procédure et la prise de décision avec sa propre compréhension subjective de son bien et sa compréhension subjective de ce qui devrait changer dans la vie de famille et dans la pratique en matière de soins et d'éducation.[5]

- L'autorité de protection de l'enfant explique aux parents quels événements, pratiques et structures, de son point de vue, mettent en danger le bien de l'enfant et en quoi, ainsi que les mesures qui lui semblent appropriées et nécessaires pour écarter le danger. Ce faisant, elle explique la norme du bien de l'enfant en rapport avec la pratique de la vie de famille. Les membres de l'autorité de protection de l'enfant justifient vis-à-vis des parents ce qui les a incité·e·s à constater la mise en danger du bien de l'enfant en exposant les besoins et/ou les droits fondamentaux de l'enfant qui ne sont pas satisfaits ainsi que les éléments qui leur ont permis de reconnaître qu'ils ne l'étaient pas (critères, indicateurs). En d'autres termes : l'autorité explique comment elle conçoit le seuil qui légitime l'ingérence dans les droits constitutionnels protégés des parents. Par ailleurs, l'autorité expose comment la norme du bien de l'enfant peut être satisfaite.
- Les parents ont la possibilité de se pencher sur la manière dont l'autorité de protection de l'enfant applique la norme du bien de

5 Une définition du bien de l'enfant ne doit pas s'appuyer uniquement sur les connaissances (juridiques, de sciences sociales, de psychologie du développement, etc.) des expert·e·s, mais doit impérativement tenir compte des avis de l'enfant sur ce qui est pour son bien. Voir à cet égard les observations du Comité des droits de l'enfant des Nations Unies sur le lien entre l'art. 3 (intérêt supérieur de l'enfant) et l'art. 12 CDE (participation de l'enfant) : « *There is no tension between articles 3 and 12, only a complementary role of the two general principles: one establishes the objective of achieving the best interests of the child and the other provides the methodology for reaching the goal of hearing either the child or the children. In fact, there can be no correct application of article 3 if the components of article 12 are not respected. Likewise, article 3 reinforces the functionality of article 12, facilitating the essential role of children in all decisions affecting their lives.* » (UN Committee on the Rights of the Child [CRC] 2009, par. 74).

l'enfant à sa pratique en matière de soins et d'éducation afin de pouvoir comprendre ce qui porte atteinte à cette norme du point de vue de l'autorité (ce qui constitue le problème aux yeux de l'autorité). En outre, ils ont l'occasion de relier de manière exploratoire la norme avec leur pratique en matière de soins et d'éducation : comment pouvons-nous contribuer à prévenir ce qui met en danger le bien de l'enfant, de l'avis de l'autorité de protection de l'enfant ? Qu'est-ce qui nous aiderait à aménager notre pratique en matière de soins et d'éducation de manière à ce qu'elle corresponde à la norme ?

- Il est garanti aux parents d'avoir la possibilité de s'exprimer sur les problèmes constatés par l'autorité de protection de l'enfant, d'expliquer leur propre vision du problème et d'exposer la contribution qu'ils sont prêts à apporter pour écarter tout danger pour le bien de l'enfant.
- Les membres de l'autorité de protection de l'enfant abordent la vision du problème, les idées de solutions et les préférences des parents et prennent position à cet égard. Ils exposent de manière différenciée comment il convient d'évaluer du point de vue de l'autorité les changements proposés par les parents à leur pratique familiale ou à leurs méthodes à la lumière de leur interprétation de la norme du bien de l'enfant : si cela permet (ou non) de se rapprocher de la norme du bien de l'enfant dans le sens de la garantie des besoins et des droits fondamentaux, si cela suffit (ou non), comment y apporter des modifications, le cas échéant, afin de se conformer à la norme.
- Il incombe à l'autorité de créer les conditions-cadres de ces entretiens pour veiller à ce que les intérêts de l'enfant soient prioritaires et déterminants pour la mise en œuvre concrète (y compris l'indication de la possibilité d'être accompagné par une personne de confiance).
- Les parents et les enfants qui demandent de l'aide dans le processus de négociation doivent avoir accès à une assistance juridique ou pouvoir obtenir un soutien de la part d'une autre personne de confiance de leur choix.

Ces propositions visent à renforcer les étapes de délibération dans la procédure de protection de l'enfant. La compétence décisionnelle incombe à l'autorité de protection de l'enfant et la norme du bien de l'enfant n'est pas à disposition en tant que telle. L'objet de la négociation, ce sont les *modalités* visant à assurer le bien de l'enfant dans la configuration familiale donnée, et par conséquent toujours l'interprétation de la norme du bien de l'enfant dans le cas d'espèce. Un effet souhaité de la création d'une situation de négociation est que les personnes concernées par la décision aient davantage l'occasion de comprendre la norme de référence et la logique sous-tendant la décision de l'autorité de protection de l'enfant. Un autre effet souhaité est qu'elles soient incitées à réfléchir au moyen de se conformer à la norme ainsi qu'à déterminer dans quelle mesure elles ont la volonté et la capacité de le faire. Dans le meilleur des cas, elles imaginent la manière d'assurer le bien de l'enfant tout en préservant l'autonomie de la famille ; ou bien elles se voient présenter des possibilités correspondantes sur lesquelles elles peuvent se prononcer et expliquer si elles sont prêtes à accepter de changer et de prendre les dispositions nécessaires. Un troisième effet souhaité est donc d'accroître la légitimité de l'ingérence de l'autorité de protection de l'enfant dans les droits fondamentaux des parents et de l'enfant en faisant plus clairement ressortir si les conditions de l'absence de volonté ou de possibilité des parents d'écarter la mise en danger du bien de l'enfant sont réunies ou non. L'introduction d'une étape délibérative renforce la participation, accroît la probabilité que la procédure de protection de l'enfant soit perçue comme équitable et réduit le risque de restrictions injustifiées à l'autonomie et d'atteintes évitables à l'intégrité.

5.2.4 Des décisions compréhensibles : il incombe aux autorités de protection de l'enfant de permettre aux enfants et aux parents de comprendre les décisions de l'autorité ainsi que leurs motivations

La littérature spécialisée en droit et en sciences sociales ne se lasse pas de souligner que « le bien de l'enfant » est une notion juridique abstraite et indéterminée qui doit être interprétée avec réflexivité et au regard de contextes spécifiques (voir à titre d'exemple parmi beaucoup d'autres :

Gerber 2021, p. 47 ss). Ce que signifie le bien de l'enfant et l'écartement de sa mise en danger dans une configuration familiale donnée et une relation générationnelle spécifique est une question d'interprétation. Les valeurs et les normes universelles doivent être appliquées à des pratiques de vie concrètes sur lesquelles les informations disponibles sont incomplètes (et de surcroît souvent contradictoires). Les décisions des autorités de protection de l'enfant se trouvent donc par principe tiraillées entre l'appréciation et les exigences formelles imposées en matière d'application du droit identique et contrôlable : « *accountability entails essentially the obligation to* justify » (Molander et al. 2012, p. 214 ; mis en évidence dans l'original). C'est pourquoi les exigences imposées à la contrôlabilité et à la compréhensibilité doivent être encore plus strictes s'agissant des décisions discrétionnaires ayant un effet juridique et de lourdes conséquences sur les biographies, les relations entre les générations et l'autonomie familiale. L'endroit structurel où ces exigences sont respectées est l'exposé des motifs de la décision. Les décisions des autorités de protection de l'enfant « doivent être (facilement) compréhensibles, et cela pour tous les groupes de destinataires, même ceux provenant de couches sociales défavorisées ou n'ayant pas de bonnes connaissances du français. Une *motivation* intelligible permet à la personne concernée de comprendre le sens de la décision rendue, idéalement de l'accepter et de l'intégrer, ou à défaut de pouvoir au moins l'attaquer en toute connaissance de cause » (COPMA 2017, p. 433–434). À l'heure actuelle, ces maximes ne semblent pas encore suffisamment observées partout.

Comme déjà indiqué, les résultats de notre étude montrent que les parents et les enfants ne peuvent souvent pas comprendre les décisions de l'autorité de protection de l'enfant. Les parents et les enfants interrogés dans le cadre de la partie quantitative de l'étude empirique sont en majorité d'avis que leurs points de vue sont peu pris en compte dans la prise de décision ; les deux tiers estiment que leurs propositions n'ont pas été prises en compte (chapitre 3.3.2). Seule une très petite partie des enfants interrogés souscrit à la thèse selon laquelle leurs déclarations ont eu une influence sur les décisions de l'autorité de protection de l'enfant (chapitre 3.3.2). Ces constats peuvent être interprétés comme voulant dire que pour de nombreux enfants et parents, la manière dont les avis et les points de vue qu'ils avaient exprimé dans la procédure ont été compris et repris par l'autorité de protection de l'enfant et les répercussions qu'ils ont eues sur la décision est restée peu claire (Schoch et al. 2023 ; chapitre 3.3.1). Bien des éléments donnent à penser que ces circonstances ont contribué à ce que de nombreux parents et enfants vivent les procédures comme marginalisantes et portant atteinte à l'intégrité (chapitre 3.3.2). Dans ce contexte, il est possible d'argumenter que le perfectionnement des décisions serait susceptible d'améliorer considérablement leur traçabilité et d'éviter les atteintes à l'intégrité. Citons ici les caractéristiques qui conviendraient pour répondre à ce besoin de perfectionner les décisions.

- Il est garanti que les décisions exposent de façon compréhensible pour les personnes concernées (parents, enfants, le cas échant autres personnes concernées) les conditions, pratiques et circonstances qui mettent en danger le bien de l'enfant et de quelle manière celui-ci est menacé.
- Il est garanti que les décisions exposent de façon compréhensible pour les personnes concernées la manière dont une mesure ordonnée par l'autorité convient pour écarter le danger et est nécessaire et proportionnée. Cela implique d'indiquer quelles retombées sont attendues de la mesure sur le bien de l'enfant et les raisons pour lesquelles des méthodes ou mesures alternatives seraient moins appropriées (efficacité, proportionnalité, complémentarité, subsidiarité).
- Il est garanti que les personnes concernées peuvent comprendre comment les avis, points de vue et propositions de solution au problème exprimés par elles durant la procédure ont alimenté les réflexions de l'autorité de protection de l'enfant et ont été pris en considération dans la décision prise.
- Dans les cas où l'enfant et/ou les parents ont soumis durant la procédure leurs propres propositions pour écarter la mise en danger du bien de l'enfant et où l'autorité ne suit pas ou pas totalement ces propositions, l'exposé des motifs de la décision aborde explicitement ces propositions et présente les raisons pour lesquelles l'autorité ne les a pas ou pas entièrement suivies. La décision est communiquée par écrit, mais il est veillé à ce que les personnes concernées puissent

obtenir sans effort de plus amples explications écrites ou orales de son contenu.
- Il est garanti que les personnes concernées comprennent comment elles peuvent exercer leur droit de recours contre la décision et quel soutien elles peuvent recevoir pour cela, notamment par une assistance juridique.

5.3 Conclusion

La réforme du Code civil de 2013 a encouragé la professionnalisation des autorités de protection de l'enfant. Elle a contribué à un net renforcement des caractéristiques juridiques formelles pour leurs procédures comme pour leurs décisions. Sous l'idée directrice instaurant l'autorité de protection de l'enfant et de l'adulte en tant qu'autorité professionnelle interdisciplinaire, la réforme a conduit à ce que les autorités de protection de l'enfant ne puissent plus prendre leurs décisions sans expertise juridique et compétence professionnelle. Depuis la réforme de 2013, les autorités décisionnaires du système de protection de l'enfant en Suisse sont bien plus tenues que par le passé de respecter les principes procéduraux de l'État de droit. Par rapport aux niveaux de développement précédents qui n'offraient aucune protection suffisante contre l'arbitraire, cette évolution apporte aux enfants comme aux parents un net gain de sécurité juridique dans la procédure. Elle améliore la qualité des décisions portant sur les mesures de protection de l'enfant, évaluée selon la prise en compte des principes fondamentaux de l'État de droit (motivation et contrôlabilité des décisions ; sécurité de la procédure et protection contre l'arbitraire de l'État ; garantie du droit d'être entendu). Elle améliore la qualité des décisions sur le plan formel. Néanmoins, les résultats de la présente étude montrent qu'au niveau de la qualité des décisions ainsi que de la procédure, des efforts supplémentaires doivent encore être entrepris pour protéger les parents et les enfants contre les atteintes à l'intégrité. Dans ce but, les éléments proposés ici pour une bonne procédure de protection de l'enfant peuvent faire avancer les choses. Mais les concepts et les méthodes ne suffisent pas à eux seuls. Les autorités de protection de l'enfant doivent être dotées des ressources requises pour les mettre en œuvre : ressources pour une dotation en personnel adapté aux tâches, développement et perfectionnement et donc suffisamment de temps pour les clarifications, les négociations et la communication des décisions. Un autre domaine à faire évoluer est celui des règles juridiques régissant la procédure. Pour cette raison, le chapitre qui suit soumet un projet de nouvelle loi fédérale uniforme relative à la procédure devant les autorités de protection de l'enfant qui s'appuie sur les résultats de la présente étude et paraît approprié pour mettre en œuvre les éléments que nous proposons pour la qualité de la procédure de protection de l'enfant (chapitre 6).

6. Projet de loi fédérale sur la procédure devant les autorités de protection de l'enfant

Gaëlle Droz-Sauthier & Michelle Cottier

6.1 Point de départ : les résultats du projet INTAPART

Le présent chapitre est dédié à la proposition d'une nouvelle loi pour la procédure devant les autorités de protection de l'enfant uniformisée pour toute la Suisse. Cette proposition est le résultat d'un travail interdisciplinaire et traduit les résultats du projet INTAPART en des normes juridiques.

Notre proposition de loi fait suite aux constats suivants découlant des résultats du projet INTAPART :

Malgré le fait que les droits procéduraux des parents et des enfants ont été renforcés en Suisse, notamment à la suite de la ratification de la Convention européenne des droits de l'homme (CEDH) et la Convention de l'ONU relative aux droits de l'enfant (CDE), l'étude empirique a révélé que les enfants rencontrent encore de grandes difficultés à participer véritablement aux procédures les concernant (voir chapitres 3.3 et 4).

Ce manque de participation des enfants ainsi que les problèmes d'accessibilité du droit dont témoignent une grande partie des participant·e·s à l'étude empirique INTAPART, sont entre autres dus au système législatif actuel. La réglementation du droit de procédure devant les autorités de protection de l'enfant est particulièrement complexe et, de ce fait, constitue un obstacle à son accès tant pour les personnes concernées que pour les professionnel·le·s. D'une part, il a été élaboré en « patchwork » : le droit de procédure est contenu dans le Code civil, le Code de procédure civile, le droit cantonal privé, le droit cantonal administratif, etc. D'autre part, il n'a pas été pensé et écrit pour les enfants, la plupart des normes applicables dans le contexte de la protection de l'enfant l'étant par renvoi au droit applicable à la protection de l'adulte. Ce fonctionnement par ricochet rend l'interprétation des normes difficile ou empêche tout court leur application. Finalement, la trop importante marge de manœuvre laissée aux organes décidants dans l'application des droits de l'enfant est de nature à en limiter indûment la portée (voir pour les détails le chapitre 3.1).

6.2 Sources

Notre projet de loi est en partie fondé sur le projet de loi de procédure proposé par Daniel Steck lors des travaux législatifs en vue du nouveau droit de protection de l'enfant et de l'adulte entré en vigueur le 1er janvier 2013 (Steck 2003). Ce projet a été abandonné à l'époque (Conseil fédéral 2006a, p. 6645). Pour la mise en œuvre des droits fondamentaux des enfants et parents concernés, il est aujourd'hui impératif de reprendre les travaux législatifs pour l'adoption d'une loi de procédure devant les autorités de protection de l'enfant unifiée pour toute la Suisse (voir dans ce sens également Kofmel Ehrenzeller 2023 ; Gerber 2021, N 52).

Notre projet de loi se limite à la procédure devant l'autorité de protection de l'enfant, qui se distingue clairement de la procédure en matière de protection de l'adulte. Certaines normes ont été reprises telles quelles du projet de Steck. Nous avons ensuite adapté et complété le projet sur la base des résultats de la recherche INTAPART, pour le rendre notamment davantage compatible avec les principes d'une justice adaptée aux enfants.

Les résultats de l'analyse juridique reposent largement sur la Convention relative aux droits de l'enfant (CDE) et les travaux qui cherchent à en faciliter l'interprétation et à la mettre en œuvre. Voici les sources principales en matière de droits de l'enfant dont nous nous sommes inspirées pour rédiger le projet de loi :

- Les Observations générales du Comité des droits de l'enfant (notamment l'OG n° 12 relative au droit de l'enfant d'être entendu de 2009) ;
- Les Observations finales à l'égard de la Suisse du Comité des droits de l'enfant ;
- La législation et la littérature juridique d'autres Etats signataires de la CDE qui proposent des solutions innovantes (Ecosse, Irlande, Nouvelle-Zélande, Norvège, Canada et Belgique) ;

- Les Lignes directrices du Comité des Ministres du Conseil de l'Europe sur une justice adaptée aux enfants de 2010, découlant de la CDE ;
- La Convention européenne du Conseil de l'Europe sur l'exercice des droits des enfants du 25 janvier 1996.

Les sources de droit suisse ont également été une base importante de l'élaboration du projet. Ont notamment été pris en compte :

- La Constitution fédérale suisse ;
- Les normes de procédure applicables à la procédure devant les APEA contenu dans le Code civil suisse ;
- Le Code de procédure civile suisse ;
- La jurisprudence du Tribunal fédéral ;
- La littérature juridique suisse ;
- Les recommandations de la Conférence en matière de protection des mineurs et des adultes (COPMA).

La richesse des informations récoltées a permis de penser un droit suisse pour l'enfant, façonné pour répondre à ses besoins. Par ce projet, nous espérons renforcer les droits de l'enfant et des parents dans les procédures devant les autorités de protection de l'enfant, tout en préservant une marge de manœuvre suffisante, nécessaire à l'exercice de leur fonction.

6.3 Contenu du projet de loi

Notre proposition de loi est composée de 5 chapitres :

- Chapitre 1 : champ d'application
- Chapitre 2 : principes
- Chapitre 3 : compétence et récusation
- Chapitre 4 : procédure
- Chapitre 5 : voies de droit et mécanisme de plainte

Le chapitre 1 du projet contient un seul article qui définit le champ d'application de la loi.

Au chapitre 2 du projet, il nous a paru essentiel de définir les principes généraux guidant les actions des autorités de protection de l'enfant, afin de mieux cadrer leurs interventions. À cette fin, nous avons rappelé ce que sont l'autonomie, la participation, l'intégrité/dignité, l'intérêt supérieur/bien-être de l'enfant, la proportionnalité, l'accessibilité, l'égalité/interdiction de discrimination et la formation des professionnel·le·s.

Le chapitre 3 contient des normes au sujet de la compétence et de la récusation, qui sont reprises du projet de Steck.

Le chapitre 4 constitue véritablement le cœur de ce projet de loi. Il développe les droits et devoirs des parties dans la procédure. Les personnes qui revêtent, le cas échéant, la qualité de partie sont définies. Il est expressément ancré dans le projet de loi que les enfants directement concernés par la procédure et leurs parents ont cette qualité, et ainsi tous les droits y relatifs. Le chapitre prévoit également une réglementation plus détaillée et contraignante de la manière dont la participation des enfants et des parents est assurée, un renforcement du droit d'être représenté·e dans la procédure et la possibilité de se faire accompagner par un·e pair·e. Des normes sont prévues pour garantir la qualité dans le traitement des dossiers : notamment, il y a des règles sur la façon de tenir les dossiers. Il est également prévu l'obligation pour les autorités de protection de publier anonymement certaines décisions, en particulier en matière de placement de l'enfant (retrait du droit de déterminer le lieu de résidence de l'enfant et retrait de l'autorité parentale), afin d'améliorer la transparence des décisions les plus intrusives des autorités de protection, ce qui est susceptible de contribuer à la confiance des justiciables.

La procédure est structurée en deux étapes distinctes :

Première étape
La procédure est ouverte par le signalement que l'autorité reçoit. Dès réception, elle mène une enquête préliminaire pour décider ensuite si, le cas échéant, elle la continue. Dans cette hypothèse, l'autorité invite immédiatement l'enfant à une première rencontre. Elle vise à lui expliquer l'existence de la procédure, son déroulement, son rôle, ses enjeux et les droits de l'enfant. C'est à cette occasion que l'autorité demande à l'enfant s'il souhaite participer à la procédure et, le cas échéant, comment il souhaite le faire. L'autorité désigne immédiatement à l'enfant incapable de discernement un·e représentant·e. La parole de l'enfant fait l'objet d'un compte-

rendu dont le contenu est discuté avec lui et qui est, sauf circonstances exceptionnelles, accessible à toutes les parties à la procédure. Tout au long de la procédure, l'enfant est informé de son déroulement et des explications lui sont apportées selon le média qu'il aura choisi. En particulier, il lui sera expliqué comment son opinion a été prise en compte et pourquoi, le cas échéant, l'autorité s'en est écartée.

Les normes relatives à la représentation de l'enfant ont été étoffées. Une telle personne représentante lui est désignée à sa demande et dans tous les cas lors de placement extra-familial et de retrait de l'autorité parentale. Celle-ci poursuit son mandat au terme de la procédure, aussi longtemps que dure la mesure. Les représentant·e·s de l'enfant sont dûment formé·e·s. Leur rôle est variable : ces personnes sont porteuses de la voix de l'enfant ou révélatrices de la situation de l'enfant, ou encore médiatrices pour l'enfant, en cas de conflit entre ses parents par exemple. Dans tous les cas, ces personnes doivent éclairer et guider l'enfant pour lui permettre de participer effectivement à la procédure.[1] Les frais y relatifs sont supportés par l'Etat.

Parallèlement, l'enfant peut être accompagné par un pair, peu importe son âge, qui n'est titulaire d'aucun droit dans la procédure.

Les parents peuvent également être représentés et/ou accompagnés par un pair. Dans ce cas, il s'agit de personnes ayant vécu des expériences similaires et qui peuvent seconder les parents dans la procédure. Notamment, ils peuvent leur apporter un soutien moral, les soutenir dans les démarches administratives et les conseiller discrètement. Ces personnes doivent faire partie d'une association, dont les formalités sont à prévoir dans une ordonnance. Ces normes sont inspirées de modèles étrangers, notamment établi en Nouvelle-Zélande (Droz-Sauthier 2024, p. 140 ss).

Deuxième étape

Au terme des premières auditions et de l'instruction de la cause, l'autorité informe les parties que l'instruction est close, leur transmet les résultats de l'instruction en des termes appropriés et leur donne l'occasion de se déterminer. Elle leur présente également un projet de décision et les invite à

---

1 Nous nous sommes inspirées pour le développement de cette partie du projet du modèle d'action tridimensionnelle de Heike Schulze (2008).

se déterminer. Finalement, elle informe les parties de leur possibilité d'être entendues oralement par l'autorité formée collégialement.

Ensuite, la décision est rendue. Elle doit notamment clairement indiquer les raisons la justifiant et comment les vues et les opinions de l'enfant ont été prises en considération. Les décisions de retrait du droit de déterminer le lieu de résidence de l'enfant et de l'autorité parentale sont publiées anonymement.

La décision est notifiée aux parties. Elle peut l'être oralement pendant la seconde audience ou par voie postale ou électronique. Les parties peuvent requérir de l'autorité un entretien téléphonique ou une entrevue pour se faire expliquer la décision et ses conséquences.

Le chapitre 5 du présent projet de loi traite des voies de recours et d'un nouveau mécanisme de plainte. La décision est susceptible de recours. Contrairement à ce qui est prévu aujourd'hui, le recours n'a pas besoin d'être motivé, afin de garantir l'accès à l'autorité de recours aux personnes les plus vulnérables.

En outre, est prévu un Bureau national pour la protection de l'enfant (BNPE) qui est notamment chargé de recevoir et de traiter des plaintes des enfants, des jeunes et des parents. C'est une procédure gratuite et la demande n'a pas besoin d'être motivée. Les résultats de la plainte peuvent faire l'objet, le cas échéant, d'une communication à l'entité étatique concernée au membre du gouvernement en charge de cette entité et être publiés dans la feuille d'avis officiel. Dans l'élaboration de ces normes, nous nous sommes notamment inspirées des recommandations du Réseau suisse des droits de l'enfant lorsqu'il a pris position dans le cadre de la motion 19.3633 « Créer un bureau de médiation pour les droits de l'enfant » du Conseiller aux Etats Ruedi Noser.

Projet de loi fédérale sur la procédure devant les autorités de protection de l'enfant

Chapitre 1 Champ d'application

Art. 1
La présente loi règle la procédure devant les autorités de protection de l'enfant au sens du Code civil suisse.

Chapitre 2 Principes

A. Autonomie
Art. 2
1 L'autonomie des enfants et des parents est garantie dans les procédures en protection de l'enfant, dans les limites de la loi.

2 L'autonomie est comprise comme étant la liberté de faire valoir ses priorités et de prendre soi-même les décisions qui nous concernent ou d'avoir tout au moins le sentiment que notre parole a été prise en compte. L'autonomie ainsi comprise constitue une expression du principe de l'autodétermination de la personne.

B. Participation
Art. 3
1 La participation des enfants et des parents dans les procédures devant les autorités de protection de l'enfant est garantie.

2 Elle est également garantie en cas de mise en œuvre de méthode alternative de résolution du conflit.

3 La participation désigne les procédures, démarches ou tentatives faites pour donner un rôle aux individus dans la prise de décision affectant la personne.

4 Le droit de chaque enfant d'être informé de ses droits, d'avoir un accès approprié à la justice, d'être consulté et entendu dans les procédures le concernant directement ou indirectement est respecté. Cela inclut la prise

en considération de l'avis objectif et subjectif de l'enfant, compte tenu de sa maturité et de ses éventuelles difficultés de communication, de sorte que sa participation ait un sens.

[5] Les enfants sont considérés et traités en tant que titulaires à part entière de leurs droits et doivent être habilités à les exercer tous d'une manière qui reconnaisse leur capacité de se forger leur propre opinion et prenne en compte les circonstances spécifiques de la situation.

C. Intégrité et dignité

Art. 4

[1] Devant les autorités de protection de l'enfant, l'intégrité physique et mentale de toute personne est garantie.

[2] Les personnes concernées par une procédure de protection de l'enfant sont traitées avec attention, bienveillance, sensibilité, équité et respect tout au long de la procédure, en accordant une attention particulière à leur situation personnelle, leur bien-être et leurs besoins spécifiques, et en respectant pleinement leur intégrité physique et psychique.

D. Intérêt supérieur de l'enfant et bien-être de l'enfant

Art. 5

[1] L'intérêt supérieur de l'enfant au sens de l'art. 3 CDE[2] prime sur toute autre considération dans toutes les procédures les concernant directement ou indirectement. À cette fin, l'autorité de protection :

a. évalue la situation personnelle de l'enfant,
b. recherche toutes les solutions possibles pour résoudre la question posée,
c. et choisit la mesure ou la solution la plus favorable à l'enfant, après lui avoir présenté, ainsi qu'à ses parents, les différentes alternatives.

---

2 Convention relative aux droits de l'enfant, RS 0.107.

[2] Le bien-être de l'enfant est au moins composé des huit éléments suivants :

a. le besoin de relations chaleureuses et stables ;
b. le besoin de protection physique, de sécurité et de cadre ;
c. le besoin d'expériences adaptées aux différences individuelles ;
d. le besoin d'expériences adaptées au développement ;
e. le besoin de limites, de structures et de prévisibilité ;
f. le besoin d'une communauté stable et de son soutien, de sa culture ;
g. le besoin de protection et de préparation de son avenir ;
h. le besoin de participation.

[3] Lors de l'évaluation de l'intérêt supérieur et du bien-être de l'enfant concerné directement ou indirectement :

a. ses points de vue et avis sont dûment pris en considération ;
b. tous ses autres droits, tels que le droit à la dignité, à la liberté et à l'égalité de traitement sont respectés en toutes circonstances ;
c. une approche globale est adoptée de manière à tenir dûment compte de tous les intérêts en jeu, notamment du bien-être psychologique et physique, et des intérêts juridiques, sociaux et économiques de l'enfant.

E. Proportionnalité

Art. 6

La restriction d'un droit fondamental dans le cadre d'une procédure en protection de l'enfant doit être apte à atteindre le but visé (règle de l'aptitude), lequel ne peut pas être obtenu par une mesure moins incisive (règle de la nécessité) ; il faut en outre qu'il existe un rapport raisonnable entre les effets de la mesure sur la situation de la personne visée et le résultat escompté du point de vue de l'intérêt public.

F. Accessibilité

Art. 7

[1] L'accessibilité du système de protection de l'enfant prévu dans le droit fédéral et cantonal est garantie.

[2] L'accessibilité se définit comme un concept permettant à tout le monde d'accéder au système de la protection de l'enfant. Les autorités concernées doivent mettre en œuvre ce qui peut être raisonnablement attendu d'elles pour que chaque personne utilisatrice puisse comprendre et interagir aisément.

[3] La participation des enfants et des parents est rendue fluide par l'autorité, en utilisant notamment un langage adapté et adéquat.

[4] La procédure doit être la moins intimidante possible.

G. Egalité et interdiction de discrimination

Art. 8

[1] L'égalité devant les autorités de protection de l'enfant est garantie.

[2] Nul ne doit subir de discrimination du fait notamment de son âge, de son origine, de sa race, de son sexe, de sa langue, de sa situation sociale, de son mode de vie, de ses convictions religieuses, philosophiques ou politiques ni du fait d'une déficience corporelle, mentale ou psychique.

[3] Les cantons mettent en œuvre des mesures en vue d'éliminer les inégalités frappant les personnes en situation d'handicap dans le cadre de la protection de l'enfant.

H. Formations des professionnel·le·s

Art. 9

1 Tous les professionnel·le·s en contact avec les enfants, peu importe leur domaine d'activité, sont formé·e·s aux droits et à la protection de l'enfant en général.

2 Ils et elles bénéficient d'une formation initiale et de formations continues pertinentes et certifiantes.

3 Les professionnel·le·s concerné·e·s sont formé·e·s à l'interdisciplinarité.

4 Les cantons sont chargés d'offrir aux professionnel·le·s des formations systématiques et permanentes.

Chapitre 3 Compétence et récusation

Section 1 Dispositions générales concernant la compétence

A. Examen de la compétence ; transmission de l'affaire à l'autorité compétente

Art. 10

1 L'autorité de protection de l'enfant examine d'office si l'affaire relève de sa compétence.

2 Si elle a des doutes sur sa compétence, elle procède à un échange de vues avec l'autorité qu'elle estime compétente.

3 Si elle s'estime incompétente, elle transmet l'affaire dans les plus brefs délais à l'autorité qu'elle considère comme compétente. Si celle-ci s'estime également incompétente, elle procède à un échange de vues avec l'autorité qui lui a transmis l'affaire.

B. Conflit de compétence entre partie et autorité

Art. 11

[1] Lorsque sa compétence est contestée, l'autorité de protection qui s'estime compétente peut le constater dans une décision incidente. La décision peut faire l'objet d'un recours, dans un délai de 10 jours à compter de sa notification.

[2] Si l'autorité, contrairement aux allégués d'une partie, s'estime incompétente et qu'une transmission de l'affaire s'avère impossible, elle n'entre pas en matière.

C. Conflit de compétence entre autorités

Art. 12

Lorsque l'échange de vues n'aboutit pas à un accord, l'autorité de protection qui a été saisie en premier lieu de l'affaire la soumet à l'autorité judiciaire de recours. Celle-ci statue après avoir entendu les autorités concernées.

Section 2 Compétence à raison du lieu

A. Compétence ordinaire

Art. 13

[1] L'autorité de protection du lieu de domicile de l'enfant est compétente pour connaître des affaires qui se rapportent à la protection de l'enfant.

[2] Lorsque l'enfant vit chez des parents nourriciers ou hors de la communauté familiale des parents, l'autorité du lieu où se trouve l'enfant est également compétente.

[3] Lorsque l'autorité du lieu où se trouve l'enfant ordonne une mesure, elle en avise l'autorité du lieu de domicile.

B. Compétence extraordinaire

Art. 14

[1] Lorsqu'il y a péril en la demeure, l'autorité de protection du lieu où réside l'enfant est également compétente.

[2] Si elle a ordonné une mesure, elle en informe sans délai l'autorité de protection qui a la compétence ordinaire ; celle-ci décide des autres mesures à prendre.

C. Changement de domicile ou de lieu de résidence

Art. 15

[1] Lorsqu'une personne faisant l'objet d'une mesure de protection change de domicile ou de lieu de résidence, la compétence pour mettre en œuvre la mesure est transférée à l'autorité de protection du nouveau domicile ou du nouveau lieu de résidence, à moins qu'un juste motif ne s'y oppose.

[2] La nouvelle autorité poursuit la mise en œuvre de la mesure sans retard, à moins qu'un juste motif ne commande de l'ajourner. Si les autorités ne parviennent pas à s'entendre, l'art. 10 est applicable.

[3] Jusqu'au transfert effectif de la compétence à la nouvelle autorité, les deux autorités sont compétentes pour prendre les dispositions nécessaires.

D. Concours de compétence

Art. 16

[1] Lorsque plusieurs autorités de protection sont simultanément compétentes et sous réserve de l'art. 14, la compétence pour connaître de l'affaire ressortit à l'autorité qui en a été saisie en premier lieu.

[2] Elle peut toutefois être attribuée à l'une des autres autorités compétentes, lorsque celle-ci est plus apte à prendre les mesures adéquates.

Section 3 Compétence dans une procédure matrimoniale

A. Compétence du tribunal

Art. 17

[1] Le tribunal chargé de régler les relations des parents avec l'enfant selon les dispositions régissant le divorce ou la protection de l'union conjugale prend également les mesures nécessaires à la protection de ce dernier et charge l'autorité de protection de l'enfant de leur exécution.

[2] Le tribunal peut aussi modifier, en fonction des circonstances, les mesures de protection de l'enfant qui ont déjà été prises.

[3] L'autorité de protection de l'enfant demeure toutefois compétente pour :

a. poursuivre une procédure de protection de l'enfant introduite avant la procédure judiciaire ;
b. prendre les mesures immédiatement nécessaires à la protection de l'enfant lorsqu'il est probable que le tribunal ne pourra pas les prendre à temps.

B. Modification de mesures judiciaires

Art. 18

[1] Le tribunal est compétent pour modifier les mesures judiciaires relatives à l'attribution et à la protection des enfants :

a. dans la procédure de divorce ;
b. dans la procédure en modification du jugement de divorce, selon les dispositions régissant le divorce ;
c. dans la procédure en modification des mesures protectrices de l'union conjugale ; les dispositions qui régissent le divorce s'appliquent par analogie.

[2] Dans les autres cas, l'autorité de protection de l'enfant est compétente.

Section 4 Compétence des autorités et récusation

A. Organisation des autorités de protection de l'enfant et interdisciplinarité

I. Principe et compétences centrales

Art. 19

1 L'autorité de protection de l'enfant est une autorité interdisciplinaire.

2 Elle est présidée par une personne juriste, laquelle remplit également les exigences prévues par l'art. 9.

3 L'autorité de protection prend ses décisions en siégeant à trois membres au moins, dont des spécialistes du droit, du travail social et de la pédagogie ou de la psychologie.

4 Des éducateurs et éducatrices, et travailleurs sociaux et travailleuses sociales respectant les exigences de l'art. 9 font partie de l'organisation de l'autorité de protection. Ils interviennent à la requête de l'autorité de protection de l'enfant, en cours d'instruction.

Art. 20

1 Une culture de l'interdisciplinarité est instituée au sein de l'autorité de protection.

2 Des intervisions sont régulièrement organisées.

3 Des supervisions sont proposées.

4 Un·e membre délégué·e de l'autorité de protection de l'enfant prend part aux réseaux interinstitutionnels.

Art. 21

Les cantons mettent à disposition des autorités de protection de l'enfant les ressources nécessaires à l'exécution de leur mandat.

II. Compétences mobilisables et délégables

Art. 22

1 Les cantons assurent aux autorités de protection de l'enfant le recours en tout temps aux connaissances professionnelles de services internes ou externes notamment dans les domaines du droit, du travail social, des sciences sociales, de la gestion des biens patrimoniaux, de l'administration, de la pédagogie, de la psychologie, de la médecine, des assurances, des tâches fiduciaires, de la pédopsychiatrie et de la médiation.

2 Les cantons organisent également la suppléance.

3 Les exigences de l'art. 9 s'appliquent également aux professionnel·le·s des services internes et externes.

B. Compétence d'une membre de l'autorité

Art. 23

Les actes suivants relèvent de la compétence d'un·e membre de l'autorité de protection de l'enfant, à moins que le droit cantonal ne prévoie qu'ils peuvent être accomplis par l'autorité collégiale :

a. Octroi de l'aide à l'exécution, pour autant que le droit cantonal ne déclare pas une autre autorité compétente à cet effet (art. 131 et 290 CC[3]) ;
b. Demande de nouvelle attribution de l'autorité parentale auprès du tribunal prononçant le divorce (art. 134 al. 1 CC) ;
c. Approbation des conventions réglant les contributions d'entretien en cas d'accord des parents (art. 134 al. 3 et 287 CC) ;
d. Approbation de la nouvelle attribution de l'autorité parentale en cas d'accord des parents (art. 134 al. 3 CC) ;
e. Demande d'institution d'une représentation de l'enfant dans la procédure civile applicable aux enfants dans les affaires de droit de la famille (art. 299 al. 2 let. b CPC[4]) ;
f. Réception de la déclaration de consentement des parents en vue de l'adoption (art. 265a al. 2 CC) ;

3 Code civil suisse du 10 décembre 1907, RS 210.

4 Code de procédure civile du 19 décembre 2008, RS 272.

g. Transfert de l'autorité parentale conjointe sur déclaration commune (art. 298a al. 1 et 4 CC) ;
h. Autorisation de placement d'un enfant chez des parents nourriciers et exercice de la surveillance sur les enfants placés chez des parents nourriciers, pour autant que le droit cantonal ne déclare pas une autre autorité compétente en la matière (art. 316 al. 1 CC) ;
i. Institution de l'établissement périodique des comptes et de rapports sur le patrimoine de l'enfant (art. 318 al. 3 et 322 al. 2 CC) ;
j. Réception de l'inventaire des biens de l'enfant après le décès de l'un de ses parents (art. 318 al. 2 CC) ;
k. Autorisation de prélèvements sur les biens de l'enfant (art. 320 al. 2 CC) ;
l. Institution d'une curatelle de représentation pour l'enfant à naître en vue de sauvegarder ses intérêts successoraux (art. 544 al. 1bis CC).

C. Récusation

Art. 24

Les art. 47 à 51 CPC s'appliquent par analogie à la récusation des membres de l'autorité de protection de l'enfant ainsi que de l'autorité judiciaire.

Section 5 Offre de consultation interdisciplinaire

Art. 25

Les cantons mettent en place une offre de consultation interdisciplinaire pour les différents acteurs de la protection de l'enfant.

Chapitre 4 Procédure

Art. 26

Les dispositions du présent chapitre s'appliquent à tous les stades de la procédure, à l'exception de la procédure devant le Tribunal fédéral.

Section 1 Principes et procédure en général

A. Personnes impliquées dans la procédure

I. Qualité de partie à la procédure

Art. 27

[1] L'enfant directement concerné par la procédure a la qualité de partie, indépendamment de son âge.

[2] Ses parents ont la qualité de partie.

[3] Les parents nourriciers ont également la qualité de partie.

II. Proches

Art. 28

Les proches de l'enfant, qui sont directement touchés par la procédure, peuvent se prévaloir des droits découlant de la qualité de partie.

B. Collaboration

I. Obligation de collaborer

Art. 29

Les personnes parties à la procédure et les tiers sont tenus de collaborer à l'établissement des faits. L'autorité de protection prend les mesures nécessaires pour sauvegarder les intérêts dignes de protection. En cas de nécessité, elle ordonne que l'obligation de collaborer soit accomplie sous la contrainte.

II. Refus de collaborer

Art. 30

Si les parties ou les tiers refusent de collaborer, l'autorité de protection de l'enfant peut, dans le respect du principe de la proportionnalité :

1. ordonner que l'obligation de collaborer soit accomplie sous la contrainte après le prononcé d'un avertissement, sauf en cas d'urgence ;
2. demander l'aide de la police ;
3. fixer une amende d'ordre jusqu'à 5'000 francs.

III. Dérogation à l'obligation de collaborer

Art. 31

1 Sont dispensés de collaborer :

1. les ecclésiastiques, les avocat·e·s, les défenseurs et défenseuses en justice et les médecins (art. 321 ch. 1 CP[5]) ;
2. les médiateurs et les médiatrices.

2 Les médecins peuvent collaborer s'ils ont obtenu une autorisation écrite de l'autorité supérieure selon l'art. 321 ch. 2 CP. Ils sont tenus de collaborer lorsque, à la demande de l'autorité de protection de l'enfant, l'autorité supérieure les a déliés du secret professionnel.

C. Administration des preuves

Art. 32

Toutes les parties à la procédure, y compris les enfants, ont le droit de participer à l'administration des preuves, soit de manière autonome, soit par le biais de leur représentant·e.

D. Tenue des dossiers

Art. 33

1 Un dossier est établi pour chaque procédure. Tous les documents ayant une portée juridique y sont systématiquement classés.

2 Le président ou la présidente de l'autorité de protection statue sur le droit de consulter le dossier, pour autant qu'aucun intérêt prépondérant ne s'y oppose.

3 Lorsque l'autorité refuse à une personne partie à la procédure le droit de consulter une pièce du dossier, elle ne peut se prévaloir de cette pièce que si elle lui en a révélé, oralement ou par écrit, les éléments importants pour l'affaire.

5 Code pénal suisse du 21 décembre 1937, RS 311.0.

4 Les dossiers ne sont remis qu'à des avocat·e·s. En l'absence de représentation par un·e avocat·e, le dossier peut être consulté, si nécessaire sous surveillance, dans les locaux de l'autorité de protection de l'enfant.

5 Les dossiers sont tenus dans le respect de l'enfant et de ses parents.

6 Ils doivent être accessibles et compréhensibles pour les personnes concernées.

E. Evaluation du bien-être de l'enfant
Art. 34
L'autorité évalue le bien-être de l'enfant selon les critères de l'art. 5 de la présente loi.

F. Maximes de procédure
Art. 35
1 L'autorité de protection établit les faits d'office.

2 Elle procède à la recherche et à l'administration des preuves nécessaires. Elle peut charger une tierce personne ou un service d'effectuer une enquête. Si nécessaire, elle ordonne un rapport d'expertise.

3 Elle n'est pas liée par les conclusions des personnes parties à la procédure.

4 Elle applique le droit d'office.

G. Entraide administrative
Art. 36
1 Les autorités administratives et les tribunaux sont tenus de fournir les documents nécessaires, d'établir les rapports officiels et de communiquer les informations requises, à moins que des intérêts dignes de protection ne s'y opposent.

2 Les autorités veillent aux aspects liés à la protection des données et garantissent en toute circonstances les droits de la personnalité des personnes concernées.

H. Principe de célérité

Art. 37

[1] L'autorité mène la procédure avec célérité.

[2] Il n'y a pas de féries.

I. Suspension de la procédure

Art. 38

[1] L'autorité peut ordonner la suspension de la procédure si des motifs d'opportunité le commandent.

[2] L'ordonnance de suspension peut faire l'objet d'un recours.

J. Huit-clos

Art. 39

[1] Les audiences ont lieu à huis clos.

[2] A la demande d'une des parties, l'autorité ordonne la publicité d'une audience, à moins que des intérêts prépondérants ne s'y opposent.

[3] L'autorité délibère à huis clos et hors la présence des parties.

K. Notifications

Art. 40

[1] L'autorité de protection notifie aux parties à la procédure notamment :

a. Les citations ;
b. Les ordonnances et les décisions ;
c. Les actes de la partie adverse.

[2] Lorsque la partie est représentée, les actes sont notifiés à son représentant.

L. Frais

Art. 41

Les procédures devant les autorités de protection de l'enfant sont gratuites.

M. Mesures superprovisoires et provisoires

Art. 42

[1] L'autorité de protection de l'enfant prend, d'office ou à la demande d'une personne partie à la procédure, toutes les mesures provisionnelles nécessaires pendant la durée de la procédure. Elle peut notamment ordonner une mesure de protection à titre provisoire.

[2] En cas d'urgence particulière, elle peut prendre des mesures provisionnelles sans entendre les personnes parties à la procédure. En même temps, elle leur donne la possibilité de prendre position ; elle prend ensuite une nouvelle décision.

[3] Toute décision relative aux mesures provisionnelles peut faire l'objet d'un recours dans les dix jours à compter de sa notification.

Section 2 Ouverture de la procédure

A. Signalement

I. Obligation d'aviser l'autorité

Art. 43

[1] Les personnes ci-après, dans la mesure où elles ne sont pas soumises au secret professionnel en vertu du code pénal, sont tenues d'aviser l'autorité de protection de l'enfant lorsque des indices concrets existent que l'intégrité physique, psychique ou sexuelle de l'enfant est menacée et qu'elles ne peuvent pas remédier à la situation dans le cadre de leur activité :

1. les professionnel·le·s de la médecine, de la psychologie, des soins, de la prise en charge et du service social, les éducateurs et éducatrices, les enseignant·e·s, les intervenant·e·s du domaine de la religion et du domaine du sport, lorsqu'ils sont en contact régulier avec les enfants dans l'exercice de leur activité professionnelle ;
2. les personnes ayant connaissance d'un tel cas dans l'exercice de leur fonction officielle.

[2] Toute personne qui transmet l'annonce à son supérieur hiérarchique est réputée satisfaire à l'obligation d'aviser l'autorité.

[3] Les cantons peuvent prévoir d'autres obligations d'aviser l'autorité.

II. Droit d'aviser l'autorité

Art. 44

[1] Toute personne a le droit d'aviser l'autorité de protection de l'enfant que l'intégrité physique, psychique ou sexuelle d'un enfant semble menacée.

[2] Les personnes soumises au secret professionnel en vertu du code pénal ont elles aussi le droit d'aviser l'autorité lorsque l'intérêt de l'enfant le justifie. Cette disposition ne s'applique pas aux auxiliaires soumis au secret professionnel en vertu du code pénal.

B. Litispendance

Art. 45

[1] La procédure devant l'autorité de protection de l'enfant est introduite par :

1. le dépôt d'une requête ;
2. un signalement qui n'est pas manifestement mal fondé ;
3. la saisine de l'autorité dans les cas prévus par le Code civil ;
4. son ouverture d'office.

[2] La procédure est réputée ouverte d'office lorsque l'autorité de protection de l'enfant le notifie aux personnes concernées ou lorsqu'elle entreprend des démarches auprès de tiers.

[3] La litispendance a pour effet que la compétence demeure acquise jusqu'à la fin de la procédure.

C. Enquête préliminaire

Art. 46

[1] L'autorité de protection de l'enfant peut charger l'un·e de ses membres ou collaborateurs ou collaboratrices d'effectuer une enquête préliminaire.

[2] Un bref rapport sur les résultats de l'enquête est soumis à l'autorité, qui décide de continuer ou de clore la procédure.

[3] La décision de clore la procédure, ainsi que les différentes alternatives, doivent être communiquées aux parties, à moins que de justes motifs ne s'y opposent.

[4] Un recours peut être déposé auprès de l'autorité compétente dans un délai de 10 jours dès la communication de la décision.

Section 3 Procédure et participation des enfants et des parents

A. Parents et autres parties à la procédure

I. Audition

1. Convocation

Art. 47

[1] Les parents titulaires de l'autorité parentale sont invités à une audition par courrier.

[2] Le parent qui n'est pas titulaire de l'autorité parentale est également invité à une audition.

[3] L'objet de la procédure et un court descriptif de son enjeu rédigés en termes appropriés sont annexés à la convocation.

2. Audition

Art. 48

[1] Les parents et les autres parties à la procédure sont entendus par un·e membre de l'autorité ou par l'autorité *in corpore.*

[2] Le membre de l'autorité présente l'objet de la procédure. Il les informe de son déroulement, de leurs droits et des différentes alternatives.

[3] Il définit, d'entente avec eux, la manière dont ils sont impliqués dans la procédure.

[4] Il les informe de la participation de l'enfant.

3. Procès-verbal

Art. 49

[1] L'audition est dûment protocolée.

[2] Les parties à la procédure ont accès à ces informations.

II. Représentation

1. En général

Art. 50

[1] Les parents peuvent être représentés par un·e mandataire de leur choix dans les procédures devant les autorités de protection.

[2] Dans les procédures en retrait du droit de déterminer le lieu de résidence de l'enfant ou d'autorité parentale, les parents sont nécessairement représentés. S'ils n'ont pas mandaté un·e représentant·e de leur choix, l'autorité leur en désigne un·e d'office. Les règles sur l'assistance judiciaire sont applicables.

2. Qualité de la représentation

Art. 51

Les représentant·es doivent être formé·es au droit de protection de l'enfant et/ou justifier d'une solide expérience en la matière.

3. Rôle

Art. 52

[1] Les représentant·e·s accompagnent, soutiennent, informent et représentent les parents si nécessaire dans le cadre de la procédure.

[2] En particulier, ils expliquent à leur mandant·e la procédure et ses enjeux en termes clairs et adaptés.

[3] Ils collaborent de manière constructive avec les parties impliquées, leurs représentant·e·s et les autorités.

[4] Si nécessaire, ils proposent à l'autorité de protection de l'enfant de désigner à l'enfant un·e représentant·e.

4. Frais

Art. 53

Les frais générés par la représentation sont supportés par l'État.

III. Accompagnement par les pairs

1. Droit

Art. 54

[1] Dans toutes les procédures, les parents ont le droit d'être accompagné par un pair. Ces personnes doivent faire partie d'une association, dont les formalités sont à prévoir dans une ordonnance.

[2] Les pairs ne sont pas des parties à la procédure et n'ont aucun droit de ce chef.

[3] Ils n'ont pas de pouvoir de représentation et ne peuvent pas interagir directement avec les autorités.

[4] Sauf circonstances exceptionnelles et motifs objectifs, l'autorité concernée ne peut pas refuser la présence d'un pair. Le cas échéant, une décision motivée doit être rendue, sujette à recours.

2. Rôle

Art. 55

[1] Le pair peut :

1. apporter un soutien moral aux parties à la procédure ;
2. prendre des notes ;
3. soutenir les personnes dans les démarches administratives, telles que fournir des documents ;
4. conseiller discrètement les personnes concernées sur tous les aspects de la procédure.

[2] L'autorité peut lui accorder d'autres compétences.

3. Qualité

Art. 56

Le pair peut être toute personne pouvant se prévaloir d'une expérience personnelle dans le domaine concerné.

B. Enfants

<u>I. Première rencontre</u>

1. Principe

i. Enfant en mesure de se forger une opinion

Art. 57

[1] Si, au terme de l'enquête préliminaire et après l'audition des parents, l'autorité de protection de l'enfant décide de continuer la procédure, un·e membre de l'autorité invite l'enfant à une rencontre. Il lui explique notamment la situation familiale, l'existence de la procédure, son déroulement et ses enjeux. Il l'informe également de ses droits.

[2] Le ou la membre de l'autorité demande à l'enfant s'il veut participer à la procédure et exprimer ses vues et opinions, le cas échéant de quelle manière, après lui avoir exposé les différents médias par lesquels il peut être associé au processus. Dans tous les cas, la participation ne doit pas lui causer du tort.

3 Le ou la membre de l'autorité remet à l'enfant un résumé explicatif du déroulement de la procédure et de ses droits, dans un langage adapté à l'âge de l'enfant.

4 L'enfant peut refuser de participer. S'il accepte, l'autorité lui donne l'occasion de se déterminer sur le signalement. Il informe l'enfant qu'il peut changer d'avis en tout temps.

5 Dans tous les cas, l'enfant doit être respecté dans son intégrité et son autonomie.

6 Le Conseil fédéral fixe par ordonnance les moyens techniques par lesquels l'enfant peut participer.

ii. Enfant manifestement pas en mesure de se forger une opinion
Art. 58
Lorsque l'enfant n'est manifestement pas en mesure de comprendre et de se forger sa propre opinion, un·e représentant·e au sens de l'art. 64 doit lui être désigné·e immédiatement peu importe son âge, sauf si en l'absence de tout conflit d'intérêt il peut être représenté par ses représentants légaux.

2. Espace
Art. 59
1 L'espace dans lequel l'enfant est accueilli est adapté et doit permettre à l'enfant de se sentir en confiance.

2 Le Conseil fédéral fixe par ordonnance les conditions dans lesquelles l'enfant doit être accueilli.

3. Compte-rendu
Art. 60
1 Les éléments essentiels de l'audition sont protocolés d'entente avec l'enfant.

2 Les parties à la procédure ont accès à ces informations.

II. Prise en compte de l'opinion de l'enfant

Art. 61

[1] L'autorité tient dûment compte de l'opinion exprimée par l'enfant, peu importe le média utilisé.

[2] À cette fin, elle doit lui expliquer comment son opinion a été prise en compte après que la décision a été rendue.

III. Information

Art. 62

[1] Si l'enfant a manifesté sa volonté de participer, il est dûment tenu informé de tous les actes de procédure, tout au long du processus (y compris en cas de mise en œuvre de méthode alternative de résolution du conflit), en tenant compte de ses capacités évolutives et pour autant que ces informations ne mettent pas en péril son bien-être.

[2] L'enfant peut, en tout temps, changer d'avis tant sur le principe de sa participation que sur le média utilisé à cette fin.

IV. Explications

Art. 63

Dès qu'une décision est prise à son égard, celle-ci est expliquée à l'enfant par l'autorité décidante selon le média qui a été choisi lors de la rencontre préliminaire.

V. Représentation

1. En général

Art. 64

[1] L'enfant capable de discernement exerce ses droits de manière indépendante. À sa demande, un·e représentant·e doit lui être désigné.

[2] L'enfant incapable de discernement est représenté par ses représentants légaux ou un·e représentant·e désigné·e par l'autorité de protection à cet effet.

[3] L'existence d'un conflit d'intérêt entraîne de plein droit la fin des pouvoirs des parents pour l'affaire en cause.

4 L'autorité de protection ordonne, si nécessaire, d'office ou à la demande de l'enfant ou des parents, la représentation de l'enfant et désigne un curateur dûment formé.

5 Un·e représentant·e est désigné·e d'office à l'enfant en cas de retrait du droit de déterminer son lieu de résidence. Il en va de même en cas de retrait de l'autorité parentale.

2. Qualité de la représentation
Art. 65
1 Les représentant·e·s de l'enfant doivent suivre une formation initiale relative aux droits de l'enfant et au droit de protection de l'enfant en général, et à la communication avec les enfants pour utiliser un langage adapté et accroître leur connaissance en psychologie de l'enfant.

2 Ils doivent ensuite participer à de la formation continue, annuellement.

3 Les cantons organisent ces formations.

3. Rôle
Art. 66
1 Le ou la représentant·e de l'enfant peut endosser plusieurs rôles, dont celui de :

a. porter la voix de l'enfant ;
b. révéler la situation de l'enfant ;
c. être le médiateur ou la médiatrice pour l'enfant.

2 Son rôle est défini par l'enfant lui-même, par ses besoins et par le ou la représentant·e lui-même.

3 Le ou la représentant·e doit notamment rendre compte à l'autorité de l'opinion subjective de l'enfant.

Art. 67

[1] Dans tous les cas, le ou la représentant·e doit, à moins que ce ne soit manifestement contraire aux intérêts supérieurs de l'enfant :

a. fournir toute information pertinente à l'enfant, de manière adaptée à ses capacités évolutives ;
b. fournir des explications à l'enfant, de manière adaptée à ses capacités évolutives, relatives aux conséquences de la mise en pratique de son opinion et aux conséquences éventuelles de toute action du ou de la représentant·e ;
c. déterminer l'opinion de l'enfant et la porter à la connaissance de l'autorité judiciaire ;
d. faire un retour à l'enfant.

[2] Le ou la représentant·e de l'enfant est invité·e à créer un lien de confiance avec ce dernier et faire ainsi office de personne de confiance au sens de la loi.

[3] En cas de placement, le mandat du ou de la représentant·e dure au-delà de la procédure stricte devant l'autorité de protection de l'enfant, pendant toute la durée du placement de l'enfant.

4. Frais

Art. 68

Les frais générés par la représentation sont supportés par l'État.

<u>VI. Accompagnement par les pairs</u>

1. Droit

Art. 69

[1] Dans toutes les procédures, les enfants ont le droit d'être accompagnés par un pair.

[2] Les pairs ne sont pas des parties à la procédure et n'ont aucun droit de ce chef.

3 Ils n'ont pas de pouvoir de représentation et ne peuvent pas interagir directement avec les autorités.

4 Sauf circonstances exceptionnelles et motifs objectifs, l'autorité concernée ne peut pas refuser la présence d'un pair. Le cas échéant, une décision motivée doit être rendue, sujette à recours.

2. Rôle
Art. 70
1 Le pair peut :

1. apporter un soutien moral à l'enfant pendant la procédure ;
2. prendre des notes ;
3. soutenir les enfants dans les démarches administratives, telles que fournir des documents ;
4. conseiller discrètement les enfants sur tous les aspects de la procédure.

2 L'autorité peut lui accorder d'autres compétences.

3. Qualité
Art. 71
1 Le pair est une personne en qui l'enfant a confiance sans limite d'âge (ami, frère, sœur, membre de la famille proche ou élargie, éducateur, etc.)

2 Les pairs ne sont pas rémunérés pour leur rôle.

Section 4 Mesures d'instruction

A. Procédure et obligations de l'autorité

I. Administration d'office
Art. 72
L'autorité administre les preuves d'office.

II. Ordonnances de preuves

Art. 73

Les ordonnances de preuves sont rendues avant l'administration des preuves. Elles peuvent être modifiées ou complétées en tout temps.

III. Sauvegarde d'intérêts dignes de protection

Art. 74

L'autorité ordonne les mesures propres à éviter que l'administration des preuves porte atteinte à des intérêts dignes de protection des parties ou de tiers. Notamment, elle porte une attention particulière aux documents médicaux des parties.

IV. Libre appréciation des preuves

Art. 75

L'autorité établit sa conviction par une libre appréciation des preuves administrées.

B. Délégation

I. Délégation au sein de l'autorité de protection de l'enfant

Art. 76

1 L'autorité de protection de l'enfant peut déléguer la conduite de la procédure à l'un·e de ses membres.

2 Le ou la membre de l'autorité établit les faits, administre les preuves nécessaires et soumet un projet de décision à l'autorité de protection de l'enfant.

II. Délégation à un autre service

i. Principe

Art. 77

[1] Le ou la membre de l'autorité de protection de l'enfant chargé·e de l'instruction peut confier des enquêtes visant à établir les faits à d'autres services qualifiés.

[2] Les tâches à exécuter sont énumérées précisément dans le dispositif de l'ordonnance d'instruction.

[3] Les droits des personnes concernées sont les mêmes que ceux leur appartenant devant l'autorité de protection de l'enfant.

ii. Qualifications

Art. 78

Le service ou la personne à qui la tâche est déléguée est dûment formée pour exercer le mandat.

C. Procédure et obligations des parties

I. Obligation de collaborer

Art. 79

[1] Les parties et les tiers sont tenus de collaborer à l'établissement des faits.

[2] Ils doivent en particulier :

1. fournir les renseignements nécessaires ;
2. le cas échéant, déposer en tant que témoins conformément aux art. 169 à 176 CPC ;
3. accepter de se soumettre à des examens médicaux ou de faire l'objet de perquisitions officielles ;
4. produire les documents requis.

[3] À l'occasion de cette collaboration, l'autorité de protection prend les mesures nécessaires à la sauvegarde des intérêts dignes de protection.

II. Information

Art. 80

Les parties et les tiers sont rendus attentifs à leur obligation de collaborer, à leur droit de refuser de collaborer et aux conséquences du défaut.

III. Refus de collaborer

Art. 81

Si les parties ou les tiers refusent de collaborer, l'autorité de protection peut, dans le respect du principe de la proportionnalité et du bien de l'enfant :

1. ordonner que l'obligation de collaborer soit accomplie sous la contrainte ;
2. demander l'aide de la police ;
3. fixer une amende d'ordre jusqu'à 5'000 francs.

Section 5 Fin de la procédure

Art. 82

1 L'autorité informe les parties que l'instruction est close.

2 Elle leur transmet les résultats de l'instruction en des termes appropriés et leur donne l'occasion de se déterminer.

3 Elle présente aux parties un projet de décision ainsi que les différentes alternatives et leur donne l'occasion de se déterminer.

4 Elle informe les parties de leur possibilité d'être entendues oralement par l'autorité composée collégialement.

5 Elle peut les convoquer à une audience collégiale d'office.

Section 6 Décision

A. Procédure

Art. 83

[1] Une fois que les faits sont établis et que les preuves nécessaires ont été administrées, et si l'affaire ne relève pas de sa seule compétence, le membre instructeur de l'autorité de protection de l'enfant formule une proposition en vue de la décision à l'intention des autres membres composant le collège décisionnel.

[2] Si le président ou la présidente ne fait pas partie du collège décisionnel, la procédure décisionnelle est dirigée par le membre instructeur ou la membre instructrice de l'autorité.

[3] L'autorité de protection de l'enfant peut rendre ses décisions par voie de circulation en cas d'unanimité.

[4] Dans les autres cas, elle délibère.

[5] Les éléments essentiels de la délibération sont consignés par écrit et signés par les membres du collège.

B. Décision

I. Contenu

Art. 84

[1] La décision de l'autorité de protection de l'enfant doit indiquer :

1. la date de la décision et la composition de l'autorité qui l'a rendue ;
2. les faits, les dispositions légales et les motifs à l'appui de la décision ;
3. le dispositif ;
4. la voie de recours ordinaire ainsi que l'instance et le délai de recours (indication des voies de recours) ;
5. les destinataires de la décision.

[2] Lorsqu'une curatelle est instituée, la décision mentionne dans le dispositif les tâches du curateur ou de la curatrice et éventuellement les limites apportées à l'exercice de l'autorité parentale.

II. Motivation

Art. 85

[1] La motivation des décisions doit être compréhensible pour les personnes concernées, y compris les enfants.

[2] Doivent être en particulier clairement indiquées les raisons justifiant la décision et comment les vues et les opinions des parties, tant objectives que subjectives, à la procédure ont été prises en considération.

III. Publication

Art. 86

[1] Les décisions de retrait du droit de déterminer le lieu de résidence de l'enfant et de l'autorité parentale rendues par les autorités de protection de l'enfant sont publiées anonymement sur internet.

[2] Elles sont consultables par tout le monde et gratuitement.

IV. Notification

Art. 87

[1] L'autorité de protection notifie sa décision par écrit aux parties. Elle s'adresse à l'enfant selon le média convenu lors de la première rencontre.

[2] Si elle rend sa décision pendant les débats, elle peut la notifier en premier lieu oralement.

[3] Les parties peuvent demander à l'autorité de protection de l'enfant de leur fixer un rendez-vous ou un entretien téléphonique pour obtenir des explications oralement sur l'acte notifié et ses conséquences.

[4] Si l'enfant est représenté, la notification de la décision peut s'effectuer via le ou la représentant·e.

V. Frais

Art. 88

Tous les frais relatifs à la procédure sont supportés par l'État.

VI. Délai

Art. 89

Les décisions sont rendues sans délai.

Section 7 Méthodes alternatives de résolution des conflits

A. Principe et suspension

Art. 90

[1] Les méthodes alternatives de résolution des conflits peuvent être mises en œuvre en cours de procédure.

[2] La procédure peut être suspendue la durée de la mise en œuvre de la méthode alternative de résolution des conflits. L'art. 38 de la présente loi s'applique.

[3] Les enfants et les parents ont les mêmes droits de participation que dans les procédures devant les autorités de protection de l'enfant.

B. Information

Art. 91

Les personnes sont informées des différentes méthodes alternatives de résolution des conflits.

C. Qualification

Art. 92

Les qualifications des différent·e·s professionnel·le·s offrant de tels services sont réglées dans la loi ou par ordonnance.

D. Frais

Art. 93

Les frais relatifs aux méthodes alternatives de résolution des conflits sont laissés à la charge de l'État.

Chapitre 5 Voies de droit et mécanisme de plainte

Section 1 Recours

A. Décisions et mesures attaquables

Art. 94

[1] Les décisions et les mesures provisoires de l'autorité de protection de l'enfant peuvent être attaquées par un recours devant l'autorité judiciaire de recours.

[2] Sont également attaquables par un recours :

1. le refus d'auditionner ;
2. la décision de récusation ;
3. la nomination d'un curateur ou d'une curatrice dans la procédure ;
4. la suspension de la procédure ;
5. l'obligation de collaborer.

[3] Les autres décisions préparatoires sont également attaquables par un recours si elles menacent de causer un préjudice irréparable ou si le recours permet de réaliser une économie de temps et de frais importante.

B. Motifs et délais

Art. 95

[1] Le recours peut être formé pour :

1. violation du droit ;
2. constatation fausse ou incomplète des faits pertinents ;
3. inopportunité de la décision ou de la mesure.

[2] Pour les décisions, le délai de recours est de 30 jours et commence à courir le jour qui suit la notification de la décision écrite et motivée de l'autorité de protection de l'enfant. Pour les personnes auxquelles la décision n'est pas notifiée, le délai commence à courir à partir de la prise de connaissance de la décision.

[3] Pour les mesures d'instruction et les mesures provisoires, le délai de recours est de 10 jours.

C. Déni de justice et retard injustifié

Art. 96

[1] Le déni de justice ou le retard injustifié est attaquable en tout temps par un recours interjeté auprès de l'autorité judiciaire de surveillance.

[2] Si le recours est accepté, l'autorité judiciaire de surveillance peut assortir sa décision de directives obligatoires à l'intention de l'autorité de protection de l'enfant sur la manière de traiter le cas.

D. Qualité pour recourir

Art. 97

Peuvent former un recours :

1. les parties à la procédure ;
2. les personnes proches ;
3. les personnes qui ont un intérêt juridique à l'annulation ou à la modification de la décision attaquée.

E. Motivation du recours

Art. 98

[1] Le recours est interjeté par écrit auprès de l'autorité judiciaire de recours ; il n'a pas à être motivé. La décision attaquée doit être jointe.

[2] Si l'autorité de recours l'estime nécessaire, elle peut, d'office ou à la demande d'une personne concernée, ordonner des débats oraux.

F. Effet suspensif

Art. 99

[1] Le recours a un effet suspensif.

[2] Les autorités de protection organisée judiciairement ou l'autorité judiciaire de recours peuvent en décider autrement.

G. Prise de position

Art. 100

[1] L'autorité judiciaire de recours fixe un délai aux personnes impliquées dans la procédure pour se déterminer.

[2] Elle peut renoncer à cette démarche lorsque le recours est manifestement irrecevable ou manifestement mal fondé.

H. Consultation de la première instance

Art. 101

[1] L'autorité judiciaire de recours donne à l'autorité de protection de l'enfant l'occasion de prendre position.

[2] Au lieu de prendre position, l'autorité de protection de l'enfant peut reconsidérer sa décision.

I. Décision

Art. 102

[1] L'autorité judiciaire de recours peut :

1. confirmer la décision attaquée ;
2. rendre une nouvelle décision ; ou
3. renvoyer l'affaire à l'autorité de protection de l'enfant si l'état de fait doit être complété sur des points essentiels.

[2] L'autorité de protection de l'enfant est liée, dans sa décision, par l'appréciation juridique qui a motivé le renvoi.

Section 2 Bureau national pour la protection de l'enfant (BNPE)

A. Mandat

Art. 103

[1] Le Bureau national pour la protection de l'enfant (ci-après : le Bureau ou BNPE) reçoit et traite les plaintes des enfants, des jeunes, de leurs parents et des personnes en charge de leur éducation et de leurs soins.

[2] Il aide les personnes concernées dans leurs rapports avec les autorités de protection de l'enfant et les autres acteurs du réseau de droit public ou exerçant une tâche de droit public en matière de protection de l'enfant.

[3] Il encourage les autorités de protection de l'enfant et les autres acteurs du réseau de droit public ou exerçant une tâche de droit public en matière de protection de l'enfant à entretenir de bonnes relations avec les personnes concernées.

[4] Il contribue à améliorer le fonctionnement des autorités de protection de l'enfant et les autres acteurs du réseau de droit public ou exerçant une tâche de droit public en matière de protection de l'enfant.

[5] Il assure la mise en œuvre des droits fondamentaux et humains des personnes concernées.

[6] Il suit et soutient les développements législatifs et politiques en matière de protection de l'enfant par le biais notamment de la recherche.

[7] Il produit de l'information à l'égard des personnes concernées et des autorités.

B. Organisation

I. Généralités

Art. 104

1 Le Bureau est un organe national. Il est indépendant.

2 Il est composé de manière interdisciplinaire, notamment d'expert·e·s en droit, psychologie, travail social, sciences sociales, sciences de l'éducation, sciences politiques et économiques.

3 Il jouit d'une infrastructure et de ressources suffisantes pour accomplir son mandat dans de bonnes conditions.

II. Organisation

Art. 105

1 Le Bureau est dirigé par l'officier ou l'officière de la protection de l'enfant.

2 Il a des antennes dans chaque région linguistique, qui sont directement subordonnées au Bureau principal.

III. Commission consultative des enfants et des jeunes

1. Généralités

Art. 106

1 L'officier ou l'officière de la protection de l'enfant met sur pied une commission consultative des enfants et des jeunes (CCEJ).

2 Sa composition et son organisation sont réglées par ordonnance.

3 L'officier ou l'officière rencontre la CCEJ deux fois par année au moins.

2. Rôle

Art. 107

1 La Commission consultative des enfants et des jeunes rencontre régulièrement l'officier ou l'officière de la protection de l'enfant.

2 Ils échangent sur leurs observations en lien avec la protection de l'enfant et sur les problèmes qu'ils rencontrent dans ce cadre.

IV. Election de l'officier ou de l'officière de la protection de l'enfant

Art. 108

[1] L'officier ou l'officière de la protection de l'enfant est élu·e par le Parlement fédéral et son mandat dure six ans, renouvelable une fois.

[2] La personne élue justifie d'une formation en droits humains, et particulièrement en droits de l'enfant et d'une solide expérience dans le domaine de la protection de l'enfant.

[3] Elle est responsable de l'engagement de ses collaborateurs et collaboratrices.

V. Gratuité et financement

Art. 109

[1] L'accès au Bureau est gratuit.

[2] Ses prestations sont gratuites.

[3] Il est financé par la Confédération et les cantons.

VI. Accessibilité

Art. 110

Son mandat et ses prestations sont décrits de manière accessible aux enfants et à toutes les personnes concernées, dans un format et un langage adapté qu'ils comprennent.

C. Procédure relative aux plaintes

I. Généralités

Art. 111

[1] Toute personne pouvant se prévaloir d'un intérêt digne de protection peut saisir le Bureau.

[2] Il peut être saisi par écrit ; la demande n'a pas besoin d'être motivée.

[3] Le Bureau doit répondre sans délai.

[4] La saisine du Bureau n'a aucun effet sur la procédure pendante et sur les délais en cours.

II. Résultats

Art. 112

Les résultats de l'enquête sont adressés à la personne plaignante, à l'entité étatique concernée, au membre du gouvernement en charge de cette entité et sont publiés dans la Feuille d'avis officiel.

III. Mesures

Art. 113

Le Bureau rédige des recommandations à l'intention des entités étatiques concernées.

IV. Confidentialité

Art. 114

Les membres du BNPE sont soumis au secret professionnel.

Modification du Code civil

Le Code civil est modifié comme suit :

Art. 314

La procédure en matière de protection de l'enfant est réglée par la Loi sur la procédure devant les autorités de protection de l'enfant.

Art. 314a à 315b[6]

Abrogés.

6 Dans la proposition d'abrogation de la loi actuelle, nous sommes d'avis qu'il convient également d'abroger l'art. 314*b* CC relatif au renvoi au droit de protection des adultes en matière de placement à des fins d'assistance (art. 426 ss CC). Nous sommes d'avis que cette matière devrait être réglée de manière plus détaillée dans le Code civil, dans le cadre du droit de la protection de l'enfant, au vu des importantes atteintes aux droits fondamentaux des enfants et des parents. Nous renvoyons à l'évaluation de l'Office fédéral de la justice qui est actuellement en cours (https://www.admin.ch/gov/fr/accueil/documentation/communiques.msg-id-92242.html ; consulté le 04.01.2025).

7. Conclusion

Gaëlle Aeby, Aline Schoch, Brigitte Müller & Michelle Cottier

Cet ouvrage est le fruit d'une collaboration entre chercheuses et chercheurs issus de plusieurs disciplines qui ont mis à profit leurs savoirs pour comprendre comment les enfants et leurs parents vivent les actions des autorités de protection de l'enfant, et apporter un regard interdisciplinaire sur les enjeux de la participation dans les procédures de protection de l'enfant. Pour la première fois en Suisse, des données empiriques sur la perspective des personnes concernées par une procédure de protection de l'enfant ont ainsi été collectées, analysées et mises en relation dans le cadre d'une triangulation avec les résultats d'une étude historique et d'une étude juridique.

Depuis le premier Code civil suisse de 1912, de nombreuses réformes ont eu lieu, souvent sous l'impulsion des traités internationaux comme la *Convention européenne des droits de l'homme* et la *Convention des Nations unies relative aux droits de l'enfant*. Cela a certes conduit à une amélioration du statut juridique des enfants et des parents concernés dans les procédures de protection de l'enfant, mais la Suisse n'a pas encore réalisé le but de systématiquement permettre la participation des enfants et de leurs parents tout au long des procédures. La réforme des autorités de protection de l'enfant et d'adulte (APEA) en 2013 a permis de professionnaliser ces autorités et d'améliorer ainsi la qualité des décisions désormais prises par un trio interdisciplinaire, mais le fédéralisme a primé en ce qui concerne le droit procédural. Il en résulte un patchwork de normes juridiques difficiles à interpréter pour les professionnel·le·s, et plus encore pour les enfants et les parents concernés par une procédure de protection de l'enfant. Par ailleurs, l'étude a souligné que les deux outils juridiques phares pour la participation de l'enfant, l'audition et la représentation juridique, sont encore trop peu utilisés alors que, par exemple, l'audition pourrait servir d'espace privilégié de clarification discursive et que la représentation pourrait permettre l'affirmation de la voix des enfants.

Dans une lecture historiquement informée des résultats de recherche présentés, il apparaît qu'une partie des enfants et des parents impliqués dans des procédures de protection de l'enfant vivent encore aujourd'hui des expériences qui ressemblent dans une certaine mesure à celles du passé, même si elles sont nettement moins négatives, par exemple lorsqu'ils font état de sentiments d'incompréhension, d'impuissance ou évoquent le manque de possibilités pour participer de façon significative.

En miroir de cette critique, nous aimerions toutefois aussi souligner l'engagement de nombreux·ses professionnel·le·s rencontré·e·s au cours de notre recherche qui œuvrent avec les moyens et ressources à leur disposition pour offrir un accompagnement respectueux des personnes concernées. La participation des enfants et de leurs parents au cours de la procédure fait partie à part entière de leurs préoccupations et elles et ils sont soucieux d'améliorer sa mise en œuvre.

À une réflexion centrée sur la participation s'ajoute la prise en compte de l'intégrité et de l'autonomie car, comme nous le démontrons au fil des pages, ces trois concepts doivent être considérés comme un nexus. En effet, c'est seulement si l'on parvient à concevoir les procédures de protection de l'enfant de telle sorte qu'elles préservent l'intégrité des enfants et des parents impliqués tout en encourageant leur autonomie que celles-ci permettent une véritable participation. L'originalité de cet ouvrage réside également dans le fait d'avoir croisé la perspective des enfants, de leurs parents et des professionnel·le·s pour montrer que le bien de l'enfant dépend aussi, d'une part, de la prise en compte de son contexte familial et des ressources qui s'y trouvent et, d'autre part, de l'expertise et du soutien concret offert par les professionnel·le·s sur le terrain. Enfin, cet ouvrage s'appuie sur les expériences subjectives des personnes concernées, hier et aujourd'hui, ce qui permet de montrer qu'une marge d'interprétation élevée laissée aux APEA se traduit par une diversité des pratiques professionnelles et, par conséquent, du vécu des enfants et de leurs parents.

Cet ouvrage ne fournit pas seulement un premier éclairage empirique des expériences des enfants et des parents dans les procédures de protection de l'enfant, mais se veut aussi porteur de solutions innovantes et de recommandations concrètes applicables par les professionnel·le·s. Sur le court terme déjà, il y a des solutions à ancrer dans la pratique des professionnel·le·s des APEA. Ainsi, grâce à l'intégration interdisciplinaire des résultats de l'analyse juridique, historique et empirique, nous proposons de retenir quatre éléments clés pour des procédures de qualité aujourd'hui et maintenant : informer les enfants et leurs parents pour garantir leur compréhension, créer des espaces privilégiés pour identifier conjointement les problèmes, négocier pour trouver une solution acceptable pour toutes les personnes concernées, et motiver les décisions pour favoriser leur traçabilité. Sur le moyen terme, le droit suisse doit clairement être réformé et c'est l'objet du projet de loi fédérale sur la procédure devant les autorités de protection de l'enfant que nous proposons. Le projet comprend une procédure unifiée pour toutes les autorités de protection de l'enfant en Suisse et une réglementation plus détaillée et contraignante de la manière dont la participation des enfants et des parents est assurée, un renforcement du droit d'être représenté dans la procédure et la possibilité de se faire accompagner par un·e pair·e. Pour permettre aux personnes concernées de se faire entendre au niveau politique, le projet prévoit également un Bureau national pour la protection de l'enfant. Cependant, même ce projet n'est qu'une étape, car pour une véritable justice adaptée aux enfants sur le long terme, il sera nécessaire d'adopter une approche holistique de la protection de l'enfant qui exigera une refonte globale du système autour de l'enfant sujet de droits.

Outre les propositions élaborées au niveau juridique et de l'organisation de la procédure qui devraient conduire à un renforcement de la participation des personnes concernées dans les procédures de protection de l'enfant, il est également nécessaire de prendre en considération le fait que les actions des autorités de protection de l'enfant se déploient à l'intérieur d'un vaste dispositif pour la protection de l'enfant avec d'autres acteurs importants comme les services sociaux, le ministère public, les expert·e·s externes, les établissements scolaires, etc. Afin que l'APEA puisse traiter les mises en danger du bien de l'enfant dans le sens du principe de subsidiarité, il est nécessaire que des mesures de soutien favorisant la participation soient disponibles pour les enfants et leurs familles sur l'ensemble du territoire suisse. Cela nécessite une volonté politique de doter les professionnel·le·s, les autorités et les services sociaux de ressources suffisantes pour établir et ancrer durablement les offres de soutien, mais aussi pour permettre des procédures de protection de l'enfant de qualité, c'est-à-dire respectueuses de l'intégrité, de l'autonomie et organisées de manière participative, en investissant dans la formation continue des professionnel·le·s.

En introduction, nous disions que le changement de regard sur l'enfance et la famille qui s'est opéré au cours du siècle dernier a permis une prise de conscience progressive des enjeux de la participation des enfants et des parents dans les procédures de protection de l'enfant. A présent, il est temps de passer de la prise de conscience à l'action.

Annexe : Tableaux Chapitre 3.3.2 (Partie quantitative de l'étude)

Enquête des professionnel·le·s

Tableau 6 : Autorité dans le canton (professionnel·le·s)

Cantons	n	%
AG	5	5 %
AR	2	2 %
BE	2	2 %
BL	4	4 %
BS	6	6 %
FR	3	3 %
GE	1	1 %
GL	2	2 %
GR	1	1 %
JU	1	1 %
LU	12	11 %
NE	3	3 %
NW	1	1 %
OW	2	2 %
SG	10	9 %
SO	2	2 %

Cantons		
	n	**%**
TG	2	2 %
TI	14	13 %
VD	17	16 %
VS	3	3 %
ZH	14	13 %
manquant	5	4.7 %
Pas de participant·e : AI, SZ, ZG, SH, UR		

Tableau 7 : Déroulement de la procédure de protection de l'enfant par canton (parents)

Procédure de protection de l'enfant dans le canton de ...		
	n	**%**
BE	1	1 %
AR	1	1 %
BS	1	1 %
SO	1	1 %
TI	1	1 %
FR	2	2 %
GL	2	2 %
TG	2	2 %
JU	3	3 %
VD	3	3 %
VS	4	5 %
GE	5	6 %
AG	8	9 %
LU	8	9 %
BL	9	10 %

Procédure de protection de l'enfant dans le canton de ...		
	n	%
BE	11	12 %
SG	11	12 %
ZH	14	16 %

Tableau 8 : Évaluation de la compréhension des informations par les professionnel·le·s (professionnel·le·s)

À votre avis, comment les parents comprennent-ils généralement le processus de protection de l'enfant avec ces informations ?		
	n	%
Bien.	11	10 %
Assez bien.	61	55 %
De manière suffisante.	35	31 %
Plutôt mal.	3	3 %
Je ne peux pas juger.	2	2 %

Tableau 9 : Évaluation des raisons pour lesquelles les enfants ne comprennent pas les informations (professionnel·le·s)

D'après votre expérience, quelle est l'importance des raisons suivantes pour lesquelles les enfants en âge de fréquenter l'école primaire (6–12 ans) ne comprennent pas la procédure de protection de l'enfant ou les informations les concernant ?								
	important/ plutôt important		en partie		plutôt sans/ sans importance		Je ne peux pas juger	
	n	%	n	%	n	%	n	%
Il s'agit d'une situation complexe, qui est difficile à expliquer.	71	64 %	19	17 %	14	13 %	7	6 %
Souvent, les parents eux-mêmes ne comprennent pas très bien la procédure de protection de l'enfant et ne sont donc pas forcément en mesure de l'expliquer de manière appropriée aux enfants.	48	43 %	38	34 %	19	17 %	6	5 %
Il est difficile de vérifier si les enfants ont bien compris les informations et les explications.	44	41 %	28	26 %	29	27 %	7	7 %
Les professionnel·le·s travaillant au sein des autorités ou dans le cadre des enquêtes ne disposent pas de suffisamment de temps pour donner aux enfants des explications détaillées.	32	29 %	14	13 %	56	51 %	8	7 %
Les enfants ne ressentent pas forcément l'intérêt d'en savoir plus à ce sujet.	16	15 %	31	28 %	56	51 %	6	6 %

Tableau 10 : Évaluation des raisons pour lesquelles les jeunes ne comprennent pas les informations (professionnel·le·s)

D'après votre expérience, quelle est l'importance des raisons suivantes pour lesquelles les adolescents (13–18 ans) ne comprennent pas la procédure de protection de l'enfance ou les informations ?								
	important/ plutôt important		**en partie**		**plutôt sans/ sans importance**		**Je ne peux pas juger**	
	n	**%**	**n**	**%**	**n**	**%**	**n**	**%**
Souvent, les parents eux-mêmes ne comprennent pas très bien la procédure de protection de l'enfant et ne sont donc pas forcément en mesure de l'expliquer de manière appropriée aux enfants.	42	39 %	36	33 %	25	23 %	6	6 %
Il s'agit d'une situation complexe, qui est difficile à expliquer.	38	35 %	29	27 %	37	34 %	5	5 %
Les professionnel·le·s travaillant au sein des autorités ou dans le cadre des enquêtes ne disposent pas de suffisamment de temps pour donner aux jeunes des explications détaillées.	31	29 %	11	10 %	60	56 %	6	6 %
Il est difficile de vérifier si les jeunes ont bien compris les informations et les explications.	25	23 %	26	24 %	53	49 %	6	6 %
Les jeunes ne ressentent pas forcément l'intérêt d'en savoir plus à ce sujet.	24	22 %	33	30 %	48	44 %	4	4 %

Tableau 11 : Directives au sujet de la participation des enfants/jeunes (professionnel·le·s)

Existe-t-il des directives dans votre contexte organisationnel qui permettent d'aider les enfants/adolescents à participer à la procédure de protection de l'enfance ?		
	n	%
Oui.	53	47 %
Non.	17	15 %
Elles relèvent de la responsabilité des personnes chargées du cas.	31	28 %
Cela dépend de la spécificité du cas.	10	9 %
Je ne suis pas sûr(e).	1	1 %

Enquête des parents

Tableau 12 : Corrélation entre la compréhension des informations et la disponibilité d'une/de plusieurs personnes de confiance (parents)

	compréhension des informations			
Personne de confiance	faible/moyenne		bonne	
	n	%	n	%
Une ou plusieurs personnes de confiance	11	33 %	22	68 %
Pas de personne(s) de confiance	33	62 %	20	38 %
				Pearson χ^2, p<0.01

Tableau 13 : Personnes de confiance pendant la procédure (parents)

Pendant la procédure y a-t-il un·e professionnel·le avec lequel/laquelle vous avez établi une relation de confiance au fil du temps ?		
	n	%
Une ou plusieurs personnes de confiance	34	38 %
Pas de personne(s) de confiance	55	62 %

[a] Cinq personnes ont indiqué deux personnes de confiance, une personne a indiqué « plusieurs personnes de confiance ».

Tableau 14 : Conflits au cours de la procédure de protection de l'enfant (parents)

Pendant la procédure y a-t-il eu des différences d'opinion ou des conflits entre vous et les professionnel·le·s ?		
	n	**%**
Oui, il y a eu un ou plusieurs conflits mineurs.	27	31 %
Oui, il y avait un conflit sérieux.	36	41 %
Non.	25	28 %

Tableau 15 : Gestion des conflits pendant la procédure (parents)

Comment cela a-t-il été géré ?										
	tout à fait vrai		**plutôt vrai**		**partielle-mentvrai**		**plutôt pas vrai**		**pas du tout vrai**	
	n	**%**	**n**	**%**	**n**	**%**	**n**	**%**	**n**	**%**
Le(s) conflit(s) ont pu être résolu(s).	3	5 %	4	6 %	9	14 %	12	18 %	36	40 %
Grâce au conflit ou à sa résolution, j'ai pu développer une plus grande confiance en l'APEA.	1	2 %	2	3 %	7	11 %	7	11 %	46	73 %
Grâce au conflit ou à sa résolution, j'ai obtenu l'aide dont j'avais besoin.	1	2 %	1	2 %	4	7 %	7	11 %	49	79 %

Tableau 16 : Corrélation entre l'intégrité et l'expérience antérieure de conseil/d'aide (parents)

	Intégrité					
	peu		**moyen**		**élevé**	
Expérience antérieure de conseil/d'aide	**n**	**%**	**n**	**%**	**n**	**%**
Oui.	9	23 %	16	40 %	15	37 %
Non.	21	48 %	11	25 %	12	27 %
						Pearson χ^2, Trend $p<0.10$

Tableau 17 : Corrélation entre intégrité et compréhension des informations (parents)

	Intégrité					
	peu		moyen		élevé	
Compréhension des informations	n	%	n	%	n	%
Faible/moyenne	22	52 %	15	36 %	5	12 %
Bonne	7	18 %	12	30 %	21	52 %
						Pearson χ^2, $p<0.001$

Tableau 18 : Corrélation entre l'intégrité et la disponibilité des personnes de confiance (parents)

	Intégrité					
	peu		Moyen		élevé	
Personne de confiance	n	%	n	%	n	%
Une ou plusieurs personnes de confiance	3	9 %	11	33 %	19	58 %
Pas de personne(s) de confiance	27	52 %	17	33 %	8	15 %
						Pearson χ^2, $p<0.001$

Tableau 19 : Corrélation entre l'expérience antérieure de conseil/d'aide et la disponibilité de personnes de confiance (parents)

	Expérience antérieure de conseil/d'aide			
	Oui.		Non.	
Personne de confiance	n	%	n	%
Une ou plusieurs personnes de confiance	21	62 %	13	38 %
Pas de personne(s) de confiance	21	39 %	33	61 %
				Pearson χ^2, Trend $p<0.05$

Tableau 20 : Prise en compte de différentes perspectives lors de la décision du point de vue des parents (parents)

À mon avis, l'APEA, en prenant sa décision, a surtout écouté... :		
	n	%
...l'autre parent.	26	30 %
... d'autres personnes	23	26 %
... le/la professionel·le qui a fait l'évaluation.	23	26 %
... toutes les parties de la même façon.	10	11 %
... moi.	4	5 %
...mon enfant, mes enfants.	2	2 %

Tableau 21 : Corrélation entre la participation et des procédures de protection de l'enfant antérieures

	Participation					
	peu		moyen		élevé	
Procédure de protection de l'enfant antérieure	n	%	n	%	n	%
Oui.	14	52 %	6	22 %	7	26 %
Non.	16	28 %	20	34 %	22	38 %
						Pearson χ^2, Trend $p<0.10$

Tableau 22 : Corrélation entre la participation et la compréhension des informations (parents)

	Participation					
	peu		moyen		élevé	
Compréhension des informations	n	%	n	%	n	%
Faible/moyenne	23	53 %	17	40 %	3	7 %
Bonne	6	15 %	8	20 %	26	65 %
						Pearson χ^2, $p<0.001$

Tableau 23 : Corrélation entre la participation et la disponibilité d'une ou de plusieurs personnes de confiance (parents)

	Participation					
	peu		moyen		élevé	
Personne de confiance	n	%	n	%	n	%
Une ou plusieurs personnes de confiance	2	6%	10	31%	20	63%
Pas de personne(s) de confiance	28	52%	16	30%	10	18%
						Pearson χ^2, $p<0.001$

Tableau 24 : Corrélation entre la participation perçue et l'intégrité (parents)

	Participation					
	peu		moyen		élevé	
Intégrité	n	%	n	%	n	%
Peu	23	79%	6	21%	0	0%
Moyen	5	19%	16	59%	6	22%
Élevé	0	0%	3	11%	24	89%
						Pearson χ^2, $p<0.001$

Tableau 25 : Évaluation de la durée de la procédure (parents)

Évaluation de la durée de la procédure		
	n	%
Trop courte / un peu trop courte	6	7%
Ni trop longue ni trop courte	9	10%
Un peu trop longue / trop longue	72	82%

Tableau 26 : Décision sur les mesures de protection de l'enfant (parents)

Nécessité de mesures de protection de l'enfant		
	n	**%**
Oui.	54	61 %
Non.	30	34 %
Je ne sais pas.	5	5 %

Tableau 27 : Corrélation entre la contrainte dans la procédure et l'acceptation des mesures (parents)

	Acceptation / évaluation des mesures			
	mauvaise		**bonne**	
Contrainte dans la procédure/évaluation globale	**n**	**%**	**n**	**%**
Peu	3	21 %	11	79 %
Moyen	2	13 %	13	87 %
Élevé	20	100 %	0	0 %
				Pearson χ^2, $p<0.001$

Tableau 28 : Corrélation entre la contrainte dans la procédure/l'évaluation globale et la compréhension des informations (parents)

	Contrainte dans la procédure/évaluation globale					
	peu		**moyen**		**élevé**	
Compréhension des informations	**n**	**%**	**n**	**%**	**n**	**%**
Faible/moyenne	8	19 %	14	33 %	22	48 %
Bonne	16	40 %	15	38 %	9	22 %
						Pearson χ^2, $p<0.05$

Tableau 29 : Corrélation entre la contrainte dans la procédure/l'évaluation globale et la disponibilité d'une/de plusieurs personnes de confiance (parents)

	Contrainte dans la procédure/évaluation globale					
	peu		moyen		élevé	
Personne de confiance	n	%	n	%	n	%
Une ou plusieurs personnes de confiance	13	39%	17	52%	3	9%
Pas de personne(s) de confiance	12	24%	12	24%	26	52%
						Pearson χ^2, $p<0.001$

Tableau 30 : Corrélation entre la contrainte dans la procédure/l'évaluation globale et l'intégrité perçue (parents)

	Contrainte dans la procédure/évaluation globale					
	peu		moyen		élevé	
Intégrité	n	%	n	%	n	%
Peu	1	4%	6	22%	20	74%
Moyen	6	23%	13	50%	7	27%
Élevé	17	65%	9	35%	0	0%
						Pearson χ^2, $p<0.001$

Tableau 31 : Corrélation entre la contrainte dans la procédure/l'évaluation globale et la participation (parents)

	Contrainte dans la procédure/évaluation globale					
	peu		moyen		élevé	
Participation	n	%	n	%	n	%
Peu	1	4%	7	26%	19	70%
Moyen	6	24%	9	38%	9	38%
Élevé	17	59%	11	38%	1	3%
						Pearson χ^2, $p<0.001$

Tableau 32 : Corrélation entre l'acceptation des mesures et la compréhension des informations (parents, n=53)

	Acceptation / évaluation des mesures			
	mauvaise		bonne	
Compréhension des informations	n	%	n	%
Faible/moyenne	21	81 %	5	19 %
Bonne	5	19 %	21	81 %
				Pearson χ^2, Trend $p<0.001$

Tableau 33 : Corrélation entre l'acceptation des mesures et la disponibilité d'une/de plusieurs personnes de confiance (parents, n=53)

	Acceptation / évaluation des mesures			
	mauvaise		bonne	
Personne de confiance	n	%	n	%
Une ou plusieurs personnes de confiance	3	13 %	20	87 %
Pas de personne(s) de confiance	24	80 %	6	20 %
				Pearson χ^2, Trend $p<0.001$

Tableau 34 : Corrélation entre l'acceptation des mesures et l'intégrité (parents, n=53)

	Acceptation / évaluation des mesures			
	mauvaise		bonne	
Intégrité	n	%	n	%
Peu	16	89 %	2	11 %
Moyen	9	60 %	6	40 %
Élevé	0	0 %	17	100 %
				Pearson χ^2, $p<0.001$

Tableau 35 : Corrélation entre l'acceptation des mesures et la participation (parents, n=53)

	Acceptation / évaluation des mesures			
	mauvaise		bonne	
Participation	n	%	n	%
Peu	16	94%	1	6%
Moyen	11	69%	5	31%
Élevé	0	0%	18	100%
				Pearson χ^2, $p<0.001$

Création d'échelles pour l'enquête auprès des parents

- Compréhension des informations : score cumulé des items de compréhension de l'information orale et écrite.
- Intégrité : score cumulé des items suivants, catégorisation en trois catégories :
  - items de la figure 10 (intégrité)
  - En outre, la gestion des conflits a été intégrée dans l'échelle : items du tableau 15 et du tableau 16
- Personne de confiance : lors de l'analyse exploratoire des données, il s'est avéré que la présence d'une personne de confiance (cf. tableau 14) était liée à un nombre considérable d'autres variables, cet item est donc intégré dans l'analyse plus approfondie en tant que variable de comparaison indépendante.
- Participation : items de la figure 11
- Évaluation globale/charge : items de la figure 13
- Acceptation/d'évaluation des mesures : items de la figure 14

Enquête des enfants/jeunes

Tableau 36 : Informations sur la procédure (enfants/jeunes)

C'est l'information que j'ai reçue :	Oui.		Non.		Je ne sais pas.	
	n	%	n	%	n	%
…de quoi il s'agit et pourquoi je dois aller à l'APEA.	17	77 %	3	14 %	2	9 %
… ce qui est décidé à l'APEA.	14	64 %	7	32 %	1	5 %
…ce qu'est une procédure de protection de l'enfant.	10	48 %	10	48 %	1	5 %
…comment tout cela se passe.	7	32 %	10	45 %	5	22 %
…quels sont mes droits.	5	23 %	13	59 %	4	18 %

Tableau 37 : Perception des professionnel·le·s de la procédure (enfants/jeunes)

Il s'agit des personnes avec lesquelles tu as eu affaire lors de la procédure.	Oui.		En partie.		Non.	
	n	%	n	%	n	%
Je savais quel· le·s professionel·le· s je pouvais contacter si je voulais savoir ou demander quelque chose.	9	39 %	9	39 %	5	22 %
Les personnes ont été amicales avec moi.	8	35 %	7	30 %	8	35 %
J'ai fait confiance aux gens.	5	23 %	5	23 %	12	54 %
Je pouvais parler aux personnes des problèmes de ma famille.	4	17 %	11	48 %	8	35 %

Tableau 38 : Motifs de ne pas parler de la situation familiale (enfants/jeunes)

Je ne voulais pas parler de mes problèmes parce que :	**tout à fait/ assez vrai**		**Partielle- ment vrai**		**plutôt pas/ pas vrai**	
	n	**%**	**n**	**%**	**n**	**%**
Je ne pensais pas que l'APEA se souciait de mon opinion.	15	79 %	2	11 %	2	10 %
Je préfère en parler avec les gens de ma famille.	13	69 %	3	16 %	3	16 %
Je préfère en parler avec d'autres personnes.	13	76 %	1	5 %	3	16 %
Je ne veux pas que ma famille ait encore plus de problèmes.	12	63 %	3	16 %	4	22 %
Je ne pensais pas que quelqu'un me croirait.	10	56 %	5	28 %	3	16 %
Je préfère résoudre les problèmes par moi-même.	7	37 %	9	47 %	3	16 %
Mes parents m'ont dit de ne pas trop en dire.	3	16 %	2	11 %	13	72 %

Tableau 39 : Expériences d'intégrité et de reconnaissance (enfants/jeunes)

Il s'agit ici de la procédure et de la décision de l'APEA.	**Oui.**		**Non.**		**Je ne sais pas.**	
	n	**%**	**n**	**%**	**n**	**%**
On m'a demandé ce que j'aime faire (ce que sont mes hobbys).	9	39 %	11	48 %	3	13 %
On m'a demandé quels étaient mes souhaits.	6	26 %	11	48 %	6	26 %
Je trouve que les personnes qui ont décidé ne me connaissent pas bien.	19	83 %	3	13 %	1	4 %
Je pense que les personnes qui ont décidé en savaient trop peu sur ma famille.	18	78 %	3	13 %	2	9 %

Tableau 40 : Aspects de la participation dans les procédures de protection de l'enfant (enfants/jeunes)

Aspects de la participation dans la procédure.						
	Oui.		Non.		Je ne sais pas.	
	n	%	n	%	n	%
Il y avait des entretiens où j'étais le/la seul·e présent·e.	16	70 %	7	30 %		
On m'a demandé ce que je pensais de la situation dans ma famille.	13	57 %	9	39 %	1	4 %
On m'a demandé s'il y avait quelque chose de mon point de vue qui pourrait m'aider ou aider ma famille.	10	44 %	11	48 %	2	9 %
Ce que j'ai dit a eu un impact sur la décision.	3	13 %	16	70 %	4	17 %

Tableau 41 : Contrainte dans la procédure et évaluation globale (enfants/jeunes)

Procédure, évaluation globale						
	Oui.		En partie.		Non.	
	n	%	n	%	n	%
Il y a eu des moments dans la procédure qui m'ont mis mal à l'aise.	16	70 %	5	22 %	2	9 %
J'avais peur que quelque chose soit décidé dans la procédure qui ne soit pas bon pour moi.	13	57 %	8	35 %	2	9 %
J'avais peur que quelque chose soit décidé dans la procédure qui ne soit pas bon pour ma famille.	16	70 %	4	17 %	3	13 %
La procédure m'a pesé.	18	78 %	4	17 %	1	4 %
La procédure a pesé sur ma famille.	19	83 %	4	17 %		
Dans l'ensemble, j'ai trouvé que la procédure était ok.	2	9 %	8	35 %	13	57 %
Je vais mieux maintenant qu'avant la procédure.	8	35 %	1	4 %	14	61 %

Bibliographie

Ackermann, T. & Robin, P. (2018). *Die Perspektive von Kindern und Eltern in der Kinder- und Jugendhilfe. Zwischen Entmutigung und Wieder-Erstarken.* [Bericht über die Ergebnisse der Beteiligungswerkstatt für die Hamburger Enquete-Kommission «Kinderschutz und Kinderrechte weiter stärken»].

Ader, S. & Schrapper, C. (2020). *Sozialpädagogische Diagnostik und Fallverstehen in der Jugendhilfe.* Ernst Reinhard.

Aeby, G., Gauthier, J.-A. & Widmer, E. D. (2021). Patterns of Support and Conflict Relationships in Personal Networks and Perceived Stress. *Current Sociology*, 69(7), 981–1001. https://doi.org/10.1177/0011392120948926

Affolter, K. (2013). Die Totalrevision des Vormundschaftsrechts. *SozialAktuell*, 45, 10–14.

Akermann, M., Furrer, M., Jenzer, S. & Furrer, L. M. (2012). *Bericht Kinderheime im Kanton Luzern im Zeitraum von 1930---1970.* Gesundheits- und Sozialdepartement des Kantons Luzern.

Akermann, M., Jenzer, S., Vollenweider, J. & Meier, T. (2014). *Kinderheim und Sekundarschule St. Idazell. Historische Untersuchung: Bericht der BLG Beratungsstelle für Landesgeschichte, Zürich, zuhanden des Vereins Kloster Fischingen.* Universität Zürich. https://doi.org/10.5167/uzh-102008

Alanen, L. (2009). Generational Order. In J. Qvortrup, W. A. Corsaro & M.-S. Honig (éd.), *The Palgrave Handbook of Childhood Studies* (p. 159–174). Palgrave Macmillan.

Albus, S., Greschke, H., Klingler, B., Messmer, H., Micheel, H.-G., Otto, H.-U. & Polutta, A. (2009). Abschlussbericht der Evaluation zum Bundesmodellprogramm «Wirkungsorientierte Jugendhilfe». In ISA Planung und Entwicklung (éd.), *Wirkungsorientierte Jugendhilfe Band 09 – Praxishilfe zur wirkungsorientierten Qualifizierung der Hilfen zur Erziehung.* Waxmann.

Ammann, R. & Schwendener, A. (2019). *«Zwangslagenleben»: Biografien von ehemals administrativ versorgten Menschen.* Chronos.

Anderson, J. H. & Honneth, A. (2005). Autonomy, Vulnerability, Recognition, and Justice. In J. Christman & J. H. Anderson (éd.), *Autonomy and the Challenges to Liberalism: New Essays* (p. 127–149). Cambridge University Press.

Angrosino, M. V. & Mays de Perez, K. A. (2000). Rethinking Observation: From Method to Context. In N. K. Denzin & Y. S. Lincoln (éd.), *Handbook of Qualitative Research* (2e éd., p. 673–702). Sage.

Arbeiter, E. & Toros, K. (2017). Participatory Discourse: Engagement in the Context of Child Protection Assessment Practices from the Perspectives of Child Protection Workers, Parents and Children. *Children and Youth Services Review*, 74, 17–27. https://doi.org/10.1016/j.childyouth.2017.01.020

Archard, D. & Skivenes, M. (2009). Balancing a Child's Best Interests and a Child's Views. *The International Journal of Children's Rights*, 17(1), 1–21. https://doi.org/10.1163/157181808X358276

Armstrong, D., Gosling, A., Weinman, J., & Marteau, T. (1997). The Place of Inter-Rater Reliability in Qualitative Research: An Empirical Study. *Sociology*, 31(3), 597–606. https://doi.org/10.1177/0038038597031003015

Arnold, C., Huwiler, K., Raulf, B., Tanner, H. & Wicki, T. (2008). *Pflegefamilien- und Heimplatzierungen: Eine empirische Studie über den Hilfeprozess und die Partizipation von Eltern und Kindern* (1re éd.). Rüegger.

Bachmann, N., Meyer, S. & Zumbrunn, A. (2020). Lebenswelten, Umweltfaktoren und gesellschaftliche Rahmenbedingungen. In Schweizerisches Gesundheitsobservatorium (éd.), *Gesundheit in der Schweiz – Kinder, Jugendliche und junge Erwachsene. Nationaler Gesundheitsbericht 2020* (p. 34–63). Hogrefe. https://www.obsan.admin.ch/de/publikationen/2020-gesundheit-der-schweiz-kinder-jugendliche-und-junge-erwachsene. (Accès 19.03.2025)

Balsells, M. Á., Fuentes-Peláez, N. & Pastor, C. (2017). Listening to the Voices of Children in Decision-Making: A Challenge for the Child Protection System in Spain. *Children and Youth Services Review*, 79, 418–425. https://doi.org/10.1016/j.childyouth.2017.06.055

Barnes MacFarlane, L.-A. (2021). A New Welfare Test: Plus ça change? *Journal of Law Society of Scotland*, 66(3), 22–24.

Barnes, V. (2012). Social Work and Advocacy with Young People: Rights and Care in Practice. *British Journal of Social Work*, 42(7), 1275–1292. https://doi.org/10.1093/bjsw/bcr142

Barras, V., Jungo, A. & Sager, F. (éd.) (2024). *Responsabilités brouillées. Structures, intervenant·es et mises à l'épreuve.* Schwabe.

Bastian, C. (2019). The Child in Child Protection: Invisible and Unheard. *Child & Family Social Work*, 25(1), 135–143. https://doi.org/10.1111/cfs.12671.

Becker-Lenz, R. & Müller-Hermann, S. (2013). Die Notwendigkeit von wissenschaftlichem Wissen und die Bedeutung eines professionellen Habitus für die Berufspraxis der Sozialen Arbeit. In R. Becker-Lenz, S. Busse, G. Ehlert & S. Müller-Hermann (Hrsg.), *Professionalität in der Sozialen Arbeit* (S. 203–229). VS Verlag für Sozialwissenschaften. https://doi.org/10.1007/978-3-531-19881-1_10.

Bekaert, S., Paavilainen, E., Schecke, H., Baldacchino, A., Jouet, E., Zabłocka-Żytka, L. et al. (2021). Family Members' Perspectives of Child Protection Services, a Metasynthesis of the Literature. *Children and Youth Services Review*, 128, 106094. https://doi.org/10.1016/j.childyouth.2021.106094.

Berrick, J. D. (2018). *The Impossible Imperative: Navigating the Competing Principles of Child Protection.* Oxford University Press.

Berrick, J., Dickens, J., Pösö, T. & Skivenes, M. (2019). Children's and Parents' Involvement in Care Order Proceedings: A Cross-national Comparison of Judicial Decision-makers' Views and Experiences. *Journal of Social Welfare and Family Law*, 41(2), 1–17. https://doi.org/10.1080/09649069.2019.1590902.

Bertholet, P.-A. (1969). *Les aspects juridiques du placement familial* [Thèse de droit, Université de Neuchâtel].

Biesel, K. (2013). Beteiligung von Kindern im Kinderschutz: Eine Herausforderung für die Kinder- und Jugendhilfe? *Jugendhilfe*, 51(1), 40–46.

Biesel, K. & Schär, C. (2012). Kindesschutz. In J.M. Bonvin, P. Maeder, C. Knöpfel, V. Hugentobler & U. Tecklenburg (éd.), *Wörterbuch der Schweizer Sozialpolitik* (p. 279–281). Seismo.

Biesel, K. & Urban-Stahl, U. (2022). *Lehrbuch Kinderschutz* (2e éd.). Beltz Juventa.

Biesel, K., Fellmann, L. & Schär, C. (2017). Augen zu und durch?! Wie Klientinnen und Klienten Kindeswohlabklärungen erleben und was sie sich wünschen. *RMA*, 72(4), 291–303.

Biesel, K., Fellmann, L., Müller, B., Schär, C. & Schnurr, S. (2017). *Prozessmanual. Dialogisch-systemische Kindeswohlabklärung.* Haupt.

Biesel, K., Masson, J., Parton, N. & Pösö, T. (2020). Errors and Mistakes in Child Protection International Discourses, *Approaches and Strategies* (1re éd.). Policy Press.

Bigler-Eggenberger, M. (2002). Art. 16 ZGB. In H. Honsell, N. P. Vogt & T. Geiser (éd.), *Zivilgesetzbuch I* (2e éd., p. 171–186). Helbing Lichtenhahn.

Bignasca, V. (2019). Accusations d'abus sexuels : Relations de pouvoir et mécanismes de surveillance à Bellechasse dans les années 1950. In L. Seglias, K. Heiniger, M. Häsler Kristmann, A. Heiniger, D. Morat & N. Dissler (éd.), Alltag unter Zwang: Zwischen Anstaltsinternierung und Entlassung (p. 234–246). Chronos.

Bitter, S. (2010). Verdingt und erniedrigt - Formen der Diskriminierung. In M. Leuenberger & L. Seglias (éd.), Versorgt und vergessen. Ehemalige Verdingkinder erzählen (4e éd., p. 181–188). Rotpunktverlag.

Blum-Bruni, V. (2013). *Das gestrandete Schiff. Die Geschichte des fünfjährigen Verdingbuben Peter* (1re éd.). Schlaefli & Maurer AG.

Blum, S., Cottier, M. & Migliazza, D. (éd.) (2008). *Anwalt des Kindes: Ein europäischer Vergleich zum Recht des Kindes auf eigene Vertretung in behördlichen und gerichtlichen Verfahren* (vol. 9). Stämpfli.

Bodmer, D., Stalder, J. & Stauffer, M. (2020). Kinder (an-)hören: Ein Blick in die Anhörungspraxis. *RMA*, 75(4), 317–340.

Böhnisch, L. & Lösch, H. (1973). Das Handlungsverständnis des Sozialarbeiters und seine institutionelle Determination. In H.-U. Otto & S. Schneider (éd.), *Gesellschaftliche Perspektiven der Sozialarbeit* (2e éd., Vol. 2, p. 21–40). Luchterhand.

Bombach, C., Gabriel, T. & Keller, S. (2018). «Die wussten einfach, woher ich komme». Staatliche Eingriffe und ihre Auswirkungen auf das Leben ehemaliger Heimkinder. In G. Hauss, T. Gabriel & M. Lengwiler (éd.), *Fremdplatziert: Heimerziehung in der Schweiz, 1940–1990* (p. 117–137). Chronos.

Bomert, C., Rein, A., Stauber, B., Schnurr, S. (i.E.). Zum Verhältnis von Care, Familie und Kinder- und Jugendhilfe. In M. Cottier, K. Scheiwe & C. Voithofer (éd.), *Handbuch Sorgearbeit, Sorgebeziehungen und das Recht – Caring and the law.* Springer.

Bouma, H., López López, M., Knorth, E. J. & Grietens, H. (2018). Meaningful Participation for Children in the Dutch Child Protection System: A Critical Analysis of Relevant Provisions in Policy Documents. *Child Abuse & Neglect*, 79, 279–292. https://doi.org/10.1016/j.chiabu.2018.02.016

Brandon, M., Philip, G. & Clifton, J. (2019). Men as Fathers in Child Protection. *Australian Social Work*, 72(4), 447–460. https://doi.org/10.1080/0312407X.2019.1627469

Braun, V. & Clarke, V. (2006). Using Thematic Analysis in Psychology. *Qualitative Research in Psychology*, 3(2), 77–101. https://doi.org/10.1191/1478088706qp063oa.

Breitschmid, P. (2022). Art. 314a/314*a*[bis]. In H. Honsell, N. P. Vogt & T. Geiser (éd.), *Zivilgesetzbuch I.* Helbing Lichtenhahn.

Bucher, A. (1999). *Natürliche Personen und Persönlichkeitsschutz* (3e éd.). Helbing Lichtenhahn.

Bühler-Niederberger, D. (2010). Organisierte Sorge für Kinder, Eigenarten und Fallstricke – eine generationale Perspektive. In D. Bühler-Niederberger, J. Mierendorff & A. Lange (éd.), *Kindheit zwischen fürsorglichem Zugriff und gesellschaftlicher Teilhabe* (p. 17–41). VS Verlag für Sozialwissenschaften. https://doi.org/10.1007/978-3-531-92382-6_2

Bühler, R., Galle, S., Grossmann, F., Lavoyer, M., Mülli, M., Neuhaus, E. & Ramsauer, N. (2019). *Ordnung, Moral und Zwang: Administrative Versorgungen und Behördenpraxis.* Chronos; Éditions Alphil; Edizioni Casagrande.

Burchard-Molteni, L. (1995). *Le tour de Suisse en cage : l'enfance volée.* Editions d'en bas.

Businger, S., Janett, M. & Ramsauer, N. (2018). «Gefährdete Mädchen» und «verhaltensauffällige Buben»: Behördliche Fremdplatzierungspraxis in den Kantonen Appenzell Innerrhoden, Basel-Stadt und Zürich. In G. Hauss, T. Gabriel & M. Lengwiler (éd.), *Fremdplatziert: Heimerziehung in der Schweiz, 1940–1990* (p. 77–99). Chronos.

Bütow, B., Pomey, M., Rutschmann, M., Schär, C. & Studer, T. (2014). Einleitung: Politiken des Eingreifens - Zwischen Staat und Familie. In B. Bütow, M. Pomey, M. Rutschmann, C. Schär & T. Studer (éd.), *Sozialpädagogik zwischen Staat und Familie: Alte und neue Politiken des Eingreifens* (p. 1–25). Springer Fachmedien. https://doi.org/10.1007/978-3-658-01400-1_1

Canonica, A. (2019a). «Das ist ja immer die grosse Frage gewesen, wie weiter?» Das Leben nach dem Heim. In Bürgergemeinde der Stadt Basel (éd.), *Zuhause auf Zeit: 350 Jahre Bürgerliches Waisenhaus Basel* (1re éd., p. 383–403). Christoph Merian.

Canonica, A. (2019b). «Man hat die Familie vermisst, die Nestwärme, die Liebe». Herkunftsfamilie und Aussenkontakte. In Bürgergemeinde der Stadt Basel (éd.), *Zuhause auf Zeit: 350 Jahre Bürgerliches Waisenhaus Basel* (1re éd., S. 383–403). Christoph Merian.

Canonica, A., Hammler, U. & Kälin, J. (2019). *Zuhause auf Zeit: 350 Jahre Bürgerliches Waisenhaus Basel* (Bürgergemeinde der Stadt Basel, éd.; 1re éd.). Christoph Merian.

Cashmore, J. (2002). Promoting the Participation of Children and Young People in Care. *Child Abuse & Neglect*, 26(8), 837–847. https://doi.org/10.1016/S0145-2134(02)00353-8

CIE internements administratifs (2019). *La mécanique de l'arbitraire - Internements administratifs en Suisse 1930–1981.* Rapport final. Chronos.

Comité des droits de l'enfant (2009). Observation générale no 12. Le droit de l'enfant d'être entendu. CRC/C/GC/12 (Accès 19.03.2025) https://digitallibrary.un.org/record/671444/files/CRC_C_GC_12-EN.pdf?ln=en.

Conseil de l'Europe (2012). *Lignes directrices du Comité des Ministres du Conseil de l'Europe sur une justice adaptée aux enfants.* Editions du Conseil de l'Europe.

Conseil fédéral (1904). *Message du Conseil fédéral à l'Assemblée fédérale concernant le projet de code civil suisse du 28 mai 1904* (Message du Conseil fédéral à l'Assemblée fédérale FF 1904 IV 1).

Conseil fédéral (1977). *Message concernant la modification du code civil suisse (privation de liberté à des fins d'assistance) et le retrait de la réserve apportée à l'article 5 de la Convention de sauvegarde des droits de l'homme et des libertés fondamentales du 17 août 1977* (Message du Conseil fédéral à l'Assemblée fédérale FF 1977 III 1).

Conseil fédéral (1994). *Message sur l'adhésion de la Suisse à la Convention de 1989 relative aux droits de l'enfant du 29 juin 1994* (Message du Conseil fédéral à l'Assemblée fédérale FF 1994 V 1).

Conseil fédéral (1996). *Message concernant la révision du code civil suisse (état civil, conclusion du mariage, divorce, droit de la filiation, dette alimentaire, asiles de famille, tutelle et courtage matrimonial) du 15 novembre 1995* (Message du Conseil fédéral à l'Assemblée fédérale FF 1996 I 1).

Conseil fédéral (2006a). *Message du Conseil fédéral concernant la révision du code civil suisse (Protection de l'adulte, droit des personnes et droit de la filiation) du 28 juin 2006* (Message du Conseil fédéral à l'Assemblée fédérale FF 2006 6635).

Conseil fédéral (2006b). *Message relatif au code de procédure civile suisse (CPC) du 28 juin 2006* (Message du Conseil fédéral à l'Assemblée fédérale FF 2006 6841).

Conseil fédéral (2012). Violence et négligence envers les enfants et les jeunes au sein de la famille : aide à l'enfance et à la jeunesse et sanctions des pouvoirs publics. Rapport du Conseil fédéral en réponse au postulat Fehr (07.3725) du 5 octobre 2007.

Conseil fédéral (2014). Message concernant la révision du code civil suisse (Entretien de l'enfant) (Message du Conseil fédéral à l'Assemblée fédérale FF 2014 511)

COPMA (2017). *Droit de la protection de l'enfant. Guide pratique (avec modèles).* Dike Verlag.

Cossar, J., Brandon, M. & Jordan, P. (2016). ‹You've Got to Trust Her and She's Got to Trust You›: Children's Views on Participation in the Child Protection System. *Child & Family Social Work*, 21(1), 103–112. https://doi.org/10.1111/cfs.12115

Cottier, M. (2006). *Subjekt oder Objekt? Die Partizipation von Kindern in Jugendstraf- und zivilrechtlichen Kindesschutzverfahren: Eine rechtssoziologische Untersuchung aus der Geschlechterperspektive.* Stämpfli.

Cottier, M. (2008). Verfahrensvertretung des Kindes im Familienrecht der Schweiz: Aktuelle Rechtslage und Reformbedarf. In S. Blum, M. Cottier & D. Migliazza (éd.), *Anwalt des Kindes: Ein europäischer Vergleich zum Recht des Kindes auf eigene Vertretung in behördlichen und gerichtlichen Verfahren* (vol. 9, p. 125–152). Stämpfli.

Cottier, M. (2018). Art. 314abis ZGB. In A. Büchler & D. Jakob (éd.), *Kurzkommentar ZGB, Schweizerisches Zivilgesetzbuch* (p. 953–958). Helbing Lichtenhahn.

Cottier, M. (2013a). Art. 314 CC. In A. Leuba, M. Stettler, A. Büchler & C. Häfeli (éd.), *Commentaire du droit de la famille, Protection de l'adulte* (p. 1052–1067). Stämpfli.

Cottier, M. (2013b). Art. 314a CC. In A. Leuba, M. Stettler, A. Büchler & C. Häfeli (éd.), *Commentaire du droit de la famille, Protection de l'adulte* (p. 1068–1079). Stämpfli.

Cottier, M. (2013c). Art. 314abis CC. In A. Leuba, M. Stettler, A. Büchler & C. Häfeli (éd.), *Commentaire du droit de la famille, Protection de l'adulte* (p. 1080–1087). Stämpfli.

Cottier, M. (2017). L'enfant sujet de droit : Bilan mitigé de la jurisprudence récente du Tribunal fédéral suisse. In A. Leuba, M.-L. Papaux van Delden & B. Foëx (éd.), *Le droit en question. Mélanges en l'honneur de la Professeure Margareta Baddeley* (p. 81–100). Schulthess éd. Romandes.

Cottier, M. & Steck, D. (2012). Das Verfahren vor der Kindes- und Erwachsenenschutzbehörde. *FamPra.ch*, 13(4), 981–1000.

CSDH Centre suisse de compétence pour les droits humains (2019). *Les droits de l'enfant en Suisse. Mise en œuvre du droit de participation inscrit à l'article 12 de la Convention relative aux droits de l'enfant* (verfasst von Weber Khan Christina/Hotz Sandra). SKMR.

Dale, P. (2004). ‹Like a Fish in a Bowl›: Parents' Perceptions of Child Protection Services. *Child Abuse Review*, 13(2), 137–157. https://doi.org/10.1002/car.837

Daly, A. (2018). *Children, Autonomy and the Courts: Beyond the Right to Be Heard.* Brill Nijhoff.

Dang, M. & Nguyen, M. S. (2021). Art. 29 Cst. In V. Marthenet & J. Dubey (éd.), *Constitution fédérale* (p. 834-878). Helbing Lichtenhahn.

Département fédéral de justice et police (2003). *Loi fédérale de procédure civile (Procédure civile suisse)* (Rapport accompagnant l'avant-projet de la commission d'experts).

Deschenaux, H. & Steinauer, P.-H. (1980). *Personnes physiques et tutelle.* Stämpfli.

Dillon, J., Greenop, D. & Hills, M. (2016). Participation in Child Protection: A Small-scale Qualitative Study. *Qualitative Social Work: Research and Practice*, 15(1), 70–85. https://doi.org/10.1177/1473325015578946

Doelman, E. H. J., van der Horst, F. C. P., Luijk, M. P. C. M. & Steketee, M. J. (2024). Parents' Perspectives on the Results of Mandatory Child Protection Support: A Qualitative Study. *Child & Family Social Work,* o. S. https://doi.org/10.1111/cfs.13144.

Dollinger, B. (2019). Hilfe als Konditionalprogramm: Eine Systematisierung sozialer Kontrolle als Kernaufgabe Sozialer Arbeit. *Kriminologisches Journal*, 51(1), 7–23.

Droz-Sauthier, G. (2024). *Les droits de procédure des enfants et des parents devant les autorités de protection de l'enfant. Analyse juridique de droit suisse de 1912 à aujourd'hui et de droit comparé.* Stämpfli.

Dumbrill, G. C. (2006). Parental Experience of Child Protection Intervention: A Qualitative Study. *Child Abuse & Neglect*, 30(1), 27–37. https://doi.org/10.1016/j.chiabu.2005.08.012

Duncan, M. (2019). *Participation in Child Protection. Theorizing Children's Perspectives.* Palgrave Macmillan.

Eberitzsch, S., Keller, S. & Rohrbach, J. (2023). *Sichtweisen junger Menschen auf Partizipation und Schutz in stationären Erziehungshilfen: Einblicke in ausgewählte Studienergebnisse.* Barbara Budrich.

Eidgenössisches Departement des Innern (2023). *Jede dritte Person in der Schweiz macht Diskriminierungs- oder Gewalterfahrung.* Medienmitteilung vom 09.02.2023. (Accès 19.03.2025) https://www.admin.ch/gov/de/start/dokumentation/medienmitteilungen.msg-id-92922.html

Expertenkommission Ingenbohl (2013). *Ingenbohler Schwestern in Kinderheimen. Erziehungspraxis und institutionelle Bedingungen unter besonderer Berücksichtigung von Rathausen und Hohenrain* [Schlussbericht der unabhängigen Expertenkommission Ingenbohl].

Fassbind, P. (2013). Die Organisation der Kindes- und Erwachsenenschutzbehörden in der Schweiz. *SozialAktuell*, 45(1), 15–17.

Featherstone, B., White, S. & Morris, K. (2014). *Re-Imagining Child Protection. Towards Humane Social Work With Families.* Bristol University Policy Press.

Ferguson, H., Disney, T., Warwick, L., Leigh, J., Cooner, T. S. & Beddoe, L. (2020). Hostile Relationships in Social Work Practice: Anxiety, Hate and Conflict in Long-Term Work with Involuntary Service Users. *Journal of Social Work Practice*, 35(1), 1–19. https://doi.org/10.1080/02650533.2020.1834371

Flick, U. (2000). *Qualitative Forschung. Theorie, Methoden, Anwendung in Psychologie und Sozialwissenschaften* (5e éd.). Rowohlt Taschenbuch.

Forkby, T. & Höjer, S. (2011). Navigations between regulations and gut instinct: The unveiling of collective memory in decision-making processes where teenagers are placed in residential care: Collective memory in decision-making processes. *Child & Family Social Work*, 16(2), 159–168. https://doi.org/10.1111/j.1365-2206.2010.00724.x

Forni, R. (1973). Les lignes directrices de la révision en cours du droit de la famille. *REC*, 41(11), 271–279.

Franzheld, T. (2017). ‚Verdacht' als theoretische Reflexion und analytische Konzeption der Kinderschutzforschung. *Sozialer Sinn*, 18(2), 255–280. https://doi.org/10.1515/sosi-2017-0012

Freisler-Mühlemann, D. (2011). *Verdingkinder – ein Leben auf der Suche nach Normalität* (1e éd.). hep der Bildungsverlag.

Gabriel, T., Keller, S. & Studer, T. (2007). *Wirkungsorientierte Jugendhilfe, Band 03: Wirkungen erzieherischer Hilfen – Metaanalyse ausgewählter Studien.* ISA Institut für Soziale Arbeit.

Gallagher, M., Smith, M., Hardy, M. & Wilkinson, H. (2012). Children and Families' Involvement in Social Work Decision Making. *Children & Society*, 26(1), 74–85. https://doi.org/10.1111/j.1099-0860.2011.00409.x

Galle, S. & Meier, T. (2009). *Von Menschen und Akten: Die Aktion «Kinder der Landstrasse» der Stiftung Pro Juventute.* Chronos.

Garfinkel, H. (1967). *Studies in Ethnomethodology.* Prentice-Hall, Englewood Cliffs.

Gassmann, Y. (2010). *Pflegeeltern und ihre Pflegekinder: Empirische Analysen von Entwicklungsverläufen und Ressourcen im Beziehungsgeflecht.* Waxmann.

Gassner, S. (2018). *Pflegeeltern im Dreieck zwischen Eltern, Kind und KESB*. Schulthess [Dissertation der rechtswissenschaftlichen Fakultät, Universität Freiburg i.Ue.].

Gautschi, J. (2021). *Urteile und Entscheidungen unter Unsicherheit in Kindeswohlabklärungen: Einflussfaktoren auf Fallbeurteilungen in einer multifaktoriellen, experimentellen Vignettenstudie*. Pädagogische Hochschule Freiburg.

Gautschi, J. & Schnurr, S. (2024). Kinderschutz in der Schweiz: Ein Überblick. *Sozial Extra*, 48(1), 35–39.

Gerber, S. (2021). *Wann interveniert der Staat in Familien: Eintritts- und Eingriffsschwellen im Kindesschutz und im Kindesrecht*. Stämpfli.

Germann, U. & Odier, L. (2019). Administrative Versorgungen in der Schweiz 1930–1981. Synthese. In Unabhängige Expertenkommission (UEK) administrative Versorgungen (éd.), *Organisierte Willkür: Administrative Versorgungen in der Schweiz 1930–1981: Schlussbericht* (p. 13–206). Chronos.

Gibson, M. (2019). The Shame and Shaming of Parents in the Child Protection Process: Findings From a Case Study of an English Child Protection Service. *Families, Relationships and Societies*, 9(2), 217–233. https://doi.org/info:doi/10.1332/204674318X15447907611406

Gnädinger, B. (2020). Wozu Archive? – Bemerkungen zu einer Kurskorrektur. In Schweizerische Archivdirektorinnen- und Archivdirektorenkonferenz (ADK) (éd.), *Menschen korrigieren: Fürsorgerische Zwangsmassnahmen und Fremdplatzierungen im Kanton Zürich bis 1981* (1re éd., p. 53–68). Chronos.

Götzö, M. & Wigger, A. (2014). Das Pflegekinderwesen als Element des Lebenslaufregimes: Einsichten in eine komplexe Figuration. In M. Götzö, M. Schöne & A. Wigger (éd.), *Spannungsfelder organisierter Freiräume. Forschungsbeiträge zu Pflegefamiliensettings und Vergemeinschaftungsprozesse in stationären Einrichtungen* (p. 11–70). Goldbach.

Graham, A. & Fitzgerald, R. (2010). Progressing Children's Participation: Exploring the Potential of a Dialogical Turn. *Childhood*, 17(3), 343–359. https://doi.org/10.1177/0907568210369219

Grossniklaus, P. & Blum, S. (2007). Unabhängige Verfahrensvertretung des Kindes – unverzichtbarer Bestandteil eines kindszentrierten Kindesschutzverfahrens. *ZVW*, 1, 23–30.

Groupe de travail Enfance maltraitée (1992). *Enfance maltraitée en Suisse. Rapport finale présenté au Chef du Département fédéral de l'intérieur*. Conseil fédéral.

Guggisberg, E. (2016). *Pflegekinder: Die Deutschschweizer Armenerziehungsvereine, 1848–1965*. Hier und Jetzt.

Guggisberg, E. & Dalmolin, M. (2019). *«Zehntausende»: Zahlen zur administrativen Versorgung und zur Anstaltslandschaft*. Chronos.

Guillod, O. (2013). Art. 426 CC. In A. Leuba, M. Stettler, A. Büchler & C. Häfeli (éd.), *Commentaire du droit de la famille, Protection de l'adulte* (p. 666–694). Stämpfli.

Gumy, C. (2019). Interner pour rendre dociles et utiles les jeunes « moralement abandonnées, pervertis ou en danger de l'être ». In *Des Lois d'exception ? Légitimation et délégitimation de l'internement administratif* (Vol. 3, p. 287–327). Chronos.

Gumy, C., Knecht, S., Maugué, L., Dissler, N. & Gönitzer, N. (2019). *Des lois d'exception ? Légitimation et délégitimation de l'internement administratif* (vol. 3). Chronos.

Gurt, P. (2018). *Schattenkind: Wie ich als Kind überlebt habe: Autobiografie.* Goldmann.

Gusset, S., Seglias, L. & Lengwiler, M. (2021). *Versorgen, behandeln, pflegen: Geschichte der Psychiatrie in Graubünden.* Schwabe.

Habermas, J. (1981). *Handlungsrationalität und gesellschaftliche Rationalisierung.* Suhrkamp. Häfeli, C. (2021). *Kindes- und Erwachsenenschutzrecht* (3e éd.). Stämpfli.

Häfeli, C. (2021). Kindes- und Erwachsenenschutzrecht (3. Aufl.). Stämpfli.

Häfeli, C., Lengwiler, M. & Vogel Campanello, M. (éd.) (2024). *Entre protection et coercition. Normes et pratiques au fil du temps.* Schwabe.

Hamberger, M. (2008). *Erziehungshilfekarrieren – belastete Lebensgeschichte und professionelle Weichenstellungen.* IGfH-Eigenverlag.

Hart, R. A. (1992). *Children's Participation: From Tokenism to Citizenship* (Innocenti Essay Nr. 4). International Child Development Centre.

Häsler Kristmann, M. (2019). Entlassungspraxis und Aufsichtsmechanismen. In L. Seglias, K. Heiniger, V. Bignasca, M. Häsler Kristmann, D. Morat & N. Dissler (éd.), *Alltag unter Zwang: Zwischen Anstaltsinternierung und Entlassung* (Vol. 8, p. 551–629). Chronos.

Häsler, M. (2008). *In fremden Händen: Die Lebensumstände von Kost- und Pflegekindern in Basel vom Mittelalter bis heute.* Schwabe.

Hauri, A. (2020). *Wahrnehmung des Kindesschutzverfahrens vor der KESB durch Jugendliche und Eltern mit Fokus auf Gerechtigkeit.* (Accès 14.02.2025) https://www.zora.uzh.ch/id/eprint/191332/1/HAURI_ANDREA_Dissertation.pdf

Hauss, G., Gabriel, T. & Lengwiler, M. (éd.) (2018). *Fremdplatziert. Heimerziehung in der Schweiz, 1940–1990.* Chronos.

Healy, K. & Darlington, Y. (2009). Service User Participation in Diverse Child Protection Contexts: Principles for practice. *Child & Family Social Work,* 14(4), 420–430. https://doi.org/10.1111/j.1365- 2206.2009.00613.x

Heimer, M., Näsman, E. & Palme, J. (2018). Vulnerable Children's Rights to Participation, Protection, and Provision: The Process of Defining the Problem in Swedish Child and Family Welfare. *Child & Family Social Work,* 23(2), 316–323. https://doi.org/10.1111/cfs.12424

Heiniger, A. (2014). Des entreprises de « (ré)éducation », les aspects économiques de la mise au travail. In L. Seglias, K. Heiniger, V. Bignasca, M. Häsler Kristmann, A. Maercker, S. Krammer, K. Simmen-Janevska & M. Furrer (éd.), *Alltag unter Zwang: Zwischen Anstaltsinternierung und Entlassung* (p. 281–331). Schwabe.

Heiniger, A. & Morat, D. (2019). Façonner la déviance : Les interné·e·s vu·e·s par le prisme des registres d'entrée des établissements. In L. Seglias, K. Heiniger, V. Bignasca, M. Häsler Kristmann, D. Morat & N. Dissler (éd.), *Alltag unter Zwang: Zwischen Anstaltsinternierung und Entlassung* (Vol. 8, p. 165–193). Chronos. https://doi.org/10.33057/chronos.1518

Heiniger, K. (2019a). Praktiken der Nacherziehung. In L. Seglias, K. Heiniger, V. Bignasca, M. Häsler Kristmann, D. Morat & N. Dissler (éd.), *Alltag unter Zwang: Zwischen Anstaltsinternierung und Entlassung* (Vol. 8, p. 247–248). Chronos.

Heiniger, K. (2019b). Sexuelle Übergriffe in Hindelbank (1960er Jahre). In L. Seglias, K. Heiniger, V. Bignasca, M. Häsler Kristmann, D. Morat & N. Dissler (éd.), *Alltag unter Zwang: Zwischen Anstaltsinternierung und Entlassung* (Vol. 8, p. 247–248). Chronos.

Helland, H.S. (2021a) Reasoning between Rules and Discretion: A Comparative Study of the Normative Platform for Best Interest Decision-Making on Adoption in England and Norway. *International Journal of Law, Policy and the Family*, 35(1), 1–28.

Helland, H.S. (2021b) In the Best Interest of the Child? Justifying Decisions on Adoption from Care in the Norwegian Supreme Court. *The International Journal of Children's Rights*, 29, 609–639.

Heller, G., Avvanzino, P. & Lacharme, C. (2005). *Témoignages d'enfants placés entre 1930 et 1970*. Éditions de l'EESP.

Helm, D. & Roesch-Marsh, A. (2017). The Ecology of Judgement: A Model for Understanding and Improving Social Work Judgements. *The British Journal of Social Work*, 47(5), 1361–1376. https://doi.org/10.1093/bjsw/bcw091

Herzig, C. (2020). Die Rolle der Kindsvertretung. *FamPra.ch*, 3, 567–588.

Hitz Quenon, N., & Matthey, F. (2017). Une justice adaptée aux enfants. L'audition de l'enfant lors d'un placement en droit civil et lors du renvoi d'un parent en droit des étrangers. Schweizerisches Kompetenzzentrum für Menschenrechte (SKMR).

Hochheuser Onnen, C. (1997). *Grundrechtsaspekte der zivilrechtlichen Kindesschutzmassnahmen und der kommenden jugendstrafrechtlichen Sanktionen*. Dike.

Höjer, I. (2011). Parents with Children in Foster Care—How Do They Perceive Their Contact with Social Workers? *Practice*, 23(2), 111–123. https://doi.org/10.1080/09503153.2011.557149

Honneth, A. (1995). *The Struggle for Recognition: The Moral Grammar of Social Conflicts*. MIT Press.

Höpflinger, F. (1999). Gesellschaft im Umbau. In W. Leimgruber, W. Fischer & Volkshochschule des Kantons Zürich (éd.), *Goldene Jahre: Zur Geschichte der Schweiz seit 1945* (p. 133–149). Chronos.

Hugger, P. (1998). Das Verdingkind. In P. Hugger (éd.), *Kind sein in der Schweiz* (p. 107–108). Offizin. Huonker, T. (1987). *Fahrendes Volk, verfolgt und verfemt: Jenische Lebensläufe*. Limmat.

Husby, I. S. D., Kiik, R. & Juul, R. (2019). Children's Encounters With Professionals – Recognition and Respect During Collaboration. *European Journal of Social Work*, 22(6), 987–998. https://doi.org/10.1080/13691457.2018.1473841

Husby, I. S. D., Slettebø, T. & Juul, R. (2018). Partnerships With Children in Child *Welfare:* The Importance of Trust and Pedagogical Support. *Child & Family Social Work*, 23, 443–450. https://doi.org/10.1111/cfs.12435

Immos, S. (1990). Praxisbeitrag eines Sozialarbeiters und Familientherapeuten Kinder- und Jugendpsychatrischer Dienst des Kantons Luzern. In F. Herzog (éd.), *20 Jahre nach der Heimkampagne: Neue Herausforderungen an der Front sozialpädagogischer Arbeit* (p. 101–108). SZH.

Jacobsson, K. & Gubrium, J. F. (éd.) (2021). *Doing human service ethnography.* Policy Press.

Jacot-Guillarmod, O. (1981). Intérêt de la jurisprudence des organes de la CEDH pour la mise en œuvre du nouveau droit suisse de la privation de liberté à des fins d'assistance. *RDT*, 36(2), 41–58.

Jobe, A. & Gorin, S. (2013). 'If Kids Don't Feel Safe They Don't Do Anything': Young People's Views on Seeking and Receiving Help from Children's Social Care Services in England. *Child & Family Social Work*, 18(4), 429–438. https://doi.org/10.1111/j.1365-2206.2012.00862.x

Kälin, J. (2019a). Heimerziehung im Brennpunkt der Kritik. Das Bürgerliche Waisenhaus seit den 1950er-Jahren. In Bürgergemeinde der Stadt Basel (éd.), *Zuhause auf Zeit: 350 Jahre Bürgerliches Waisenhaus Basel* (1re éd., p. 265–293). Christoph Merian.

Kälin, J. (2019b). «Ich bin nie alleine gewesen. Wer wächst denn sonst mit zwölf Kindern auf?». In Bürgergemeinde der Stadt Basel (éd.), *Zuhause auf Zeit: 350 Jahre Bürgerliches Waisenhaus Basel* (1re éd., p. 101–108). Christoph Merian.

Kälin, J. & Seglias, L. (2019). Wenn ich mich nicht benehmen würde, käme ich in eine Erziehungsanstalt». Disziplin und Strafe. In Bürgergemeinde der Stadt Basel (éd.), *Zuhause auf Zeit: 350 Jahre Bürgerliches Waisenhaus Basel* (1re éd., p. 329–342). Christoph Merian

Karsz, S. (2004). *Pourquoi le travail social ? Définition, figures, clinique.* Dunod.

Katz, B. (1983). *La privation de liberté à des fins d'assistance, étude de droit fédéral et de procédure vaudoise* [Thèse de droit, Université de Lausanne].

Kawulich, B. B. (2005). Participant Observation as a Data Collection Method. *Forum Qualitative Sozialforschung / Forum: Qualitative Social Research*, 6(2), s.p. https://doi.org/10.17169/FQS-6.2.466

Kinderanwaltschaft Schweiz (s.d.). *Recht auf eine qualifizierte Rechtsvertretung | Kinderanwaltschaft Schweiz.* https://www.kinderanwaltschaft.ch/de

Klein, S. (2013). Gewalt und sexueller Missbrauch in kirchlich geführten Kinderheimen. In M. Ries & V. Beck (éd.), *Hinter Mauern. Fürsorge und Gewalt in kirchlich geführten Erziehungsanstalten im Kanton Luzern* (p. 301–338). Theologischer Verlag Zürich.

Knüsel, R., Grob, A. & Mottier, V. (éd.) (2024). *Placements et destinée. Décisions des autorités et conséquences sur les parcours de vie.* Schwabe.

Koch, M. & Schoch, A. (2022). *Fachliches Urteilen, Körper und Sinne. Analytische Reflexionen am Beispiel von Hausbesuchen und Anhörungen im Kinder- und Erwachsenenschutz.* https://irf.fhnw.ch/handle/11654/34298

Koch, M., Piñeiro, E., & Pasche, N. (2019). «Wir sind ein Dienst, keine Behörde.» Multiple institutionelle Logiken in einem Schweizer Jugendamt – ein ethnografisches Fallbeispiel aus der street-level bureaucracy. *Forum Qualitative Sozialforschung / Forum: Qualitative Social Research*, 20(2), 1–30. https://doi.org/10.17169/fqs-20.2.3045

Kofmel Ehrenzeller, S. (2023). Das Kindes- und Erwachsenenschutzverfahren – ein Plädoyer für eine gesamtschweizerische Vereinheitlichung mit Leitlinien für die inhaltliche Ausgestaltung. *FamPra.ch*, 409–434.

Konferenz der kantonalen Vormundschaftsbehörden (2008). Kindes- und Erwachsenenschutzbehörde als Fachbehörde (Analyse und Modellvorschläge). *ZVW*, 63(2), 63–128.

Korpinen, J. & Pösö, T. (2020). Social Workers' Views about Children's and Parents' Competence in Child Protection Decision-making. *Journal of Social Work*, 21(4), 853–870. https://doi.org/10.1177/1468017320940635.

Kriwy, P. & Gross, C. (éd.) (2009). *Klein aber fein! Quantitative empirische Sozialforschung mit kleinen Fallzahlen* (1re éd.). VS Verlag für Sozialwissenschaften.

Križ, K. & Roundtree-Swain, D. (2017). «We are Merchandise on a Conveyer Belt»: How Young Adults in the Public Child Protection System Perceive Their Participation in Decisions about Their Care. *Children & Youth Services Review*, 78, 32–40. https://doi.org/10.1016/j.childyouth.2017.05.001

Kruse, J., Biesel, K. & Schmieder, C. (2011). Allgemeine Grundlagen rekonstruktiver Analyse. In Kruse, J., Biesel, K. & Schmieder, C. (Hrsg.), *Metaphernanalyse.* Ein rekonstruktiver Ansatz (p. 30–62). VS Verlag für Sozialwissenschaften. https://doi.org/10.1007/978-3-531-92863-0_3

Lalayants, M. (2017). Partnership Between Child Protective Services and Parent Representatives. *Child & Family Social Work*, 22, 40–50. https://doi.org/10.1111/cfs.12217

Lätsch, D., Quehenberger, J., Portmann, R. & Jud, A. (2023). Children's Participation in the Child Protection System: Are Young People from Poor Families Less Likely to Be Heard? *Children and Youth Services Review*, 45, 106762. https://doi.org/10.1016/j.childyouth.2022.106762

Leeson, C. (2007). My Life in Care: Experiences of Non-participation in Decision-making Processes. *Child & Family Social Work*, 12(3), 268–277. https://doi.org/10.1111/j.1365-2206.2007.00499.x

Leuba, A. & Bastons Bulletti, F. (2010). Art. 133 CC. In P. Pichonnaz & B. Foëx (éd.), *Commentaire Romand. Code Civil I* (1re éd., p. 969–980). Helbing Lichtenhahn.

Leuenberger, M. & Seglias, L. (2015). *Geprägt fürs Leben: Lebenswelten fremdplatzierter Kinder in der Schweiz im 20. Jahrhundert.* Chronos.

Leuenberger, M. & Seglias, L. (éd.) (2010). *Versorgt und vergessen. Ehemalige Verdingkinder erzählen* (4e éd.). Rotpunktverlag.

Leuenberger, M., Mani, L., Rudin, S. & Seglias, L. (2011). *«Die Behörde beschliesst» – zum Wohl des Kindes? Fremdplatzierte Kinder im Kanton Bern 1912–1978.* Hier und Jetzt.

Leuenberger, M., Seglias, L., Haumann, H. & Mädel, U. (2008). *Verdingkinder, Schwabengänger, Spazzacamini und andere Formen der Fremdplatzierung und Kinderarbeit in der Schweiz im 19. Und 20. Jahrhundert* [Wissenschaftlicher Schlussbericht zuhanden des Schweizerischen Nationalfonds (unveröffentlicht)].

Leuthold, U. & Ruflin, R. (2019). Die Perspektive der Nutzerinnen und Nutzer auf Dienstleistungen im Kindes- und Erwachsenenschutz. *RMA*, 74(4), 310–330.

Leuthold, U., Mitrovic, T., Droz-Sauthier, G. & Krüger, P. (2023). *Transdisziplinäre Qualitätsstandards für den Kindesschutz.* Interessengemeinschaft für Qualität im Kindesschutz, Kinderschutz Schweiz, UNICEF Schweiz und Liechtenstein, YOU-VITA. https://qualitaet-kindesschutz.ch/app/uploads/2023/08/WEB_UNICEF_QStandards_DE-final.pdf

Levante, P. (2000). *Die Wahrung der Kindesinteressen im Scheidungsverfahren: Die Vertretung des Kindes im Besonderen.* Stämpfli.

Lind, E. A., & Tyler, T. R. (1988). *The Social Psychology of Procedural Justice.* Plenum Press.

Lloyd, K. & Emerson, L. (2017). (Re)examining the Relationship Between Children's Subjective Wellbeing and Their Perceptions of Participation Rights. *Child Indicators Research*, 10(3), 591–608. https://doi.org/10.1007/s12187-016-9396-9

Lundy, L. (2007). ‹Voice› is not enough: Conceptualising Article 12 of the United Nations Convention on the Rights of the Child. *British Educational Research Journal*, 33(6), 927–942. https://doi.org/10.1080/01411920701657033

Lüscher, L. (2010). Schulbesuch und Berufslehre galten als Nebensache. In M. Leuenberger & L. Seglias (éd.), *Versorgt und vergessen. Ehemalige Verdingkinder erzählen* (4e éd., p. 53–60). Rotpunktverlag.

Lustenberger, M. (1987). *Die fürsorgerische Freiheitsentziehung bei Minderjährigen unter elterlicher Gewalt* [Dissertation der rechtswissenschaftlichen Fakultät, Université de Fribourg].

Maanen, J. V. & Spradley, J. P. (1980). Participant Observation. *Administrative Science Quarterly*, 25(3), 526–530. https://doi.org/10.2307/2392270

Macsenaere, M. (2017). Was wirkt in den Hilfen zur Erziehung? *Forensische Psychiatrie, Psychologie, Kriminologie,* 11(2), 155–162. https://doi.org/10.1007/s11757-017-0410-y

Mäder, U. (2010). Gewalt und Machtmissbrauch. In M. Leuenberger & L. Seglias (éd.), *Versorgt und vergessen. Ehemalige Verdingkinder erzählen* (4e éd., p. 219–225). Rotpunktverlag.

Maercker, A., Krammer, S. & Simmen-Janevska, K. (2014). Psychische Folgestörungen der Verdingung im Alter. In M. Furrer, K. Heiniger, T. Huonker, S. Jenzer & A.-F. Praz (éd.), *Fürsorge und Zwang: Fremdplatzierung von Kindern und Jugendlichen in der Schweiz 1850–1980* (p. 373–384). Schwabe.

Maier, E. (1921). *Contribution à l'étude de l'intervention des autorités de tutelle dans l'exercice de la puissance paternelle.* Université de Lausanne.

Mainey, A., Ellis, A. & Lewis, J. (2009). *Children's Views of Services: A Rapid Review.* National Children's Bureau.

Mani, L. (2011). Interviewanalyse zu Bewältigungsstrategien. In M. Leuenberger, S. Rudin & L. Seglias (éd.), *«Die Behörde beschliesst» – zum Wohl des Kindes? Fremdplatzierte Kinder im Kanton Bern 1912–1978* (p. 102–176). Hier und Jetzt.

Marks, S. & Sehmer, J. (2017). Familiale Autonomie im Kinderschutz: Rekonstruktion einer Einschätzung des Jugendamts zur Intervention und Prävention in einem Fall von Kindeswohlgefährdung. *Sozialer Sinn,* 18(2), 203–229. https://doi.org/10.1515/sosi-2017-0010

Mayring, P. (2022). *Qualitative Inhaltsanalyse: Grundlagen und Techniken* (13e éd.). Beltz.

Mehr, M. (1987). *Kinder der Landstrasse: Ein Hilfswerk, ein Theater und die Folgen.* Zytglogge.

Meier, P. (2006). Résumé de jurisprudence mars 2006 à juin 2006. *RDT,* 2, 75–92.

Meier, P. (2008). La position des personnes concernées dans les procédures de protection des mineurs et des adultes—Quelques enseignements de la jurisprudence fédérale récente. *RDT,* 5, 399–430.

Meier, P. (2010). Art. 314a CC. In P. Pichonnaz & B. Foëx (éd.), *Commentaire romand. Code Civil I* (1re éd., p. 1942–1946). Helbing Lichtenhahn.

Meier, P. (2012). L'enfant et la nouvelle procédure civile. In C. Fountalakis, P. Pichonnaz & A. Rumo-Jungo (éd.), *Droit de la famille et nouvelle procédure : Aspects de droit de fond et de procédure* (p. 37–65). Schulthess.

Meier, P. (2016). Résumé de jurisprudence (filiation et protection de l'adulte) février à mai 2016. *RMA,* 71(3), 181–214.

Meier, P. & Stettler, M. (2006). *Droit de la filiation* (3e éd). Schulthess.

Merton, R. K. & Barber, E. (1976). Sociological Ambivalence. In R. K. Merton (éd.), *Sociological Ambivalence and Other Essays* (p. 3–31). The Free Press.

Michail, S., Grace, R., Ng, J. & Shier, H. (2023). Cultivating Child and Youth Decision-Making: The Principles and Practices of the ReSPECT Approach to Professional Development. *Children & Society*, s.p. https://doi.org/10.1111/chso.12812

Michel, M. & Steck, D. (2017). Art. 300 ZPO. In K. Spühler, L. Technio & D. Infanger (éd.), *Basler Kommentar, Schweizerische Zivilprozessordnung* (3e éd., p. 1826–1831). Helbing Lichtenhahn.

Mitchell, M. (2020). The Value of Recognition Theory to Family Group Conferencing and Child-Care and Protection. *The British Journal of Social Work*, 51(6), 2191–2209. https://doi.org/10.1093/bjsw/bcaa207

Mitchell, M. (2022). ‹Because I'm a Kid …›: The Struggle for Recognition of Children and Young People Involved in Child and Family Social Work. *Child & Family Social Work*, 27(3), 526–534. https://doi.org/10.1111/cfs.12905

Molander, A., Grimen, H. & Eriksen, E. O. (2012). Professional Discretion and Accountability in the Welfare State. *Journal of Applied Philosophy*, 29(3), 214–230.

Mörsberger, T. (2021). Vertrauen. In K. Gedik & R. Wolff (éd.), *Kinderschutz in der Demokratie – Eckpfeiler guter Fachpraxis: Ein Handbuch* (p. 303–332). Barbara Budrich.

Moser, K. (2010). Kindeswegnahme und Fremdplatzierung. In M. Leuenberger & L. Seglias (éd.), *Versorgt und vergessen. Ehemalige Verdingkinder erzählen* (4e éd., p. 121–129). Rotpunktverlag.

Mühlbacher, S. & Sutterlüty, F. (2019). The Principle of Child Autonomy: A Rationale for the Normative Agenda of Childhood Studies. *Global Studies of Childhood*, 9(3), 249–260. https://doi.org/10.1177/2043610619860999

Munro, E. & Turnell, A. (2018). Re-designing Organizations to Facilitate Rights-Based Practice in Child Protection. In A. Falch-Eriksen & E. Backe-Hansen (éd.), *Human Rights in Child Protection. Implications for Professional Practice and Policy* (p. 89–110). Palgrave Macmillan.

Müller, B., Biesel, K. & Schär, C. (2020). Errors and Mistakes in Child Protection in Switzerland. A Missed Opportunity of Reflection? In K. Biesel, J. Masson, N. Parton & T. Pösö (éd.), *Errors And Mistakes in Child Protection. International Discourses, Approaches and Strategies* (p. 153–171). Policy Press.

Nations Unies (2009). *Résolution adoptée par l'Assemblée générale le 18 décembre 2009. Lignes directrices relatives à la protection de remplacement pour les enfants.* (Résolution No 64/142).

Odier, L. (2019). Violences sexuelles dans les établissements fermés. In A.-F. Praz, L. Odier, T. Huonker, L. Schneider & M. Nardone (éd.), *« … je vous fais une lettre ». Retrouver dans les archives la parole et le vécu des personnes internées* (vol. 4, p. 235–239). Chronos.

Office fédéral des assurances sociales (2005). *Violence envers les enfants. Concept pour une prévention globale.* Conseil fédéral.

Pan, C., Pfeil, B. S. & Videsott, P. (2018). *National Minorities in Europe* (2e éd., vol. 1). Verlag Österreich.

Parton, N. (2017). Comparing child protection systems: Towards a global perspective. In P. Dolan & N. Frost (éd.), *The Routledge Handbook of Global Child Welfare* (p. 225–242). Routledge.

Petersen, S. K. (2018). Parents' Experiences of Child Protection Practice in Denmark. *Child & Family Social Work*, 23(4), 609–616. https://doi.org/10.1111/cfs.12451

Peyerl, K. & Züchner, I. (éd.) (2022). *Partizipation in der Kinder- und Jugendhilfe. Anspruch, Ziele und Formen der Partizipation von Kindern und Jugendlichen.* Beltz Juventa.

Pfänder Baumann, S. (2016). Art. 299 ZPO. In A. Brunner, D. Gasser & I. Schwander (éd.), *ZPO schweizerische Zivilprozessordnung, Kommentar* (2e éd., p. 2253–2260). Dike.

Pölkki, P., Vornanen, R., Pursiainen & Riikonen, M. (2012). Children's Participation in Child-protection Processes as Experienced by Foster Children and Social Workers. *Child Care in Practice*, 18(2), 107–125. https://doi.org/10.1080/13575279.2011.646954

Pollner, M. & Emerson, R. M. (2001). Ethnomethodology and Ethnography. In P. Atkinson, A. Coffey, S. Delamont, J. Lofland & L. Lofland (éd.), *Handbook of ethnography* (Reprinted, p. 118–135). SAGE.

Pomey, M. (2017). Vulnerabilität und Fremdunterbringung: Eine Studie zur Entscheidungspraxis bei Kindeswohlgefährdung (Dissertation). Beltz Juventa.

Pomey, M. (2022). Entscheiden als soziale Praxis im Kindsschutz – Eine prozessrekonstruktive Perspektive. *Empirische Pädagogik*, 36(1), 48–63.

Pösö, T. (2018). Experts by Experience: Infusing Professional Practices in Child Protection. In A. Falch-Eriksen & E. Backe-Hansen (éd.), *Human Rights in Child Protection. Implications for Professional Practice and Policy* (p. 111–128). Palgrave Macmillan.

Preusser, H.-P. & Schmitz, H. (éd.) (2010*). Autobiografie und historische Krisenerfahrung.* Winter.

Quick, D. & Scott, A. L. (2019). Affect and Emotion in a Parent's Engagement with Statutory Child-Protection Services: Navigating Stigma and ‹Identity Assault›. *The British Journal of Social Work*, 49(2), 485–502. https://doi.org/10.1093/bjsw/bcy055

Raithelhuber, E. & Schröer, W. (2018). Agency. In H.-U. Otto, H. Thiersch, R. Treptow & H. Ziegler (éd.), *Handbuch Soziale Arbeit* (p. 49–58). Reinhardt.

Ramsauer, N. (2000). *«Verwahrlost». Kindswegnahme und die Entstehung der Jugendfürsorge im schweizerischen Sozialstaat 1900–1945.* Chronos.

Rieder, S., Bieri, O., Schwenkel, C., Hertig, V. & Amberg, H. (2016). Evaluation Kindes- und Erwachsenenschutzrecht – Analyse der organisatorischen Umsetzung und Kennzahlen zu Leistungen und Kosten [Bericht von Interface]. (consulté le 14.02.2025) https://www.bj.admin.ch/bj/de/home/publiservice/publikationen/externe/2016-04-05.html.

Rietmann, T. (2017). *Fürsorgerische Zwangsmassnahmen: Anstaltsversorgungen, Fremdplatzierungen und Entmündigungen in Graubünden im 19. und 20. Jahrhundert.* Kommissionsverlag Desertina.

Röhl, K. F. (1994): Procedural Justice: Zur Sozialpsychologie des Verfahrens. In S. Maasen, H. Hof, H. Kummer, & P. Weingart (Hrsg.), *Recht und Verhalten* (p. 57–70). Nomos.

Rossel, V. & Mentha, F.-H. (1922). *Manuel de droit civil.* Payot.

Rössler, B. (2017). *Autonomie: Ein Versuch über das gelungene Leben* (1re éd.). Suhrkamp.

Rüegger, C., Gautschi, J., Becker-Lenz, R. & Rotzetter, F. (2021). Bedeutung und Aufbau von Vertrauen in der Sozialpädagogischen Familienbegleitung. Gesellschaft – Individuum – Sozialisation. *Zeitschrift für Sozialisationsforschung,* 2(2), s.p. https://doi.org/10.26043/GISo.2021.2.3

Saar-Heiman, Y. (2023). Power With and Power Over: Social Workers' Reflections on Their Use of Power When Talking With Parents About Child Welfare Concerns. *Children & Youth Services Review,* 145, s.p. https://doi.org/10.1016/j.childyouth.2022.106776

Saugy, A. & Aeby, G. (2021). Les familles issues de la migration dans les audiences de protection de l'enfant en Suisse : Entre universalisme et psychologisation. *TSANTSA – Journal of the Swiss Anthropological Association,* 26, 195–202. https://doi.org/10.36950/tsantsa.2021.26.6993

Sauthier, G. & Cottier, M. (2020). L'impact des droits humains en matière de placement de l'enfant en droit civil suisse (première partie). Les apports de la CEDH et de la CDE aux réformes du droit du placement de l'enfant de 1912 à 2012 (première partie). *FamPra.ch,* 4, 890–938.

Schmid, C., Jud, A., Mitrovic, T., Portmann, R., Knüsel, R., Ben Salah, H., Kosirnik, C., Koehler, J. & Fux, E. (2018). *Kindeswohlgefährdung in der Schweiz. Formen, Hilfen, fachliche und politische Implikationen.* UBS Optimus Foundation.

Schnurr, S. (2012). *Grundleistungen der Kinder- und Jugendhilfe. Grundlagenbericht (Gewalt und Vernachlässigung in der Familie: notwendige Massnahmen im Bereich der Kinder- und Jugendhilfe und der staatlichen Sanktionierung.* Bericht des Bundesrates in Erfüllung des Postulats Fehr (07.3725) vom 5. Oktober 2007. [Rédigé sur mandat de l'Office fédéral des assurances sociales en tant que contribution au groupe de projet chargé de répondre au postulat Fehr (07.3725), 11 janvier 2012].

Schnurr, S. (2016). Child Removal Proceedings in Switzerland. In K. Burns, T. Pösö & M. Skivenes (éd.), *Child Welfare Removals by the State: A Cross-Country Analysis of Decision-Making Systems* (p. 117–145). Oxford University Press. https://doi.org/10.1093/acprof:oso/9780190459567.003.0006

Schnurr, S. (2018). Partizipation. In G. Grasshoff, A. Renker & W. Schröer (éd.), *Soziale Arbeit* (p. 631–648). Springer Fachmedien. https://doi.org/10.1007/978-3-658-15666-4_43

Schnyder, B. (1971). *La graduation des mesures tutélaires et la proportionnalité de l'intervention.* RDT, 121–132.

Schnyder, B., Stettler, M. & Häfeli, C. (1995). *Zur Revision des Schweizerischen Vormundschaftsrechts: Bericht der vom Bundesamt für Justiz im Hinblick auf die Revision des Vormundschaftsrechts eingesetzten Expertengruppe vom Juli 1995.* Office féderal de la justice.

Schoch, A. & Aeby, G. (2022). Ambivalence in Child Protection Proceedings: Parents' Views on Their Interactions with Child Protection Authorities. *Social Sciences*, 11(8), 329. https://doi.org/10.3390/socsci11080329

Schoch, A., Aeby, G., Müller, B., Cottier, M., Seglias, L., Biesel, K., Sauthier, G. & Schnurr, S. (2020). Participation of Children and Parents in the Swiss Child Protection System in the Past and Present: An Interdisciplinary Perspective. *Social Sciences*, 9(8), 148. https://doi.org/10.3390/socsci9080148

Schoch, A., Müller, B., Aeby, G. & Schnurr, S. (2023). Partizipationserfahrungen von Kindern und Jugendlichen im Kindesschutzverfahren. In S. Eberitzsch, S. Keller & J. Rohrbach (éd.), *Partizipation in stationären Erziehungshilfen: Perspektiven, Bedarfe und Konzepte in der Schweiz* (p. 86–97). Beltz Juventa.

Schrapper, C. (2008). Keine Hilfe ohne Kontrolle? Keine Kontrolle ohne Hilfe! Thesen zu einem Spannungsverhältnis sozialpädagogischer Kinderschutzarbeit. *Soziale Arbeit*, 57(12), 466–472.

Schultheis, F., Frauenfelder, A., & Delay, C. (2005). *La maltraitance envers les enfants : Entre consensus moral, fausses évidences et enjeux sociaux ignorés.* Université de Genève, Département de sociologie.

Schulze, H. (2008). Das advokatorische Dilemma der Kindesvertretung – ein dreidimensionales Handlungsmodell. In S. Blum, M. Cottier & D. Migliazza (éd.), *Anwalt des Kindes, ein europäischer Vergleich zum Recht des Kindes auf eigene Vertretung in behördlichen und gerichtlichen Verfahren* (vol. 9, p. 85–100). Stämpfli.

Schweighauser, J. (2016). Nr. 32 Bundesgericht, II. zivilrechtliche Abteilung Entscheid vom 17. Dezember 2015 i.S. A. gegen Obergericht des Kantons Zürich, B., C. – 5 A_52/2015. *FamPra.ch*, 540–560.

Schweighauser, J. (2022). Art. 300 ZGB. In I. Schwenzer & R. Fankhauser (éd.), *Scheidung, Band II ZGB* (4e éd., p. 363–381). Stämpfli.

Schweizer, D. (1948). *Die Versorgung vernachlässigter Kinder nach Art. 284 des Schweizerischen Zivilgesetzbuches* [Dissertation, Université de Zurich].

Seglias, L. (2010). Entwurzlung, Isolation und Schweigen. In L. Seglias & M. Leuenberger (éd.), *Versorgt und vergessen Ehemalige Verdingkinder erzählen* (4e éd., p. 151–157). Rotpunktverlag.

Seglias, L. (2011). Verdingkinder in der Schweiz und in Graubünden. *Bündner Kalender*, 170, 117–124.

Seglias, L. (2013). Heimerziehung – Eine historische Perspektive. In M. Ries & V. Beck (éd.), *Hinter Mauern: Fürsorge und Gewalt in kirchlich geführten Erziehungsanstalten im Kanton Luzern* (p. 19–80). Theologischer Verlag Zürich.

Seglias, L. (2018). Fürsorgerische Zwangsmassnahmen und Fremdplatzierungen im Zeichen gesellschaftspolitischer Aufarbeitung. In B. Ziegler, G. Hauss & M. Lengwiler (éd.), *Zwischen Erinnerung und Aufarbeitung. Fürsorgerische Zwangsmassnahmen an Minderjährigen in der Schweiz im 20. Jahrhundert* (p. 21–31). Chronos.

Seglias, L. (2019a). Ausbau des pädagogischen Angebots. Das Waisenhaus während der Krisen-, Kriegs- und Nachkriegsjahre. In Bürgergemeinde der Stadt Basel (éd.), *Zuhause auf Zeit: 350 Jahre Bürgerliches Waisenhaus Basel* (1re éd., p. 103–125). Christoph Merian.

Seglias, L. (2019b). «Ich wusste gar nicht, dass ich ein Waisenkind bin». In Bürgergemeinde der Stadt Basel (éd.),*Zuhause auf Zeit: 350 Jahre Bürgerliches Waisenhaus Basel* (1re éd., p. 86–92). Christoph Merian.

Seglias, L. (2019c). Kinder und Jugendliche. Das Waisenhaus im Lichte der Statistik. In Bürgergemeinde der Stadt Basel (éd.), *Zuhause auf Zeit: 350 Jahre Bürgerliches Waisenhaus Basel* (p. 153–163). Christoph Merian.

Seglias, L. (2019d). «Nachmittags desertiert», «abends zurückgebracht»—Fluchtversuche und ihre Wirkung. In L. Seglias, K. Heiniger, V. Bignasca, M. Häsler Kristmann, D. Morat & N. Dissler (éd.), *Alltag unter Zwang: Zwischen Anstaltsinternierung und Entlassung* (vol. 8, p. 429–433). Chronos.

Seim, S. & Slettebø, T. (2017). Challenges of Participation in Child Welfare. *European Journal of Social Work*, 20(6), 882–893. https://doi.org/10.1080/13691457.2017.1320531

Shier, H. (2001). Pathways to Participation: Openings, Opportunities and Obligations. *Children & Society*, 15(2), 107–117. https://doi.org/10.1002/chi.617

Smithson, R. & Gibson, M. (2017). Less Than Human: A Qualitative Study into the Experience of Parents Involved in the Child Protection System. *Child & Family Social Work*, 22(2), 565–574. https://doi.org/10.1111/cfs.12270

Steck, D. (2001). Die Vertretung des Kindes–Erste praktische Erfahrungen. *RDT*, 1–2, 102–110.

Steck, D. (2003). *Rapport et avant-projet de loi fédérale réglant la procédure devant les autorités de protection de l'enfant et de l'adulte.* (consulté le 14.02.2025) https://www.newsd.admin.ch/newsd/message/attachments/75866.pdf.

Steffen, M. & Koch, M. (2023). Räume, Rhythmen und Hierarchien des Familialen. *Soziale Probleme*, 1, 113–128. https://doi.org/10.3262/SP2301113

Stettler, M. (2002). Les principaux développements enregistrés dans le droit suisse de la filiation depuis la révision de 1976. *FamPra.ch*, 1–19.

Stössel, S. & Gerber Jenni, R. (2012). Partizipation des Kindes als Voraussetzung für wirksamen Kindesschutz: Das Beispiel der Familien- und Heimplatzierung. *Fampra*, 13(2), 335–352.

Studer, B. (2008). Biografische Erfassungslogiken: Akten, Menschen und die Geschichtsschreibung. In C. Kaufmann & W. Leimgruber (éd.), *Was Akten bewirken können. Integrations- und Ausschlussprozesse eines Verwaltungsorgans* (p. 139–149). Seismo.

Tabachnick, B. G., Fidell, L. S. & Ullman, J. B. (2019). *Using Multivariate Statistics* (7e éd.). Pearson.

Tabin, J. P., Frauenfelder, A., Togni, C. & Keller, V. (2010). *Temps d'assistance : Le gouvernement des pauvres en Suisse romande depuis la fin du XIXe siècle.* Editions Antipodes.

Tanner, H. (1992). *Effekte des Massnahmenvollzuges bei besonders erziehungsschwierigen Jugendlichen in der Schweiz. Überblick über Ergebnisse der Längschnittsuntersuchung* (Nr. 1–2; Kriminologisches Bulletin 1–2).

Tanner, H. (1999). Pflegekinderwesen und Heimerziehung in der Schweiz. In H. E. Colla, T. Gabriel, M. Spencer, S. Müller-Teusler & M. Winkler (éd.), *Handbuch Heimerziehung und Pflegekinderwesen in Europa* (p. 95–102). Neuwied.

Tappy, D. (2010). Les procédures en droit matrimonial. In F. Bohnet (éd.), *Procédure civile suisse : les grands thèmes pour le praticien* (p. 242–348). Neuchâtel, CEMAJ – Faculté de droit de l'Université de Neuchâtel.

Tisdall, E. K. M. (2016). Subjects With Agency? Children's Participation in Family Law Proceedings. *Journal of Social Welfare and Family Law*, 38(4), 362–379. https://doi.org/10.1080/09649069.2016.1239345

Tisdall, E. K. M. (2017). Conceptualising Children and Young People's Participation: Examining Vulnerability, Social Accountability and Co-Production. *The International Journal of Human Rights*, 21(1), 59–75. https://doi.org/10.1080/13642987.2016.1248125

Toros, K. (2021). A Systematic Review of Children's Participation in Child Protection Decision-making: Tokenistic Presence or Not? *Children & Society*, 35(3), 395–411. https://doi.org/10.1111/chso.12418

UNICEF Schweiz und Liechtenstein & Marie Meierhofer Institut für das Kind (2023). *Deine Meinung zählt. Alles zur Kindesanhörung in zivilrechtlichen Verfahren.*

(Accès 19.03.2025) https://www.unicef.ch/sites/default/files/2023-06/UNICEF_Erklaerbroschuere_2023_DE_online.pdf

Utz, H. (2018). *Die Wehrlistiftung und ihre Kinder: Vom Verschwinden des historischen Birseck.* Verlag des Kantons Basel-Landschaft.

van Bijleveld, G. G., Dedding, C. W. M., & Bunders-Aelen, J. F. G. (2015). Children's and young people's participation within child welfare and child protection services: A state-of-the-art review. *Child & Family Social Work*, 20(2), 129–138. https://doi.org/10.1111/cfs.12082

van Bijleveld, G. G., Dedding, C. W. M. & Bunders-Aelen, J. F. G. (2014). Seeing Eye to Eye or Not? Young People's and Child Protection Workers' Perspectives on Children's Participation Within the Dutch Child Protection and Welfare Services. *Children and Youth Services Review*, 47, 253–259. https://doi.org/10.1016/j.childyouth.2014.09.018

Vis, S. A., Strandbu, A., Holtan, A. & Thomas, N. (2011). Participation and Health – a Research Review of Child Participation in Planning and Decision-making: Child Participation in Planning and Decision-making. *Child & Family Social Work*, 16(3), 325–335. https://doi.org/10.1111/j.1365-2206.2010.00743.x

Vogel Campanello, M., Niehaus, S., Pisoni, D., Röthlisberger, M. & Mitrovic, T. (2021). Welfare Practice in Response of Child Neglect: Reconstruction and Analysis of the Discourses on Family, Childrearing, and Motherhood. *Advances in Applied Sociology*, 11(1), 34–47. https://doi.org/10.4236/aasoci.2021.111004

Vogel Campanello, M. & Röthlisberger, M. (2022). Familie in Krise – Der Blick der Behörde auf Familie und Geschlecht in Fällen von Kindesvernachlässigung. In: Baar, R. & M. Maier (Hrsg.) *Familie, Geschlecht und Erziehung in Zeiten der Krisen des 21. Jahrhunderts* (p. 101–116). Barbara Budrich. https://doi.org/10.3224/84742621.07

Werner, K. (2019). *Leben als Pflegekind: Die Perspektive jugendlicher Pflegekinder auf ihre Lebenssituation* (1re éd.). Beltz Juventa.

Willumsen, E. & Skivenes, M. (2005). Collaboration Between Service Users and Professionals: Legitimate Decisions in Child Protection – a Norwegian Model. *Child & Family Social Work*, 10(3), 197–206. https://doi.org/10.1111/j.1365-2206.2005.00371.x

Wohlwend, L. & Honegger, A. (2006). *Gestohlene Seelen: Verdingkinder in der Schweiz* (Lizenzausg., 3e éd.). Weltbild-Verlag.

Wolff, R., Flick, U., Ackermann, T., Biesel, K., Brandhorst, F., Heinitz, S., Patschke, M. & Robin, P. (2013). *Beiträge zur Qualität im Kinderschutz 2. Kinder im Kinderschutz. Zur Partizipation von Kindern und Jugendlichen im Hilfeprozess – Eine explorative Studie.* Nationales Zentrum Frühe Hilfen.

Woolfson, R. C., Heffernan, E., Paul, M. & Brown, M. (2010). Young People's Views of the Child Protection System in Scotland. *British Journal of Social Work*, 40(7), 2069–2085. https://doi.org/10.1093/bjsw/bcp120

Zermatten, J. (2009). Protection versus Participation de l'enfant ? Réflexions à propos des champs de tensions entre l'art. 3 et l'art. 12 de la Convention des Nations Unies relative aux droits de l'enfant (CDE). *RDT*, 6, 297–315.

Liste des tableaux et illustrations

Table des abréviations

AG	canton d'Argovie
AR	canton d'Appenzell Rhodes-Extérieures
al.	alinéa
APEA	Autorité de protection de l'enfant et de l'adulte
art.	article
ATF	Recueil officiel des arrêts du Tribunal fédéral suisse
BE	canton de Berne
BNPE	Bureau national pour la protection de l'enfant
BL	canton de Bâle-Campagne
BS	canton de Bâle-Ville
c.	considérant
CC	Code civil suisse du 10 décembre 1907
CC-[année]	Code civil suisse du 10 décembre 1907, état de [année]
CCJ	Commission consultative des jeunes
CDE	Convention de l'ONU relative aux droits de l'enfant du 20 novembre 1989
CEDH	Convention européenne de sauvegarde des droits de l'homme et des libertés fondamentales du 4 novembre 1950
cf.	*confer*
ch.	chiffre
chap.	chapitre
CIE	Commission indépendante d'experts internements administratifs
COPMA	Conférence en matière de protection des mineurs et des adultes

CPC	Code de procédure civile suisse du 19 décembre 2008
Cst.-1874	Constitution fédérale de la Confédération suisse du 29 mai 1874
Cst.-1999	Constitution fédérale de la Confédération suisse du 18 avril 1999
éd.	éditeur(s), édition(s)
et al.	*et alii*
etc.	*et cetera*
ex.	exemple
FamPra.ch	La pratique du droit de la famille
FF	Feuille fédérale
FR	canton de Fribourg
GE	canton de Genève
GL	canton de Glaris
HES-SO	Haute école spécialisée de Suisse occidentale
ibid.	*ibidem* = au même endroit
ill.	illustration
infra	ci-dessous, ci-après
JdT	Journal des tribunaux
JU	canton du Jura
LAVI	Loi fédérale sur l'aide aux victimes d'infractions du 23 mars 2007
let.	lettre
LU	canton de Lucerne
n	taille de l'échantillon
n. b. p.	note de bas de page
N	numéro(s) marginal(aux)
No.	numéro
ONU	Organisation des Nations-Unies
OPE	Ordonnance sur le placement d'enfants du 19 octobre 1977

p.	page
p.ex.	par exemple
Pacte ONU II	Pacte international de l'ONU relatif aux droits civils et politiques du 16 décembre 1966
PAFA	Placement à des fins d'assistance, 2013
par.	paragraphe
PLAFA	Privation de liberté à des fins d'assistance, 1981
pt	point
PV	procès-verbal
RDT	Revue du droit de tutelle
REC	Revue de l'état civil
RJJ	Revue jurassienne de jurisprudence
RMA	Revue de la protection des mineurs et des adultes
RO	Recueil officiel du droit fédéral
RS	Recueil systématique du droit fédéral
s.	suivant(e)
s.d.	sans date
SG	canton de Saint-Gall
SO	canton de Soleure
s.p.	sans page
SJ	La Semaine judiciaire
ss	suivant(e)s
suppl.	supplément
supra	ci-dessus
TG	canton de Thurgovie
TI	canton du Tessin
TF	Tribunal fédéral

UNICEF	Fonds des Nations Unies pour l'enfance
VD	canton de Vaud
vol.	volume(s)
VS	canton du Valais
ZH	canton de Zurich

Présentation des auteur·e·s

Gaëlle Aeby, Dre, professeure à la Haute Ecole et Ecole Supérieure de Travail Social de la HES-SO Valais-Wallis. Domaines d'expertise : protection de l'enfance, participation des enfants, parcours de vie familiaux et réseaux ainsi que sociologie du droit de la famille.

Kay Biesel, Dr, co-directeur de l'Institut de l'aide à l'enfance et à la jeunesse et professeur à la Haute école de travail social de la Haute école spécialisée du nord-ouest de la Suisse (FHNW). Domaines d'expertise : aide à l'enfance et à la jeunesse, développement de la qualité dans la protection de l'enfance, travail de cas dialogique et systémique dans la protection de l'enfance, méthodes de recherche sociale qualitative.

Gaëlle Droz-Sauthier, Dre, avocate, maître-assistante à l'Institut de la famille de l'Université de Fribourg, juge suppléante (Tribunal cantonal, Vaud). Domaines d'expertise : droit de la protection de l'enfant et de l'adulte, droits de l'enfant et des parents, droit de la filiation.

Michelle Cottier, Dre, professeure à l'Université de Genève et directrice du Centre d'étude, de technique et d'évaluation législatives. Domaines d'expertise : droit des personnes physiques et de la famille, droits de l'enfant, sociologie du droit, perspective de genre en droit.

Brigitte Müller, Dre, collaboratrice scientifique à la Haute école de travail social de la Haute école spécialisée du nord-ouest de la Suisse (FHNW). Domaines d'expertise : protection de l'enfance volontaire et de droit civil, participation, familles dont les parents souffrent de troubles psychiques et de dépendances.

Stefan Schnurr, Dr, professeur émérite à la Haute école de travail social de la Haute école spécialisée du nord-ouest de la Suisse (FHNW). Domaines d'expertise : aide à l'enfance et à la jeunesse, protection de l'enfance, participation.

Aline Schoch, lic. phil. sociologue, collaboratrice scientifique à la Haute école de travail social de la Haute école spécialisée du nord-ouest de la Suisse (FHNW). Domaines d'expertise : protection de l'enfance, participation, perspective des destinataires, violence sexuelle, placement d'enfants.

Loretta Seglias, Dre, historienne indépendante, Geschichtspunkte GmbH Wädenswil. Domaines d'expertise : histoire contemporaine, histoire sociale, mesures coercitives à des fins d'assistance, oral history, approches de recherche participatives.

Le signet de Schwabe Verlag est
la marque d'imprimeur de l'officine
Petri, fondée à Bâle en 1488
et origine de la maison d'édition
actuelle. Le signet se réfère aux
débuts de l'imprimerie et fut créé
dans le périmètre de Hans Holbein.
Il illustre le passage de la Bible de
Jérémie 23,29: «Ma parole n'est-elle
pas comme un feu, dit l'Éternel,
et comme un marteau qui brise
le roc?»